JN132210

全国商業高等学校協会主催
情報処理検定試験準拠

情報処理検定試験模擬問題集　１級
ープログラミング編ー

■ はじめに ■

　本書は，平素の学習がそのまま全商情報処理検定試験〈プログラミング〉第１級合格につながるよう構成してあります。皆さんが最後の問題までていねいに学習され，検定試験合格の栄冠を得られることを願ってやみません。

●【解説】では，出題範囲の用語解説と練習問題を登載しました。

●【用語チェック問題】は，定着度のチェックや検定試験直前の確認にも使えます。

●【模擬問題】は，これまでの全商情報処理検定試験〈プログラミング〉１級をもとに，最新の検定基準を踏まえて作成しました（全12回）。

●【検定試験問題】は，最近２回分の情報処理検定試験問題を収録しました。実際に出題された問題を解いて，実力を確認。

■ 情報処理検定試験について ■

　情報処理検定試験は，コンピュータの関連知識と利用技術・プログラミングを検定するために，公益財団法人全国商業高等学校協会の主催によって行われます。

　検定は，第１級（ビジネス情報・プログラミング），第２級（ビジネス情報・プログラミング）および第３級が設定されています。第２級のビジネス情報と第３級には実技試験があります。検定に合格するためには，各級とも各試験において，100点を満点としたときに70点以上の成績を得ると合格になります。検定に合格した者には合格証書が授与されます。

　試験時間は次のようになります。

	ビジネス情報		プログラミング
	筆記試験	実技試験	筆記試験
1級	60分		60分
2級	30分	20分	50分

	筆記試験	実技試験
3級	20分	20分

目　次

◁ ハードウェア・ソフトウェアに関する知識 ▷

■1▶ システムの開発と運用

（1）開発工程

　システムの開発は，①要件定義，②外部設計，③内部設計，④プログラム設計，⑤プログラミング，⑥テスト，⑦運用・保守という7つの工程に分かれている。

① 要件定義

　システムの開発にあたり，そのシステムがどのような機能や性能を実装するべきかを明確にする工程。要件定義のためには，システム開発の担当者が，そのシステムの利用者（ユーザ・クライアント）の要求をヒアリングすることが重要となる。要件を取りまとめた結果は，要件定義書という文書にして残す。

② 外部設計

　要件定義工程で明らかになった利用者の要求に基づき，入出力画面などのユーザインタフェースを設計する工程。外部設計では，利用者が直接システムに接する部分を設計する。

③ 内部設計

　外部設計工程に基づき，ユーザインタフェースを実現するためのプログラムやデータ処理方法などを設計する工程。外部設計が利用者の立場に立っているのに対し，内部設計は開発者の立場に立っている。

④ プログラム設計

　内部設計工程に基づき，プログラムをモジュールという部品に分割したり，テストケースを設計したりする工程。内部設計で定めたことをどのように実現するのかを明らかにする。

⑤ プログラミング

　プログラム設計に基づき，プログラムをモジュールごとに作成していく工程。

⑥ テスト

　作成したプログラムにミスがないかを確認する工程。単体テスト→結合テスト→システムテストの順で行われる。

ア 単体テスト

　いくつかの機能ごとのモジュールが結合して構成されているプログラムにおいて，個別のモジュールごとの動作を確認するテスト。

イ 結合テスト

　いくつかの機能ごとのモジュールが結合して構成されているプログラムにおいて，モジュールを組み合わせて，モジュール同士のデータの受け渡しがうまくいくかなどを確認するテスト。

ウ システムテスト

　システム全体で，設計通りの機能や性能を実現することができているかを確認する，開発者側の最終テスト。総合テストともよばれる。

⑦ 運用・保守

　導入されたシステムが，安定的に稼働し続けるようにすることを運用という。また，システムのトラブルを回避したり，トラブルが起きてしまったら復旧させたりすることを保守という。

（2）テスト手法

① **ブラックボックステスト**[black box test]

　プログラムの内部構造に着目せず，入力値に対して期待通りの出力値が得られるかどうかを検証するテスト手法。

② **ホワイトボックステスト**[white box test]

　プログラムの内部構造に着目し，条件分岐などの処理が意図した通りに行われるかを検証するテスト手法。

（3）開発手法

① **ウォータフォールモデル**[waterfall model]

　要件定義からテストまでの工程を順に行っていく開発手法。水が高いところから低いところへと落ちていく滝（ウォータフォール）のように，原則として，一度通過した工程を後戻りしない。管理が簡単なので大規模な開発に向いているが，後工程に進んでから前工程のミスなどが見つかると，修正に時間がかかってしまうという難点がある。また，利用者がシステムを確認できるのは最終工程になってしまうため，そこでミスマッチが生じていたことが発覚した場合，修正が難しいという問題点もある。

② **プロトタイピングモデル**[prototyping model]

　開発初期の段階で試作品（プロトタイプ）を利用者に示すことで，利用側と開発側の認識のずれを防ぐ開発手法。「後半の工程で利用者と開発者の認識のずれが発覚すると対応が難しい」というウォータフォールモデルの難点を解消している。しかし，プロトタイプを作るための手間が生じてしまううえ，大規模なシステムのプロトタイプはそれだけ作成時間もかかるため，大規模なシステム開発には向かないとされる。

③ **スパイラルモデル**[spiral model]

　システムをいくつかのサブシステムに分割し，サブシステムごとに設計・プログラミング・テストなどを繰り返し行う開発手法。一部のサブシステムが完成したら利用者に示すことができ，認識のずれを防ぐこともできる。また，各サブシステムはウォータフォールモデルにのっとって開発するので，日程管理がしやすい。

（4）開発期間に関する計算

　システム開発を行うためには，その開発のためにどのくらいの作業が必要か，どのくらいの人数が必要か，どのくらいの時間がかかるか，などを見積もらなければならない。

　システム開発のために必要な作業量を工数といい，「**人数×時間**」で計算する。工数は，人日や人月という単位で表すことが多い。人日は，その仕事を 1 人で行うなら何日かかるかを表す値であり，人月は，その仕事を 1 人で行うなら何か月かかるかを表す値である。例えば，5 人で 3 日かかる仕事の工数は 15 人日となる。

例1　100 人日の作業を 10 日で完了させるためには，少なくとも何人の要員が必要か。ただし，要員 1 人当たりの生産性は 1 人日とする。

　100 人日 ÷ 10 日 = 10 人 → 10 人が必要となる

例2　あるプロジェクトの見積工数は 120 人月である。作業を開始して 5 か月は 12 人で作業したが，48 人月分の作業しか完了していない。残り 5 か月でこのプロジェクトを完了するためには，最低何人の要員を追加する必要があるか。ここで，追加要員の作業効率は，プロジェクト開始時から作業をしている作業員と同じであるものとする。

　1 か月の一人あたりの生産性：48 人月 ÷ 12 人 ÷ 5 か月 = 0.8 人月

　今後 1 か月あたりに行うべき作業量：（120 人月 − 48 人月）÷ 5 か月 = 14.4 人月

　1 か月あたりに必要な人数：0.8 人月 × x 人 = 14.4 人月　x = 18 人

　追加要員数：18 人 − 12 人 = 6 人

練習問題 1-1　　　　　　　　　　　　　　　　　　　　解答 ➡ P.2

【1】次の文に最も関係の深い語を解答群から選び，記号で答えなさい。

(1) システムの開発にあたり，開発者が利用者の要求をまとめ，何が必要かを明確にする工程。

(2) 内部設計工程に基づいてプログラムを分割し，データベースの構造やテストケースなどを定義する工程。

(3) 複数のモジュールからなるプログラムにおいて，モジュールの動作確認を個別に行うテスト手法。

(4) プログラムの内部構造に着目し，すべての処理が意図したとおりに動作しているかを確認するテスト手法。

(5) 開発初期に試作品を作成し利用者に示すことで，利用側と開発側の認識のずれを防ぎ，要求をより明確に反映することができる開発手法。

(6) 複数のモジュールからなるプログラムにおいて，モジュールを組み合わせて，モジュール同士のデータの受け渡しがうまくいくかなどを確認するテスト。

(7) システムの開発にあたり，利用者の要求に基づき，入出力画面などのユーザインタフェースを設計する工程。

(8) プログラムの内部構造に着目せず，入力値に対して期待通りの出力値が得られるかどうかを検証するテスト手法。

(9) システムをいくつかのサブシステムに分割し，サブシステムごとに設計・プログラミング・テストなどを繰り返し行う開発手法。

(10) 要件定義からテストまでの工程を順に行っていく開発手法。原則として，一度通過した工程を後戻りしない。管理が簡単なので比較的大規模な開発に向いている。

(11) システム全体で，設計通りの機能や性能を実現することができているかを確認するテスト。

(12) 開発者の立場から，ユーザインタフェースを実現するためのプログラムやデータ処理方法などを設計する工程。

(13) システムが安定的に稼働し続けるようにしたり，システムトラブルの回避や復旧をさせたりすること。

(14) プログラム設計に基づき，プログラムをモジュールごとに作成していく工程。

```
解答群
ア．ウォータフォールモデル    イ．運用・保守         ウ．外部設計
エ．結合テスト              オ．システムテスト      カ．スパイラルモデル
キ．単体テスト              ク．内部設計           ケ．ブラックボックステスト
コ．プログラミング          サ．プログラム設計      シ．プロトタイピングモデル
ス．ホワイトボックステスト    セ．要件定義
```

(1)		(2)		(3)		(4)		(5)		(6)		(7)	
(8)		(9)		(10)		(11)		(12)		(13)		(14)	

【2】あるシステムを開発するためには，300人日の工数が必要であり，10人で働き30日間で完成させる計画を立てた。12日目が終了した時点で100人日までの工数しか完成しておらず，遅れが生じている。このままの人数で作業を続けた場合，作業日数は計画と比べて何日間超過してしまうか。次のア～ウから選び，記号で答えなさい。

　　　　ア．4日　　イ．5日　　ウ．6日

P.2

■2■ 性能・障害管理

（1）RASIS

　RASIS とは，システムの性能を評価する信頼性（Reliability），可用性（Availability），保守性（Serviceability），完全性（Integrity），安全性（Security）の頭文字を並べたものである。

① **信頼性**

　障害の少なさ。システムが故障しにくく，安定して使えること。平均故障間隔（MTBF）が長いほど評価が高い。

② **可用性**

　システムが，必要な場面で稼働することができること。稼働率が高いほど評価が高い。

③ **保守性**

　システムが故障・停止したときの復旧のしやすさ。平均修復時間（MTTR）が短いほど評価が高い。

④ **完全性**

　システムやデータに破損がなく，データの一貫性が保たれていること。データベースの正規化などによって完全性を高めることができる。

⑤ **安全性**

　外部からの不正アクセスなどのセキュリティインシデントへの耐性があること。

（2）稼働率

① **平均故障間隔**[MTBF: Mean Time Between Failures]

　システムが故障してから次に故障するまでの平均時間。つまり，システムが正常に動作している平均時間。この時間が長いほど，システムの信頼性が高いといえる。

② **平均修復時間**[MTTR: Mean Time To Repair]

　システムに障害が発生してから修復が完了するまでの平均時間。つまり，システムが正常に動作していない平均時間。平均修復時間が短いほど，システムの保守性が高いといえる。

③ **稼働率**

　一定期間内で，システムが稼働していた割合。稼働率が高いほど，システムの可用性が高いといえる。稼働率は，次の式で求めることができる。

$$稼働率 = \frac{平均故障間隔（MTBF）}{平均故障間隔（MTBF）＋平均修復時間（MTTR）}$$

例　あるシステムの平均故障間隔が 180 時間，平均修復時間が 20 時間であった。このシステムの稼働率はいくらか。

$$\frac{180}{180 + 20} = 0.9$$

（3）複数の装置を接続したシステムの稼働率

① 直列システムの稼働率

装置が直列に接続されたシステムは，1 つでも装置が故障すると，システム全体が停止してしまう。装置Aと装置Bが直列に接続されたシステムの稼働率は，次の式で求めることができる。

システム全体の稼働率 ＝ 装置Aの稼働率 × 装置Bの稼働率

② 並列システムの稼働率

装置が並列に接続されたシステムは，どれか 1 つでも装置が正常に稼働していれば，システム全体が正常に稼働する。装置Aと装置Bが並列に接続されたシステムの稼働率は，次の式で求めることができる。

システム全体の稼働率 ＝ 1 － （1 － 装置Aの稼働率） × （1 － 装置Bの稼働率）

③ 複数の装置を接続したシステムの稼働率

例　右図のように，稼働率が 0.9 の装置Aと稼働率が 0.8 の装置Bを並列に配置したシステムに，稼働率が 0.7 の装置Cを直列に接続した。このシステム全体の稼働率はいくらか。小数第 3 位まで求めなさい。

①装置Aと装置Bからなる部分の稼働率を計算する。

$1 － (1 － 0.9) × (1 － 0.8)$

$= 1 － 0.1 × 0.2$

$= 1 － 0.02$

$= 0.98$

よって，装置Aと装置Bからなる部分の稼働率は 0.98 である。

②装置Aと装置Bからなる部分と装置Cの稼働率を計算する。

$0.98 × 0.7 = 0.686$

よって，このシステム全体の稼働率は 0.686 である。

（4）スループット［throughput］

システムが一定の時間内に処理できる仕事量。

（5）レスポンスタイム［response time］

システムに処理要求を出してから，その処理結果を出力し始めるまでの時間。

（6）ターンアラウンドタイム［turnaround time］

システムに処理要求を出してから，すべての処理結果が出力し終わるまでの時間。

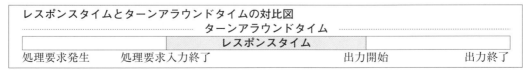

（7）障害対策

① フォールトトレラント[fault tolerant]

　障害が発生した際に，性能を落とすことなく処理を継続できるようにするシステム設計思想。例えば，システムを構成する装置を多重化し，主系の装置が停止しても従系の装置に切り替えることで性能を落とさずに処理を継続するしくみがこれにあたる。

② フォールトアボイダンス[fault avoidance]

　システムを構成する装置の信頼性を高め，障害が発生しないようにするシステム設計思想。例えば，システムを構成する装置を信頼性の高いものに切り替えたり，予防保守を行ったりする。一般的には，フォールトトレラントと組み合わせて運用する。

③ フェールセーフ[fail safe]

　システムに障害が発生したときに，安全な方向にシステムを制御し，被害を最小限に食い止めるためのシステム設計思想。例えば，ガスコンロが加熱しすぎたときに自動で消火したり，産業用機械の稼働中に人の侵入を検知したときに装置を緊急停止したりするしくみがこれにあたる。

④ フェールソフト[fail soft]

　システムに障害が発生したときに，性能を低下させてでもシステム全体を停止させず，機能を維持するシステム設計思想。例えば，航空機のエンジンが故障したときに故障したエンジンを停止し，正常に稼働するエンジンのみで飛行を続けるしくみがこれにあたる。

⑤ フールプルーフ[fool proof]

　システムの利用者が誤った使い方をできないようにしたり，誤った使い方をしても誤作動が起きないようにしたりするシステム設計思想。例えば，電子レンジの扉を閉めないと加熱できないようにするしくみがこれにあたる。

（8）NAS[Network Attached Storage]

　ネットワークに直接接続することができる補助記憶装置。ファイルサーバとしての機能を備えており，ネットワークに接続されている複数の機器から接続することができる。

（9）RAID[Redundant Arrays of Independent Disks]

　複数台の補助記憶装置を接続し，あたかもひとつの補助記憶装置のように利用する技術。RAID にはいくつかの種類があり，種類によって処理の高速化や信頼性の向上を実現することができる。

① RAID0　ストライピング[striping]

　複数の補助記憶装置にデータを分割して同時に書き込みを行うことで，処理の高速化を実現する方法。いずれか 1 台が故障するとデータを復元することができなくなるため，信頼性は低い。

② RAID1　ミラーリング[mirroring]

　複数の補助記憶装置に同じデータを書き込むことで，信頼性を高める方法。記憶したい内容の倍の記憶容量が必要になってしまう。

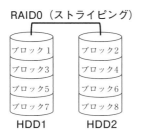
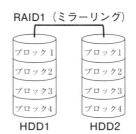

RAID0（ストライピング）　　　RAID1（ミラーリング）

データをブロック単位で分割し，複数のHDDに保存　　　複数のHDDに同じデータを保存

ハード・ソフト

（10）記憶容量に関する計算

　記憶しようとしている情報の大きさを計算することにより，記憶媒体にどの程度の記憶容量が必要か，などを求めることができる。以下の例題を元に，記憶容量に関する計算を行ってみよう。

囲　あるスポーツの試合を撮影した動画が 20 本ある。1 本の動画のデータ容量は，1GB である。さらに，この動画を 60% に圧縮し，1 枚 4.7GB の DVD に記録する。1 枚の DVD には複数の動画を記録し，1 つの動画を複数枚のディスクに分割して記録しない場合，すべての動画を記録するためには最低でも何枚の DVD が必要か。ただし，1GB = 10^9B とする。

①圧縮後の 1 つの動画のデータ容量　　1GB × 0.6 ＝ 0.6GB

②DVD 1枚に記憶できる容量　　4.7 ÷ 0.6 ≒ 7.83

　DVD 1枚には 7 本の動画を保存することができる。1 本の動画を分割して記憶しないとあるので，8 本の動画を保存することはできない。

③必要な DVD の枚数　　動画は 20 本あるので，DVD は 3 枚必要である。

練習問題 1-2
解答 ➡ P.2

【1】次の文に最も関係の深い語を解答群から選び，記号で答えなさい。

(1)　障害の少なさを表す評価指標。システムが故障しにくく，継続して安定して使えること。

(2)　システムが故障・停止したときの復旧のしやすさを表す評価指標。

(3)　システムを不正に操作されたり，アクセスされたりしにくいことを表す評価指標。

(4)　一定の時間内にシステムが処理できる仕事量。

(5)　システムに処理要求を出してから，すべての処理結果が出力し終わるまでの時間。

(6)　システムに障害が発生した際，利用者の安全を最優先に考え，被害を最小限にするという考え方。

(7)　システムに障害が発生した際，システムをすべて停止させるのではなく，正常に稼働する部分によって機能を縮小させたとしても動作を続け（縮退運転），システム障害の影響を最小限にするという考え方。

(8)　複数の補助記憶装置にデータを分割して同時に書き込みを行うことで，処理の高速化を実現する方法。

```
┌─ 解答群 ─────────────────────────────────────────┐
│ ア．NAS              イ．安全性           ウ．可用性          │
│ エ．完全性           オ．信頼性           カ．ストライピング    │
│ キ．スループット      ク．ターンアラウンドタイム  ケ．フールプルーフ   │
│ コ．フェールセーフ    サ．フェールソフト     シ．フォールトアボイダンス│
│ ス．フォールトトレラント  セ．保守性          ソ．ミラーリング      │
│ タ．レスポンスタイム                                    │
└──────────────────────────────────────────────┘
```

(1)		(2)		(3)		(4)		(5)		(6)		(7)		(8)	

【2】次の計算を行いなさい。

(1)　MTBF が 90 時間，MTTR が 10 時間のときの稼働率を求めなさい。

(2)　稼働率 0.9 の装置 A と稼働率 0.7 の装置 B が並列に接続されているシステムについて，システム全体の稼働率を求めなさい。

(3)　デジタルカメラで，解像度 1,200 × 800 ドット，1 ドットあたり 24 ビットの色情報で撮影した画像 300 枚の記憶容量（MB）を答えなさい。

(1)		(2)		(3)		MB

通信ネットワークに関する知識

■1▶ ネットワークの構成

（1）OSI参照モデル

　コンピュータ同士がネットワークを通じて通信を行うための手順や規約をプロトコルという。国際標準化機構（ISO：International Organization for Standardization）は，ネットワークの構造を 7 階層に分割した OSI参照モデルを制定し，メーカなどが異なるコンピュータ同士でも通信を円滑に行えるようにしている。

階層	階層名	説明
第 7 層	アプリケーション層	アプリケーションソフトと下位の層とのデータのやり取りを規定。
第 6 層	プレゼンテーション層	データの形式・表現法を規定。
第 5 層	セッション層	通信経路の確立や切断の方法を規定。
第 4 層	トランスポート層	データ圧縮や誤り訂正などの信頼性について規定。
第 3 層	ネットワーク層	ネットワーク上の目的端末までの通信経路の選択・中継について規定。
第 2 層	データリンク層	コンピュータ間のデータの伝送方法について規定。
第 1 層	物理層	データを回線に送るための電気的・物理的な設定について規定。

（2）LAN の構成装置

①　ハブ[hub]

　LAN ケーブルを複数接続することができ，接続した機器同士で通信を行えるようにする通信機器。ハブにデータが送られてきたとき，接続されているすべての機器にデータを送るリピータハブと，後述する MACアドレスによって送信先を選択するスイッチングハブがある。

②　ルータ[router]

　同じプロトコルを用いているネットワーク同士を中継し，IPアドレスをもとに目的のネットワークにつながる最適な経路へとデータを送信する通信機器。

③　ゲートウェイ[gateway]

　異なるプロトコルを用いているネットワーク同士を接続するために用いる通信機器。

（3）パケットフィルタリング[packet filtering]

　ルータやファイアウォールが持つセキュリティ機能のひとつ。IPアドレスやポート番号などをもとに，そのパケット（データ）を通過させるかどうかを判断する機能。パケットとは「小包」という意味であり，データを小さなブロックに分割し，さらに送信元・宛先アドレスなどを搭載したものである。

ネットワーク

（4）プロトコル[protocol]

　コンピュータ同士が相互に通信を行うための手順・取り決め・約束事。通信をするコンピュータ同士が同じプロトコルを使うことにより，メーカや設定が異なっても通信を行うことができる。

　コンピュータ同士がインターネット通信を行う際には，TCP/IP（Transmission Control Protocol/Internet Protocol）というプロトコル群が標準で用いられている。TCP/IP では，次のようなものが使用されている。

① HTTP[Hyper Text Transfer Protocol]

　WebブラウザがWebサーバからWebページのデータを受信する際に利用するプロトコル。Webページのデータは HTML[Hyper Text Markup Language] という言語で記述されている。

② FTP[File Transfer Protocol]

　ファイルサーバとクライアントが，ファイルの送受信をする際に使用するプロトコル。

③ POP[Post Office Protocol]

　電子メールを保持しているサーバから，クライアントがインターネット経由で電子メールを受信する際に使用するプロトコル。自分のパソコンにメールが保存されるため，インターネット接続がなくてもアクセスが可能。

④ IMAP[Internet Message Access Protocol]

　インターネット上のサーバに保存されている電子メールを，サーバ上で管理するために使用するプロトコル。クライアントは，サーバに電子メールを保管したまま閲覧することができる。そのため，IDやパスワードによる認証をすることによって，複数のコンピュータから同時に電子メールを確認したり削除したりすることができる。

⑤ SMTP[Simple Mail Transfer Protocol]

　クライアントが電子メールをメールサーバに送信する際に使用するプロトコル。電子メールの送信部分を担当するプロトコルである。

⑥ DHCP[Dynamic Host Configuration Protocol]

　LANに接続されたコンピュータに，利用可能なIPアドレスを自動的に割り当てるプロトコル。

（5）MACアドレス[Media Access Control address]

　ネットワーク機器に製造段階で割り当てられる，48 ビットの固有の番号。IEEE によって管理される製造メーカ番号（上位 24 ビット）と，それぞれの製造メーカが自社製品に割り振る番号（下位 24 ビット）の組み合わせで構成されており，世界中で番号が重複しないようになっている。

（6）IPアドレス[Internet Protocol address]

　インターネットに接続されたネットワーク機器に割り当てられる，個別の識別番号。ネットワーク上の住所に該当する。

① IPv4とIPv6

ア．IPv4[Internet Protocol version 4]

　32ビットでIPアドレスを表現するプロトコル。しかし，「11000000101010000000000100000001」のように32ビットの2進数で表記すると表現が複雑になるので，8ビットずつ4つに区切り，それぞれを10進数で表現することも多い。例えば，「11000000101010000000000100000001」は8ビットずつ区切ると「11000000／10101000／00000001／00000001」となり，それぞれを10進数に直して「.」でつなぐと「192.168.1.1」と表現することができる。

　IPv4 は広く使用されてきたが，32ビットまでしか表現できないため，2 の 32乗（約 43 億）種類までのIPアドレスしか表現することができない。インターネットの普及に伴いIPアドレスの枯渇が懸念され，IPv6 が開発された。

イ．IPv6[Internet Protocol version 6]

　128 ビットでIPアドレスを表現するプロトコル。表現できるIPアドレスの種類が 2 の 128乗種類に増えただけではなく，セキュリティ関連の機能なども追加されている。

② プライベートIPアドレス

LANなどの限定的な範囲のネットワーク内で使用されるIPアドレス。管理者が自由に設定することができるが，LAN内では重複を避ける必要がある。

③ グローバルIPアドレス

インターネットで使用されるIPアドレス。インターネット上で同じアドレスは存在しない。

（7）IPアドレスの構成

IPアドレスは，**ネットワークアドレス**部と**ホストアドレス**部から構成される。ネットワークアドレス部はネットワークを特定するためのアドレスであり，ホストアドレス部は同一ネットワーク内で通信先となるコンピュータを特定するためのアドレスである。なお，通信を行う機器をホストという。

IPアドレスには，使用するネットワークの規模によって，クラスA，クラスB，クラスC の 3 つのアドレスクラスに分かれる。32ビットのIPアドレスにおいて，クラスAは先頭8ビットが，クラスBは先頭16ビットが，クラスCは先頭24ビットがネットワークアドレス部であり，残りの部分がホストアドレス部である。ホストアドレス部のビット数が多い方が，多くの機器を接続できるため，クラスAは大規模ネットワーク向き，クラスBは中規模ネットワーク向き，クラスCは小規模ネットワーク向きである。

クラスA	ネットワークアドレス（8ビット）	ホストアドレス（24ビット）	
クラスB	ネットワークアドレス（16ビット）	ホストアドレス（16ビット）	
クラスC	ネットワークアドレス（24ビット）		ホストアドレス（8ビット）

（8）サブネットマスク[subnet mask]

ひとつのネットワークをサブネットという小さなネットワークに分割して管理するとき，IPアドレスからサブネットのネットワークアドレスを求めるために使用する，2進数 32ビットの数値のこと。いくつかの2進数のIPアドレスとサブネットマスクを AND演算し，同じ値になったものは，同じサブネットに属していることを意味する。なお，AND演算とは論理積ともいい，2 つの入力値がともに 1 のときだけ 1 を出力する演算である。

例　2台のコンピュータ A，B が同一ネットワークかを確認する。
- コンピュータ A のIPアドレス　　184. 14. 10. 1
- コンピュータ B のIPアドレス　　184. 14. 13. 1
- サブネットマスク　　　　　　　255.255. 0. 0

❶コンピュータ A のIPアドレスとサブネットマスクを2進数に変換してAND演算する。

```
        184. 14. 10.  1 =  10111000 00001110 00001010 00000001
AND     255.255.  0.  0 =  11111111 11111111 00000000 00000000
                          10111000 00001110 00000000 00000000
```

❷コンピュータ B のIPアドレスとサブネットマスクを2進数に変換してAND演算する。

```
        184. 14. 13.  1 =  10111000 00001110 00001101 00000001
AND     255.255.  0.  0 =  11111111 11111111 00000000 00000000
                          10111000 00001110 00000000 00000000
```

❸演算結果がどちらも同じなので，同一ネットワークである。

（9）CIDR[Classless Inter Domain Routing]

クラス A・B・C の概念をなくし，サブネットマスクを利用してネットワークアドレス部を自由な長さに設定することができるしくみ。ネットワークの規模に応じて，CIDR によって 1 ビット単位でネットワークアドレス部を設定することにより，不必要なIPアドレスを作らずに有効活用することができる。

例　2台のコンピュータ A，B が同一ネットワークかを確認する。

・コンピュータ A のIPアドレス　　　　184. 14. 10. 1
　　　　　　　　　　（CIDR 表記　　　184. 14. 10. 1/22）
・コンピュータ B のIPアドレス　　　　184. 14. 13. 1
　　　　　　　　　　（CIDR 表記　　　184. 14. 13. 1/22）
・サブネットマスク　　　　　　　　　255.255.252. 0

❶コンピュータ A のIPアドレスとサブネットマスクを2進数に変換してAND演算する。

$$
\begin{array}{r}
184. 14. 10. 1 = 10111000\ 00001110\ 00001010\ 00000001 \\
\text{AND}\quad 255.255.252. 0 = 11111111\ 11111111\ 11111100\ 00000000 \\
\hline
10111000\ 00001110\ 00001000\ 00000000
\end{array}
$$

❷コンピュータ B のIPアドレスとサブネットマスクを2進数に変換してAND演算する。

$$
\begin{array}{r}
184. 14. 13. 1 = 10111000\ 00001110\ 00001101\ 00000001 \\
\text{AND}\quad 255.255.252. 0 = 11111111\ 11111111\ 11111100\ 00000000 \\
\hline
10111000\ 00001110\ 00001100\ 00000000
\end{array}
$$

❸演算結果が異なるので，異なるネットワークである。

（10）ネットワークアドレス

IPアドレスのホストアドレス部の値をすべて 0 にしたもので，そのネットワーク自体を表すアドレス。

例　IPアドレス　　　　　172. 16. 12. 0 = 10101100 00010000 00001100 00000000
　　サブネットマスク　　255.255.252. 0 = 11111111 11111111 11111100 00000000

（11）ブロードキャストアドレス

IPアドレスのホストアドレス部の値をすべて 1 にしたもので，そのネットワークに接続されているすべてのホストに一斉送信をするためのアドレス。

例　IPアドレス　　　　　172. 16. 15.255 = 10101100 00010000 00001111 11111111
　　サブネットマスク　　255.255.252. 0 = 11111111 11111111 11111100 00000000

（12）ホストアドレス

ネットワークに接続されている個々のホストに割り当てられるIPアドレス。ネットワークアドレスとブロードキャストアドレス以外のIPアドレスを割り当てられる。

（13）ポート番号

TCP/IP通信において，送信されたデータがどのサービスを使用するのかを識別するための，16ビットの値。主なポート番号には，右のようなものがある。

ポート番号	サービス名など
25	SMTP
53	DNS
80	HTTP
443	HTTPS

(14) NAT[Network Address Translation]

　プライベートIPアドレスとグローバルIPアドレスを 1 対 1 で相互に変換し，LAN内のコンピュータがインターネット接続をできるようにする技術。端末の台数分のグローバルIPアドレスを用意する必要がないため，アドレス資源の有効活用を図ることができる。

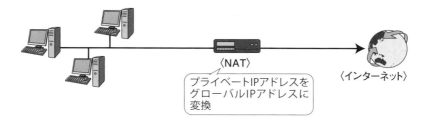

(15) DMZ[DeMilitarized Zone]

　ファイアウォールによって，外部のネットワークと内部のネットワークとの間に設けられた領域。内部のネットワークではなく DMZ に Webサーバなどの外部に公開するサーバを設置することで，外部のネットワークから内部のネットワークに直接アクセスされることを防ぎ，Webサーバに外部からマルウェアなどが組み込まれたとしても，内部のネットワークの被害を小さくすることができる。なお，DMZ は非武装地帯を意味する。

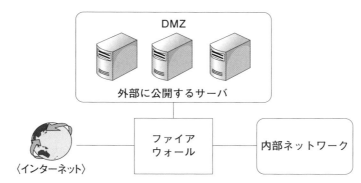

(16) DNS[Domain Name System]

　IPアドレスとドメイン名を 1 対 1 で対応させ，ドメイン名によって Webサーバなどのサーバを指定することができるようにするしくみ。インターネット上の通信相手の指定にはIPアドレスを使用するが，IPアドレスは数値の羅列であるため，DNS を用いることで接続相手を指定しやすくなる。

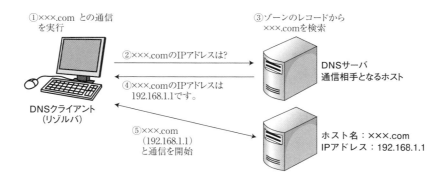

(17) VPN[Virtual Private Network]

　インターネットなどの公衆回線を，あたかも専用回線のように利用できる仮想のネットワーク。認証や暗号化技術によって，VPN に第三者が接続することを防ぎ，当事者間の専用回線のように使用することができる。

（18）通信速度（bps）に関する計算

　　ネットワークにおいてデータを送受信する速度を**通信速度**という。通信速度は，1 秒に何ビットのデータを送信できるかを表す単位 **bps**（bits per second）を用いて表現する。

　　ネットワーク回線は様々なユーザが共同で使用していることが多く，100%の通信速度は実現できない。そこで，実際に出せる速度をパーセントで表したものを**伝送効率**という。

　　あるデータを送信するためにかかる時間を**転送時間**といい，次の式で計算する。

転送時間（秒）＝ データの容量 ÷（通信速度 × 伝送効率）

　例　900 バイトのデータを 2,000bps で送信する場合，何秒かかるか。伝送効率は 60 ％とする。
　　①　送信するデータをビットに換算する。　　　　900 バイト × 8 ビット ＝ 7,200 ビット
　　②　転送時間を計算する。　　　　　　　　　　7,200 ビット ÷（2,000bps × 0.6）＝ 6 秒

練習問題 2-1　　　　　　　　　　　　　　　解答 ⇒ P.2

【1】 次の文に最も関係の深い語を解答群から選び，記号で答えなさい。

(1)　複数のネットワークを中継し，IPアドレス情報をもとに目的のネットワークにつながる最適な経路へとデータを送信する通信機器。

(2)　異なるプロトコルを用いているネットワーク同士を接続するために用いる通信機器。

(3)　WebブラウザがWebサーバから Webページのデータを受信する際に利用するプロトコル。

(4)　ファイルサーバとクライアントが，ファイルの送受信をする際に使用するプロトコル。

(5)　電子メールを保持しているサーバから，クライアントがインターネット経由で電子メールを受信する際に使用するプロトコル。

(6)　クライアントが電子メールをメールサーバに送信する際に使用するプロトコル。

(7)　LANに接続されたコンピュータに，利用可能なIPアドレスを自動的に割り当てるプロトコル。

(8)　インターネットで使用されるIPアドレス。世界中で重複が許されない。

(9)　クラスの概念をなくして，ネットワークアドレス部を自由に設定することができるしくみ。

(10)　IPアドレスのホストアドレス部の値をすべて 1 にしたもので，そのネットワークに接続されているすべてのホストに一斉送信をするためのアドレス。

(11)　プライベートIPアドレスとグローバルIPアドレスを 1 対 1 で相互に変換し，LAN内のコンピュータがインターネット接続をできるようにする技術。

(12)　ファイアウォールによって，外部のネットワークと内部のネットワークとの間に設けられた安全な領域。

(13)　IPアドレスとドメイン名を 1 対 1 で対応させ，ドメイン名によって Webサーバなどのサーバを指定することができるようにするしくみ。

(14)　インターネットなどの公衆回線を，あたかも専用回線のように利用できる仮想のネットワーク。

(15)　LANケーブルを中継し，ネットワークを構築するための集線装置。

(16)　インターネット上のサーバに保存されている電子メールを，サーバ上で管理するために使用するプロトコル。

(17)　LANなどの限られた範囲で使用されるコンピュータに使用されるIPアドレス。同じLAN内で重複は許されないが，異なるLANであれば同じIPアドレスを使用することができる。

(18)　ルータやファイアウォールが持つセキュリティ機能のひとつで，IPアドレスやポート番号などをもとに，そのデータを通過させるかどうかを判断する機能。

⒆　ネットワーク機器に製造段階で割り当てられる，48ビットの固有の番号。

⒇　ひとつのネットワークをサブネットという小さなネットワークに分割して管理するとき，IPアドレスからサブネットのネットワークアドレスを求めるために使用する数値のこと。

解答群

ア．CIDR	**イ**．DMZ	**ウ**．DNS
エ．DHCP	**オ**．FTP	**カ**．HTTP
キ．IMAP	**ク**．MACアドレス	**ケ**．NAT
コ．OSI 参照モデル	**サ**．POP	**シ**．SMTP
ス．VPN	**セ**．グローバル IP アドレス	**ソ**．ゲートウェイ
タ．サブネットマスク	**チ**．ネットワークアドレス	**ツ**．パケットフィルタリング
テ．ハブ	**ト**．プライベート IP アドレス	**ナ**．ブロードキャストアドレス
ニ．プロトコル	**ヌ**．ホストアドレス	**ネ**．ルータ

ネットワーク

(1)		(2)		(3)		(4)		(5)	
(6)		(7)		(8)		(9)		(10)	
(11)		(12)		(13)		(14)		(15)	
(16)		(17)		(18)		(19)		(20)	

【2】 100Mbps の通信回線を使用して 1GB のデータを転送した時間が 200 秒であった。この通信回線の伝送効率を求めなさい。ただし，1GB = 10^9B とする。

	%

【3】 通信速度が 750Mbps の回線を用いて，4.5GB のファイルをダウンロードするためにかかる時間は何秒か求めなさい。なお，伝送効率は80%とし，その他の外部要因は考えないものとする。ただし，1GB = 10^9Bとする。

	秒

【4】 専用回線を使用して，1 件 120KB のデータを 1 時間あたり 60,000件送信する場合，この要件を満たす最低の通信速度はいくつか。ただし，伝送効率は 50%とし，その他の外部要因は考えないものとする。ただし，1MB = 10^6Bとする。

	Mbps

【5】 解像度 4,000 × 5,000ピクセル，1ピクセルあたり 24ビットの色情報を持つ画像 80枚を，50%に圧縮して転送した時間が 100秒であった。この通信回線の通信速度はいくつか。ただし，1GB = 10^9Bとし，その他の外部要因は考えないものとする。

	Mbps

ネットワーク

2 ▶ネットワークの活用

（1）シンクライアント［thin client］

　クライアントサーバシステムにおいて，クライアント側のコンピュータには必要最低限の機能のみを与え，サーバ側のコンピュータで様々な機能を集中管理するシステム。シン（thin）は「薄い」という意味である。メンテナンスの容易さや，クライアント側に情報が残らないので情報漏えいを防止できることなどが，シンクライアントの利点として挙げられる。

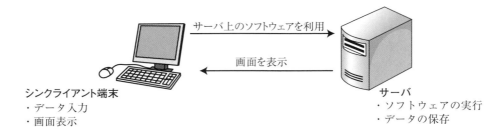

シンクライアント端末
・データ入力
・画面表示

サーバ上のソフトウェアを利用
画面を表示

サーバ
・ソフトウェアの実行
・データの保存

（2）Cookie

　Webサーバとブラウザが通信をした際に，ブラウザ側のコンピュータにアクセス履歴などの情報を記録しておくしくみ。Cookieによって，IDやパスワードの入力を省略したり，インターネットショッピングでカートに入れた商品を一時的に保存したりと，利便性を向上させることができる。

（3）MIME［Multipurpose Internet Mail Extensions］

　電子メールの送受信において，テキストデータ以外の情報も送受信できるようにする規格。MIMEを利用することで，画像や音声の送受信が可能になる。

（4）VoIP［Voice over Internet Protocol］

　インターネット回線を利用して音声通話をすることができるようにするしくみ。VoIPを利用した電話をIP電話といい，回線を占有しないので，従来の電話に比べて安い料金で音声通話を行うことができる。

練習問題 2-2
解答 ➡ P.2

【1】次の文に最も関係の深い語を解答群から選び，記号で答えなさい。

(1) 電子メールの送受信において，テキストデータ以外の情報も送受信できるようにする規格。

(2) インターネット回線を利用して音声通話をすることができるようにするしくみ。

(3) Webサーバとブラウザが通信をした際のアクセス履歴などの情報を記録しておくしくみ。

(4) クライアントサーバシステムにおいて，クライアント側のコンピュータには必要最低限の機能のみを与えるシステム。

解答群

ア．Cookie　　　　　　イ．MIME　　　　　　ウ．VoIP

エ．シンクライアント

---

(1)		(2)		(3)		(4)	

情報モラルとセキュリティに関する知識

1 ▶ セキュリティ

（1）暗号化による通信

インターネットなどのネットワーク通信では，通信回線をデータ送信者・受信者で占有して使用するのではなく，様々な利用者が通信回線を共有して使用している。そのため，通信回線を流れるパケットを第三者が傍受し，内容を見たり（盗聴），改ざんをしたりする危険性がある。

このことを防ぐ方法のひとつに，暗号化がある。**暗号化**とは，データの中身を第三者が見ても分からないようにすることである。また，暗号化をしていない元データを**平文**といい，暗号化されたデータを平文に戻すことを**復号**という。

暗号化には，大きく分けて共通鍵暗号方式と公開鍵暗号方式がある。

① 共通鍵暗号方式

暗号化してデータを送受信する際に，送信者と受信者で同じ鍵（共通鍵）を使用する暗号方式。つまり，暗号化と復号に同じ鍵を使用する。通信相手ごとに共通鍵を用意し，共有する必要があるため，共通鍵暗号方式は特定の相手と暗号文をやり取りする場合に用いられることが多い。

② 公開鍵暗号方式

暗号化してデータを送受信する際に，暗号化と復号で別の鍵を使用する暗号方式。受信者は，暗号化を行うための公開鍵を事前に公開し，送信者はその公開鍵を使用してデータを暗号化して送信する。受信者は，公開鍵と対をなす秘密鍵を使用してデータを復号する。多くの相手と通信する際には，共通鍵暗号方式に比べて必要になる鍵ペアの数が少なくて済む。ただし，共通鍵暗号方式に比べて暗号化や復号に処理時間を要することが多い。

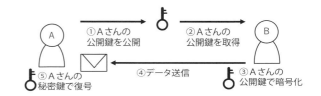

（2）電子署名（デジタル署名）

送信者のなりすましやデータの改ざんを検知する技術。公開鍵暗号方式のしくみを応用したものをデジタル署名という。公開鍵暗号方式では，公開鍵で暗号化したデータは秘密鍵でしか復号できないが，同時に秘密鍵で暗号化すると公開鍵でしか復号することができないという性質がある。この性質を応用し，送信者が秘密鍵で暗号化し，受信者が公開鍵で適切にそのデータを復号できれば，送信者の秘密鍵で暗号化したこと及びデータの中身が変更されていないことを証明できる。

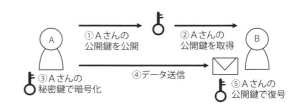

なお，公開鍵の所有者の身元の正当性は，**認証局**[CA: Certification Authority]が発行するデジタル証明書によって証明する。

（3）SSL/TLS[Secure Sockets Layer/Transport Layer Security]

WebブラウザとWebサーバがデータのやり取りをする際に，データを暗号化するプロトコル。通信を暗号化したり，電子証明書を用いてなりすましを防いだりすることで，クレジットカード番号や個人情報などを安全に送受信することができる。SSLのバージョンが変わり，名称が変更されたため「SSL/TLS」と呼ばれることもある。

（4）HTTPS [Hyper Text Transfer Protocol Security]

WebサーバとWebブラウザの間でHTMLファイルなどをやりとりする際に用いられる HTTP というプロトコルに，SSL/TLS による暗号化機能を追加したプロトコル。HTTPSによって通信を行っている Webページは，URLが「https://」から始まる。

（5）ログファイル [log file]

コンピュータやネットワークの使用状況を記録したファイル。誰が，いつ，どこから，どのような操作を行ったのか，などの情報を記録することができる。不正アクセスや，不正な情報持ち出しなどの履歴も記録することができるので，ログファイルを記録することはセキュリティ的にも重要である。

① システムログ

OSが稼働している間に起こった出来事を記録したもの。

② アクセスログ

システムへのアクセス状況を記録したもの。特に，ネットワークを経由してサーバなどにアクセスした記録を指すことが多い。

（6）インシデント [incident]

情報セキュリティに影響を与える不測の事態のこと。データの破損，サービス妨害行為，情報漏えいなどがインシデントの例として挙げられる。

（7）リスクマネジメント [risk management]

リスクを組織的に管理し，損失の回避や低減を図る活動。リスクマネジメントは，①リスクの特定，②リスクの分析，③リスクの評価，④リスクへの対処，という順番で行われる。

（8）リスクアセスメント [risk assessment]

リスクの大きさを評価し，そのリスクが与えうる影響を許容できるかどうかを判断すること。リスクマネジメントのうち，①リスクの特定，②リスクの分析，③リスクの評価のプロセスを指す。

（9）クロスサイトスクリプティング [cross site scripting]

攻撃者が，脆弱性のあるWebページに罠となるスクリプト（簡易的なプログラム）を仕掛け，そのWebページを閲覧した第三者の個人情報を盗むような攻撃。クロスサイトスクリプティングの防御方法には，スクリプト言語で用いられる記号文字を無害な文字に置き換えるエスケープ処理などがある。

（10）ソーシャルエンジニアリング [social engineering]

電子的・技術的な手段を用いず，物理的・心理的手段を用いて情報を不正に入手すること。たとえば，処分されたごみから情報を得る（スキャベンジング），キーボードをタイプする様子やディスプレイを覗き見てパスワードなどを確認する（ショルダーハッキング），電車や喫茶店などでの会話を盗み聞きする，ICカード認証のセキュリティシステムにおいて 2 人同時に通過する，などの手法がある。

（11）SQL インジェクション [SQL injection]

Webページの入力フォームなどを介して，データベースサーバに不正なSQLコマンドを入力し，データの書き換え・抜き取り・削除などを行う攻撃。

練習問題 3　　　　　　　　　　　　　　　解答 ➡ P.3

【1】次の文に最も関係の深い語を解答群から選び，記号で答えなさい。

(1) 暗号化してデータを送受信する際に，暗号化と復号で別の鍵を使用する暗号方式。

(2) 公開鍵暗号方式のしくみを応用し，送信者のなりすましやデータの改ざんを検知する技術。

(3) インターネット上で，WebブラウザとWebサーバがデータのやり取りをする際に，データを暗号化するプロトコル。

(4) OSが稼働している間に起こった出来事を記録したもの。

(5) リスクを組織的に管理し，損失の回避や低減を図るプロセス。

(6) リスクの大きさを評価し，そのリスクが与える影響を許容できるかどうかを判断すること。

(7) 電子的・技術的な手段を用いず，物理的・心理的手段を用いて情報を不正に入手すること。

(8) Webページの入力フォームなどを介して，データベースサーバに不正なコマンドを入力し，データの書き換えや抜き取りを行う攻撃。

(9) 暗号化してデータを送受信する際に，送信者と受信者で同じ鍵を使用する暗号方式。特定の相手と暗号文をやり取りする場合に用いられることが多い。

(10) 公開鍵の所有者の身元の正当性を証明するためにデジタル証明書を発行する機関。

(11) ネットワークを経由してサーバなどにアクセスした情報を記録したもの。

(12) WebページのデータをWebサーバとWebブラウザの間でやりとりする際に用いられるプロトコルに，暗号化機能を追加したプロトコル。

(13) 悪意を持ったユーザが，脆弱性のあるWebページの入力フォームなどにスクリプトを入力し，そのWebページを閲覧した第三者の個人情報を盗むような攻撃。

(14) 情報セキュリティに影響を与える不測の事態のこと。データの破損，サービス妨害行為，情報漏えいなどがある。

```
┌─ 解答群 ─────────────────────────────────────────┐
│ ア．SQLインジェクション    イ．SSL/TLS          ウ．アクセスログ        │
│ エ．インシデント          オ．共通鍵暗号方式    カ．クロスサイトスクリプティング │
│ キ．公開鍵暗号方式         ク．システムログ      ケ．ソーシャルエンジニアリング │
│ コ．デジタル署名           サ．リスクアセスメント シ．リスクマネジメント    │
│ ス．認証局                セ．HTTPS                                  │
└─────────────────────────────────────────────────┘
```

(1)		(2)		(3)		(4)		(5)	
(6)		(7)		(8)		(9)		(10)	
(11)		(12)		(13)		(14)			

プログラミングの関連知識

1 16進数の計算

進数の考え方……何倍ずつ桁上がりするか。

例　<u>10</u>進数…0・1…9　→　$(10)_{10}$

つまり 1 が <u>10</u> 倍になったときに桁上がりする。

<u>2</u>進数…0・1　　→　$(10)_2$

つまり 1 が <u>2</u> 倍になったときに桁上がりする。

<u>16</u>進数…0・1…F　→　$(10)_{16}$

つまり 1 が <u>16</u> 倍になったときに桁上がりする。

右表のとおり，10～15 は A～F を使って表現する。

2進数	10進数	16進数
0000	0	0
0001	1	1
0010	2	2
0011	3	3
0100	4	4
0101	5	5
0110	6	6
0111	7	7
1000	8	8
1001	9	9
1010	10	A
1011	11	B
1100	12	C
1101	13	D
1110	14	E
1111	15	F
10000	16	10

16進数は2進数の4桁を1桁で表現するので，計算もこのように考えると計算しやすい。

(1) 10進数から16進数への変換

例　95

① 2進数へ変換する。

<u>01011111</u>

16進数は2進数の4桁と考えるので，4桁に満たないときは先頭に 0 をつけて4桁で区切れるようにする。

② 4桁ごとに区切って16進数へ変換する。

<u>0101</u>　<u>1111</u>

5　　F　　　　　　　　　答え　5F

(2) 16進数から10進数への変換

例　A3

① 16進数の各桁を2進数に変換する。

<u>A</u>　　　　　　　<u>3</u>

1010　　　　　　<u>0011</u>

(1)①と同様に4桁に満たないときにも先頭に 0 をつけて4桁にする。

② 1つの数値として合わせて，10進数に変換する。

10100011　→　163　　　　　　答え　163

(3) 10進数から16進数への変換（小数を含む）

例　5.75

① 2進数へ変換する。

0101.11

● 整数と小数を分けて変換する。

● 小数は，1桁下がれば 2^{-1} $\left(\dfrac{1}{2}=0.5\right)$，2桁下がれば 2^{-2} $\left(\dfrac{1}{4}=0.25\right)$……整数の逆と同様と考える。

● 小数の場合，4桁に満たないときは末尾に 0 をつけて4桁にする。

② 4桁ごとに区切って16進数へ変換する。

<u>0101</u>.<u>1100</u>

5　　C　　　　　　　　　答え　5.C

⑷　16進数から10進数への変換（小数を含む）

　例　7.5

　①　16進数を整数と小数に分けて2進数に変換する。

$$\underline{7}\qquad\qquad.\qquad\underline{5}$$
$$\underline{0111}\qquad\qquad\underline{0101}$$

　　　　　　　　　⑴①と同様に4桁に満たないときは先頭に 0 をつけて4桁にする。

　②　1つの数値として合わせて，10進数に変換する。

　　　0111.0101　→　7.3125　　　　　　答え　7.3125

$$2^{-2}=\frac{1}{4}=0.25\qquad 2^{-4}=\frac{1}{16}=0.0625$$

⑸　（小数）16進数の足し算

　例　5.C　＋　7.5

　　　C を16進数から10進数に変換して計算すると，計算しやすい。

$$
\begin{array}{cc}
5 & 12\ \leftarrow\ C \\
+\ 7 & +\ \ 5 \\
\hline
12 & 17
\end{array}
$$

　　　16 を越えたら 1 を繰り上げる。

　　　　13　　　　　　　1　　　　　　　答え　(D.1)₁₆

　なお，10進数で答える場合，この 1 は16進数なので $(0.1)_{16}=(0.0625)_{10}$ であることに注意する。

　　　　　　　　　　　　　答え　$(13.0625)_{10}$

２ ▶ 2進化10進法

　10進数1桁を2進数4桁で表現する方法のこと。また，表現した数値を**2進化10進数**という。

　例　　　3 4 8

　　　0011　0100　1000　　　答え　001101001000

３ ▶ 固定小数点形式

　2進数で表す時に，小数点の位置が固定されている形式。基本的には先頭を符号ビット（0…＋，1…－）とする。正数の場合，表現方法は通常の2進数と変わらないが，負数は 2 の**補数**で表現する。

　補数……ある基準の値にするために元の数に補う数のこと。

　例　＋54　　00110110　【この場合，小数点は一番右端（最下位ビットの右）にある】

　　　　　　　↓　0 と 1 を反転する。

　　　　　11001001　（1 の補数表現）

　　　　　　　↓　＋1

　　　－54　　11001010　（2 の補数表現）

　この表現方法を使って整数値を表現する場合，n ビットで表現できる整数の範囲は

$-2^{n-1}\sim2^{n-1}-1$ となる。上記の例の場合，8ビットなので

$-2^{8-1}\sim2^{8-1}-1\ =\ -128\sim+127$ となる。

　なお，この例は小数点が一番右端（最下位ビットの右）にあるが，小数が桁の途中にあっても，表記（変換）の仕方は同じである。

▌4▶ 浮動小数点形式

2進数で表すときに，小数点の位置が固定されない形式。**符号部，指数部，仮数部**の3つの部から構成されており，小さい値から大きな値まで表現できるが，誤差が生じやすい。無限小数を途中で四捨五入や，切り上げまたは切り捨てることで生じる誤差のことを**丸め誤差**という。

| 0 || 0 | 0 | 0 | 0 || 1 | 0 | 0 | 1 | 1 | 0 | 0 | 0 | 0 | 0 | 0 |

符号部　　　　　指数部　　　　　　　　　　　　　　　仮数部
$\begin{cases} 0\cdots + \\ 1\cdots - \end{cases}$　　　小数点の位置を移動させた桁数　　　正規化した実際の値
　　　　　　2^nのnの値（指数）を表す

浮動小数点形式にするためには，**正規化**を行う。正規化とは$\pm 1.\text{xx} \times 2^n$（もしくは$\pm 0.\text{xx} \times 2^n$）の形に変換することをいう。なお，指数部と仮数部は表現する値に応じて桁を変更する。

例　7.25

①2進数に変換する　　111.01

②小数点の位置を移動し，1.xx の形式にすると同時に，小数点を何桁移動したか確認する

$$1.1101 \quad \times \quad 2^2$$

　　　　　　　　　　小数点を左に2つ移動

③小数点を移動した桁を指数部の桁に合わせた2進数にする

　　　　0010　　　　　　2桁移動したので"2"を2進数に変換

④指数部に③の値を，仮数部に小数点を考えず②の値を前から当てはめる

　　　0 0010 11101000000
　　　↓　　↓　　　↓
　　符号部　指数部　仮数部
　　　　　　答え　 0001011101000000

練習問題 4-1　　　　　　　　　　　　　　解答 ➡ P.3

【1】次の各問いに答えなさい。

(1)　①2進数 10011101 を16進数に　②16進数 AE を2進数に変換せよ。

(2)　①10進数 122 を16進数に　②16進数 D2 を10進数に変換せよ。

(3)　①2進数 101.0101 を10進数に　②10進数 3.625 を2進数に変換せよ。

(4)　①10進数 5.8125 を16進数に　②16進数 9.B を10進数に変換せよ。

(5)　10進数 123 を2進化10進法で表すといくつか。

(6)　2進化10進法で表された 100100010101 は10進数で表すといくつか。

(7)　10進数 −106 を2の補数で表すといくつか。

(1)	①	
	②	
(2)	①	
	②	
(3)	①	
	②	
(4)	①	
	②	
(5)		
(6)		
(7)		

5 ▶ プロセッサの性能指標

（1）クロック周波数［clock frequency］

　複数の装置間で処理のタイミングを合わせるための信号をクロック信号という。クロック周波数は，クロック信号が単位時間（1 秒間）あたりに発生する回数を表す。1GHz は 1 秒間に 1,000,000,000回（1 ギガ回）のクロック信号が発生することを表し，1 クロックあたりの時間は1／1,000,000,000秒（1 ナノ秒）となる。クロック周波数が大きいほど，処理速度は速くなる。

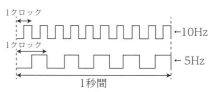

（2）MIPS［Million Instructions Per Second］

　MIPS とは 1 秒間に実行できる命令数を百万命令単位で表したものである。100MIPS の性能のコンピュータは，1 秒間に 100,000,000回の命令を実行することができる。

練習問題 4-2　　　　　　　　　　　解答 ➡ P.4

【1】次の各問いに答えなさい。

（1）1 秒間に 2,000,000,000回のクロック信号を発生させる CPU のクロック周波数は何GHz か。

（2）1 秒間に 400,000,000回の命令を実行することができるコンピュータの性能は，何MIPS か。

(1)	GHz
(2)	MIPS

---

6 ▶ 誤差

（1）情報落ち

　浮動小数点数で表現された数値において，絶対値が非常に大きな値と非常に小さな値の演算を行う際に，絶対値が非常に小さい値が計算結果に反映されない現象。

（2）桁落ち

　浮動小数点数で表現された数値において，ほぼ等しい数値同士の演算を行うと，数値として信頼できる有効数字の桁数が減ってしまう現象。

（3）丸め誤差

　コンピュータが数値を扱う際に，扱える桁数で表現するために端数処理を行った結果が，本来の計算結果と異なってしまう現象。

練習問題 4-3　　　　　　　　　　　解答 ➡ P.4

【1】次の文に最も関係の深い語を書きなさい。

（1）小数点以下の数値をコンピュータで扱う際，四捨五入などの端数処理を行った結果が，本来の計算結果とわずかに異なる現象。

（2）極端に絶対値の差が大きい数値同士の加減算を行った結果，絶対値の小さい数値が計算結果から無視されてしまう現象。

（3）浮動小数点数で表現された数値の演算について，加減算をした結果が 0 に非常に近くなったときに，有効数字の桁数が極端に少なくなる現象。

(1)	
(2)	
(3)	

7 論理回路

　真(1)または偽(0)の 2 通りの真理値しかもたない演算を論理演算という。コンピュータが命令を論理的に処理するための論理演算を実現する回路を論理回路といい，以下のような論理回路がある。

　また，論理演算を表す手法としても利用され，集合の関係を円で表現し，論理演算を視覚的にわかりやすくしたものを**ベン図**という。

（1）AND回路

　2 つの入力が「1」と「1」の場合のみ「1」を出力し，それ以外は「0」を出力する論理回路。**論理積**演算を実現する。

	真理値表	
A	B	A AND B
0	0	0
0	1	0
1	0	0
1	1	1

回路記号

A AND B

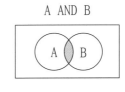

（2）OR 回路

　2 つの入力のうち少なくとも一方が「1」の場合に「1」を出力し，2 つの入力が「0」と「0」の場合のみ「0」を出力する論理回路。**論理和**演算を実現する。

	真理値表	
A	B	A OR B
0	0	0
0	1	1
1	0	1
1	1	1

回路記号

A OR B

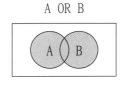

（3）NOT 回路

　「0」が入力された場合は「1」を，「1」が入力された場合は「0」を出力する論理回路。**否定**演算を実現する。

真理値表	
A	NOT A
0	1
1	0

回路記号

NOT A

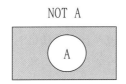

（4）XOR 回路

　2 つの入力が「0」と「1」または「1」と「0」の場合は「1」を出力し，2 つの入力が同じ場合は「0」を出力する論理回路。**排他的論理和**演算を実現する。

	真理値表	
A	B	A XOR B
0	0	0
0	1	1
1	0	1
1	1	0

回路記号

A XOR B

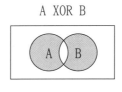

関連知識

練習問題 4-4　　　　　　　　　　　　　　　　解答 ➡ P.4

【1】次の文に最も関係の深い語を書きなさい。

(1) 入力値の逆の値を出力する論理回路。

(2) 2つの入力が「0」と「1」または「1」と「0」のときだけ，「1」を出力する論理回路。

(3) 2つの入力が「1」と「1」のときだけ「1」を出力する論理回路。

(4) 2つの入力のうち少なくとも一方が「1」のとき，「1」を出力する論理回路。

(1)	
(2)	
(3)	
(4)	

8 ▶ テスト

（1）トップダウンテスト

複数のモジュールで構成されるソフトウェアの結合テストにおいて，上位のモジュールから順に動作を検証するテスト手法。最上位のモジュールにスタブという仮の下位モジュールを結合してテストを行い，問題がなければ最上位のモジュールとスタブの間に次にテストするモジュールを結合してテストを進めていく。完成したモジュールから少しずつテストを行うことでエラー箇所を特定しやすくなる。

（2）スタブ

トップダウンテストにおいて，呼び出す側の下位モジュールが未完成の状態でもテストを行うために利用するテスト用のモジュール。

（3）ボトムアップテスト

複数のモジュールで構成されるソフトウェアの結合テストにおいて，下位のモジュールから順に動作を検証するテスト手法。最下位のモジュールにドライバという仮の上位モジュールを結合してテストを行い，問題がなければ最下位のモジュールとドライバの間に次にテストするモジュールを結合してテストを進めていく。

（4）ドライバ

ボトムアップテストにおいて，呼びだされる側の上位モジュールが未完成の状態でもテストを行うために利用するテスト用のモジュール。

（5）回帰テスト（リグレッションテスト）

プログラムの一部を修正したことにより，それまで正常に動作していた他のプログラムに新たなエラーが発生していないか確認するテスト。退行テストともいう。

（6）負荷テスト

システムやネットワークに大量のデータを処理させたり，送受信させたりするなどして，負荷が高まったときの状態や性能を計測し，負荷に耐えられる限界範囲を確認するテスト。

（7）機能テスト

システム開発において，要件定義で定められたユーザが必要とする機能が満たされているかを確認するテスト。入力データに対する出力結果が正しいかというブラックボックステストの手法で行われることが多い。

（8）性能テスト

システム開発において，要件定義で定められたユーザが必要とする性能が備わっているかを確認するテスト。実際に想定される動作環境下でシステムを動かし，システムのスループットやレスポンスタイムなどを確認する。

▌9▐ シフト演算

数値データの桁を左右に移動させることで乗算や除算を行う計算方法。例えば，10進数の場合，数値を左に 1桁シフトすると 10倍になり，右に 1桁シフトすると 1/10倍になる。2進数でシフト演算する方法には，論理シフトと算術シフトがある。

（1） 論理シフト

2進数の数値を n桁シフト演算し，空いた桁には 0 を入れることで左シフトの場合は元の数値を 2^n倍，右シフトの場合は元の数値を 2^{-n} 倍するシフト演算。全ての桁がシフト演算の対象であり，負の数は扱えない。また，扱える桁数からあふれたビットは切り捨てられる。

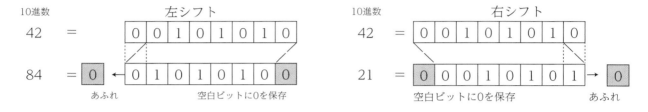

（2） 算術シフト

符号付き2進数の数値を n桁シフト演算し，左シフトの場合，空いた桁には 0 を入れ，右シフトの場合，空いた桁に符号ビットと同じ数値を入れることで左シフトの場合は元の数値を 2^n 倍，右シフトの場合は元の数値を $1/2^n$倍するシフト演算。先頭の 1桁が符号ビットであり，符号ビットが 0 ならば正数，1 ならば負数を表す。符号ビット以外の桁がシフト演算の対象であり，負の数を扱うことができる。また，扱える桁数からあふれたビットは切り捨てられる。

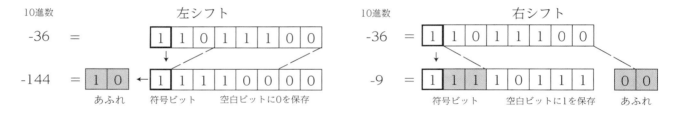

▌10▐ データ構造

（1） キュー

先に記憶されたデータを先に取り出すデータ構造。先入先出法（FIFO:First-In First-Out）によってデータを管理するため，先に記憶されたデータはキューの先頭にあり，後から記憶されたデータはキューの末尾にある。ジョブを受け取った順に印刷をするプリンタなどで利用されている。

（2） スタック

後から記憶されたデータを先に取り出すデータ構造。後入先出法（LIFO:Last-In First-Out）によってデータを管理するため，後に記憶されたデータはスタックの先頭にあり，先に記憶されたデータはスタックの末尾にある。閲覧したWebページの順番を記憶し，進むボタン，戻るボタンなどでWebページを切り替えるブラウザで利用されている。

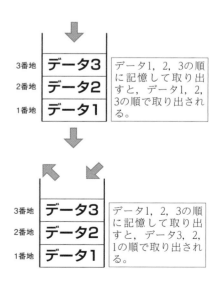

（3）リスト

　データの格納場所を示すポインタによってデータの記憶場所を特定するデータ構造。データは主記憶装置などにアドレス番地を割り当てられて記憶されており，アドレス番地を指定することで位置を特定される。あるデータから見て，前後関係にあたるデータが保存されている場所を示したポインタを記憶することもあり，これを連結リストという。データを頻繁に追加したり，削除したりする場合に利用されることが多い。

（4）ポインタ

　リストにおいて，データの記憶場所（アドレス番地）を示す変数のこと。連結リストにおいて，あるデータの前にあたるデータの記憶場所を示したポインタを前ポインタ，あるデータの後にあたるデータの記憶場所を示したポインタを後ポインタという。

リスト

アドレス	データ	前ポインタ	後ポインタ
100	CCC	400	300
200	AAA	–	400
300	DDD	100	–
400	BBB	200	100

（5）木構造

　階層構造でデータを管理するデータ構造。個々の要素をノード（節）といい，ノード同士は親子関係を持つ。親を持たない最上位の要素をルート（根）といい，子を持たない最下位の要素をリーフ（葉）という。データを探索しやすいため，ファイルシステムやデータベースシステムなどで利用されている。

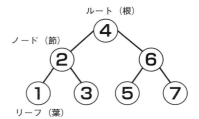

⑪▶オブジェクト指向

　大人数でのプロジェクトなどで，不具合の原因を特定しやすく，仕様変更にも対応しやすいように，「もの（オブジェクト）」単位でプログラムを効率よく設計・開発する考え方である。

（1）オブジェクト［object］

　オブジェクト指向プログラミングにおいて，データとメソッド（処理）の集まりを意味し，プログラムの基本単位となるもの。

（2）カプセル化［encapsulation］

　オブジェクト指向プログラミングにおいて，オブジェクトに対して外部からのアクセスを限定したり，オブジェクトの内部を変更した際に外部に影響を与えたりしないなどの特性。

（3）クラス［class］

　オブジェクト指向プログラミングにおいて，オブジェクトの設計図となるもので，データとメソッド（処理）が記述されたもの。

（4）インスタンス［instance］

　オブジェクト指向プログラミングにおいて，クラスをもとに主記憶装置上に実体化した，データやメソッド（処理）の集合体（オブジェクト）。

関連知識

12 プログラムの呼び出し

（1）リエントラント（再入）[reentrant]

複数のプログラムから同時に呼び出されたときに，互いに干渉することなく並行して実行でき，それぞれに正しい結果を返すことができるプログラムの性質。

（2）リユーザブル（再使用）[reusable]

一度実行した後，再び呼び出さずにそのまま実行を繰り返しても，正しい結果を返すことができるプログラムの性質。

（3）リカーシブ（再帰）[recursive]

実行中に自分自身を呼び出すことをいい，呼出しを行っても正しい結果を返すことができるプログラムの性質。

（4）リロケータブル（再配置）[relocatable]

主記憶上のどこのアドレスに配置しても，正しく実行することができるプログラムの性質。

練習問題 4-5　　　　　　　　　　　　　　　　　解答 ➡ P.4

【1】次の文に最も関係の深い語を書きなさい。

(1) ボトムアップテストで用いられるテスト用モジュールで，未完成の上位モジュールの代わりにテスト対象モジュールを呼び出すもの。

(2) プログラムの一部を修正したことにより他の箇所に影響を与えて新たなエラーが発生していないかを確認するテスト。

(3) 呼び出す側の下位モジュールが未完成の状態でもテストを行うために利用するテスト用のモジュール。

(4) 要件定義で定められた性能が発揮できているかを確認するテスト。

(5) 複数のモジュールで構成されるソフトウェアの結合テストにおいて，上位のモジュールから順に動作を検証するテスト手法。

(6) 複数のモジュールで構成されるソフトウェアの結合テストにおいて，下位のモジュールから順に動作を検証するテスト手法。

(7) 大量のデータを処理させたり，送受信させたりするなどして，負荷に耐えられる限界範囲を確認するテスト。

(8) システム開発において，要件定義で定められた機能が備わっているかを確認するテスト。

(1)	
(2)	
(3)	
(4)	
(5)	
(6)	
(7)	
(8)	

【2】 次の文に最も関係の深い語を書きなさい。

(1) 先に保存したデータを先に取り出すデータ構造。

(2) 符号付き2進数を左右に nビットシフトして数値を 2^n倍，あるいは $1/2^n$倍するシフト演算。

(3) ノードと呼ばれる要素からなり，階層構造でデータを格納するデータ構造。

(4) データの格納場所を示すポインタによってデータの記憶場所を特定するデータ構造。

(5) 数値データの桁を左右に移動させることで乗算や除算を行う計算方法。10進数の場合，数値を左に 1 桁シフトすると 10倍になり，右に 1 桁シフトすると 1/10倍になる。

(6) 後から記憶されたデータを先に取り出すデータ構造。

(7) データの記憶場所（アドレス番地）を示す変数のこと。

(1)	
(2)	
(3)	
(4)	
(5)	
(6)	
(7)	

【3】 次の文に最も関係の深い語を書きなさい。

(1) 大人数でのプロジェクトなどで，不具合の原因を特定しやすく，仕様変更にも対応しやすいように，「もの（オブジェクト）」単位でプログラムを効率よく設計・開発する考え方。

(2) コンピュータ上で操作や処理の対象となる実体のこと。コンピュータグラフィックスソフトで配置した立体や，図形描画ソフトで配置した図形などが該当する。

(3) オブジェクト指向の考え方において，オブジェクトに対して外部からのアクセスを限定したり，オブジェクトの内部を変更した際に外部に影響を与えたりしないなどの特性。

(4) オブジェクト指向プログラミングにおいて，オブジェクトの設計図となるもので，データとメソッドが記述されたもの。

(5) あらかじめ定義されたプログラムやデータなどをメインメモリに展開して，処理や実行ができる状態にしたもの。

(1)	
(2)	
(3)	
(4)	
(5)	
(6)	
(7)	
(8)	
(9)	

(6) 実行中に自分自身を呼び出すことをいい，呼び出しを行っても正しい結果を返すことができるプログラムの性質。

(7) 主記憶上のどこのアドレスに配置しても，正しく実行することができるプログラムの性質。

(8) 複数のプログラムから同時に呼び出されたときに，互いに干渉することなく並行して実行でき，それぞれに正しい結果を返すことができるプログラムの性質。

(9) 一度実行した後，再び呼び出さずにそのまま実行を繰り返しても，正しい結果を返すことができるプログラムの性質。

関連知識

◆用語チェック問題◆

解答 ➡ P.5

⑴　ハードウェア・ソフトウェアに関する知識

1．システムの開発と運用

	問　題	解　答
1	要件定義，外部設計などいくつかの工程に分割して進める開発モデル。比較的大規模な開発に向いており，原則として前の工程に戻らない。	
2	システム開発の初期段階から試作品を作成し，ユーザと確認をしながら進めていく開発手法。	
3	システム開発モデルの一つで，システムを独立性の高い部分に分割し，ユーザの要求やインタフェースの検討などを経て，設計・プログラミング・テストの工程を繰り返す手法。	
4	利用者側と開発者側で打ち合わせを行い，システムを導入する目的や取り入れる機能などの基本方針を決定すること。	
5	システム開発において，システムをサブシステムに分割したり，画面や帳票のレイアウトなどを利用者側の視点で設計すること。	
6	サブシステムや機能をプログラミングの単位に分割し，必要とされる処理手順やデータ構造などを詳細に開発者側が設計すること。	
7	内部設計にもとづき，プログラムの構造を決め，モジュール単位に分割すること。	
8	プログラム設計にもとづき，プログラム言語でモジュールを作成すること。	
9	完成したプログラムが設計どおりに正しく動作するかを確認すること。	
10	個々のモジュール（部品）が，仕様書どおりに機能しているかを確認するテスト。	
11	複数のモジュール（部品）を組み合わせて，モジュール間でデータの受け渡しがうまく行われているかなどを確認するテスト。	
12	結合テスト終了後，仕様書どおりにシステムが動作するかをさまざまな角度から確認するテスト。	
13	システムに見つかった問題点を修復する作業や，システムを効率的に稼働させるための業務。	
14	プログラムの内部構造には関係なく，入力データが仕様書のとおりに出力されるかを確認するためのテスト。	
15	プログラムの内部構造に着目し，処理手順が意図したとおりに動作しているかを確認するためのテスト。	

2．性能・障害管理

	問　題	解　答
16	信頼性，可用性，保守性，完全性，安全性の5つを表すコンピュータシステムの評価項目。	
17	どれだけ長時間正常に動作するかを評価する。	
18	システムが必要な場面で，継続して稼働できるかを評価する。	
19	修復時間の短さを評価する。	
20	誤操作によりデータが消失することがないかなどを評価する。	
21	外部からの不正アクセスにどれだけ強いかなどを評価する。	

22	あるシステムの全運転時間に対する稼働時間の割合。	
23	コンピュータシステムが故障から復旧した後，次に故障するまでの平均時間。	
24	コンピュータシステムが故障してから，完全に復旧するまでにかかる平均時間。	
25	コンピュータシステムが一定時間内に処理する仕事量や，伝達できる情報量。	
26	印刷命令を送ってからプリンタが動き始めるまでの時間のように，コンピュータシステムに処理を指示してから，その処理が始まるまでに要する時間。	
27	コンピュータシステムに処理を指示してから，すべての処理結果が得られるまでの経過時間。	
28	システムに障害が発生しても，予備のものに切り替えるなどして性能を落とすことなく動作し続けるシステム設計思想。	
29	システムや装置の信頼性を高め，障害が発生しないようにするシステム設計思想。	
30	障害が発生した際，被害が拡大しないよう安全な方向に制御するシステム設計思想。	
31	障害が発生した際，性能を落としてでもシステムを稼働させ続けるシステム設計思想。	
32	システムの利用者が誤った操作ができないようにしたり，誤った操作をしても誤作動が起きないようにするシステム設計思想。	
33	コンピュータのネットワークに直接接続して利用する記憶装置。	
34	信頼性や処理速度を向上させるために，複数台のハードディスク装置を並列に組み合わせて一体化し，全体を1つのハードディスク装置のように扱う方式。	
35	複数のハードディスク装置に同じデータを記憶することで，データの信頼性を高める技術。	
36	複数のハードディスク装置にデータを分割して書き込み，読み書き速度の高速化を図る技術。	

(2) 通信ネットワークに関する知識
1．ネットワークの構成

	問　題	解　答
37	ネットワークで用いるさまざまなプロトコルを標準化したもので，7階層に分かれている。	
38	メールやWebなどのさまざまなアプリケーションソフト間での通信に関する規約を規定する層。	
39	データの圧縮や暗号化，文字コードや画像の送信形式などのデータ形式に関する規約を規定する層。	
40	通信の開始から終了までの規約を規定する層。	
41	データの転送や通信管理など通信の信頼性を確保するための規約を規定する層。	
42	異なるネットワーク内の通信（通信ルート選定など）に関する規約を規定する層。	
43	同じネットワーク内の通信（誤り検出など）に関する規約を規定する層。	
44	コネクタや電気信号など接続のための物理的レベルの規約を規定する層。	

チェック問題

45	LAN上でケーブルを分岐・中継するために使用される集線装置。	
46	ネットワーク間の接続を行う中継機器の1つで，IPアドレスをもとにデータの行き先を認識して転送する装置。	
47	ルータやファイアウォールが持っている機能の1つで，ルータやコンピュータが通過できるパケットの条件を設定し，ふるいにかけること。	
48	プロトコルが異なるネットワーク間において，プロトコルを変換することでデータの送受信を可能にするための装置。	
49	データ通信を行うためのさまざまな取り決めのこと。	
50	インターネットやイントラネットで標準的に使われるプロトコルの総称。	
51	WebサーバとWebブラウザとの間で，HTML文書や関連した画像などのデータを送受信するためのプロトコル。	
52	ネットワークを介してファイルを転送するためのプロトコル。HTMLファイルをWebサーバへアップロードする際などに使われる。	
53	メールサーバのメールボックスから電子メールを受信するために用いるプロトコル。	
54	インターネットの電子メールで，受信メールをサーバ上で管理し，メールソフトに表示させるためのプロトコル。	
55	電子メールをユーザのコンピュータからメールサーバへ送信する際や，メールサーバ間でメールを転送する際に用いるプロトコル。	
56	コンピュータをネットワークに接続する際に，IPアドレスなどを自動的に割り当てるプロトコル。	
57	個々のネットワーク機器を識別するために，製造時に割り振られた各機器固有のコード。	
58	インターネット上で使用されるTCP/IP上で振られるアドレス。	
59	32ビットでIPアドレスを管理・表現するプロトコル。	
60	128ビットでIPアドレスを管理・表現するプロトコル。	
61	サブネットマスクにより1ビット単位でネットワークアドレス部の長さを識別し，組織の規模に応じて割り当てるアドレスの数を柔軟に選択できるしくみ。	
62	LANの規模に応じて，ネットワーク管理者が自由に設定できるIPアドレス。ほかのLANには同じIPアドレスが存在する。	
63	インターネットに接続された端末に使用される世界で一意のIPアドレス。	
64	IPアドレスから任意のグループを特定するために設定される32ビットのビット列。	
65	IPアドレスのうち，ネットワーク上のグループを識別するアドレス。	
66	ネットワーク内のすべての機器にデータを一斉送信するためのアドレス。	
67	IPアドレスのうち，グループに所属する機器の1つ1つを識別するアドレス。	
68	TCP/IP通信において，コンピュータが通信に使用するプログラムを識別するための番号。	
69	1つのグローバルIPアドレスを複数のコンピュータで共有する技術で，プライベートIPアドレスとグローバルIPアドレスを1対1で変換する。	

チェック問題

	問 題	
70	非武装地帯の意味で，ファイアウォールの設置により，外部のインターネットからも内部のネットワークからも隔離されたネットワーク上の領域。	
71	ネットワークに接続されたコンピュータのIPアドレスとドメイン名を相互に変換するしくみ。	
72	インターネットなどの公衆回線を仮想的な専用回線として利用する技術やそのネットワーク。	

２．ネットワークの活用

	問 題	解 答
73	表示用のディスプレイと入力用のキーボードやマウスなど，必要最小限の機能に特化したクライアント用のコンピュータ。	
74	ブラウザを通じてアクセスしたWebサイトから，URLなどのデータを一時的にユーザのコンピュータに保存するしくみ。サイトの訪問回数などのユーザ情報が記録されている。	
75	電子メールにおいて，文字以外の音声や画像などのデータの送受信を可能にするためのしくみを規定したもの。	
76	音声データをパケットに変換し，デジタル化することで，インターネット回線などを音声通話に利用する技術。	

(3) 情報モラルとセキュリティに関する知識

	問 題	解 答
77	データの暗号化と復号に，同一の鍵を使用する暗号方式。	
78	データの暗号化と復号に，異なる鍵を使用する暗号方式。	
79	電子文書において，紙文書の印やサインの役割をするもの。	
80	電子メールや電子商取引において，送信されるデータが正しい送信者からのものであり，途中で改ざんされていないことを示すしくみ。	
81	公開鍵が本人のものであることを，デジタル証明書を発行して保証する機関。	
82	個人情報などのデータを暗号化し，ブラウザを介してインターネット上で安全に送受信するために広く普及しているプロトコル。	
83	HTTPというプロトコルにSSL（TLS）機能を付加したプロトコル。	
84	コンピュータを操作した内容や送受信した状況などを記録したもの。	
85	システムの動作状況やメッセージなどを記録したもの。	
86	システムへのアクセス状況を記録したもの。	
87	提供していたサービスが中断したり，サービスの品質を低下させたりする出来事のこと。	
88	リスクの特定，分析，評価をし，対策を実行すること。	
89	リスクの特定，分析，評価をすること。	
90	脆弱性があるWebサイトにおいて，サイトへの訪問者を偽サイトへ誘導したり，個人情報を盗んだりするなどの被害をもたらす攻撃のこと。	
91	人の心理的な油断や行動のミスに付け込んで情報などを盗み出す攻撃のこと。	
92	Webサイトの書き込み欄などにデータベースを操作する命令を入力して送信することで，データを改ざんしたり，不正に取得したりする攻撃のこと。	

チェック問題

(4)　プログラミングの関連知識

	問　題	解　答
93	10進数1桁を2進数4桁で表現する方法。	
94	コンピュータが実数を扱うときの表現形式の一つで，小数点の位置が固定されているもの。基本的には先頭を符号ビットとする。	
95	コンピュータにおける数値の表現方法の一つで，小数点の位置を移動させた桁数を表す指数部，正規化した実際の値を表す仮数部，符号を表す符号部の3つで構成されている。	
96	ある基準の値にするために補う数値。	
97	複数の装置間で処理のタイミングを合わせるための信号が，単位時間あたり何回発振するかを表す値のこと。	
98	コンピュータの処理速度を示す単位の一つで，1秒間に実行できる命令数を百万命令単位で表したもの。	
99	絶対値が大きい値と絶対値が小さい値の加減算を行う際に，絶対値の小さい値が無視されてしまうこと。	
100	絶対値が非常に近い2つの値の演算を行った際に，有効数字が減る現象のこと。	
101	長い桁や無限小数を扱う際に，有効桁で表現するために端数処理を行うことによって生まれる誤差。	
102	デジタル信号を扱う機器で記憶や演算を行うための回路。	
103	2つの入力が「1」と「1」の場合のみ「1」を出力する。論理積演算。	
104	2つの入力のうち「0」と「0」の場合のみ「0」を出力し，少なくともどちらか一方の入力が「1」ならば「1」を出力する。論理和演算。	
105	「0」が入力された場合は「1」を，「1」が入力された場合は「0」を出力する。否定演算。	
106	2つの入力が異なる場合に「1」を出力し，同じ場合は「0」を出力する。排他的論理和演算。	
107	集合の関係を円で表現し，視覚的にわかりやすくしたもの。	
108	複数のモジュールで構成されるソフトウェアの結合テストにおいて，上位のモジュールから順に動作を検証していくテスト。	
109	トップダウンテストにおいて，下位モジュールの代わりに使用されるもの。	
110	複数のモジュールで構成されるソフトウェアの結合テストにおいて，下位のモジュールから順に動作を検証していくテスト。	
111	ボトムアップテストにおいて，上位モジュールの代わりに使用されるもの。	
112	プログラムを一部修正したことにより，ほかの部分に影響が出ていないかを確認するテスト。	
113	膨大なデータを処理させるなど，システムへの負荷が高まったときに耐えられるか検証するテスト。	
114	要件定義で定められたシステムの機能が備わっているか確認するテスト。	
115	実際に稼働させる環境に近い状態でテストし，処理速度などユーザが使用するうえで快適に稼働できるか確認するテスト。	
116	2進数のビット列を右や左にずらす演算方法。	
117	符号を考慮せずに数値データを左右に移動させることで乗算や除算を行うシフト演算。	

118	符号を固定し，ほかのビットをずらして行うシフト演算。空白ビットには0を入れる。	
119	先に記憶されたデータを先に取り出す構造。	
120	後から記憶されたデータを先に取り出す構造。	
121	データの格納場所を示すポインタによってデータの記憶場所を特定するデータ構造。	
122	リストにおいてデータに記憶場所（アドレス番地）を示す変数のこと。	
123	1つの要素（ノード）が1つの親要素と複数の子要素をもち，階層的にデータを格納するデータ構造。	
124	「もの（オブジェクト）」単位でプログラムを効率よく設計・開発する考え方。	
125	オブジェクト指向において，プログラムの基本単位となるもの。	
126	オブジェクトの設計図となるもので，プロパティやメソッドが記述されたもの。	
127	クラスをもとに実際に作成されたもの。	
128	データの集合や操作をオブジェクトとして1つにまとめて隠し，外部へは必要な情報のみ提供すること。	
129	プログラム実行中に自分自身を呼び出しても，正しい結果を返すことができるプログラムの性質。	
130	主記憶上のどこに配置しても実行できるプログラムの性質。	
131	複数のプログラムから同時に呼び出された際，互いに干渉することなく平行して実行できるプログラムの性質。	
132	一度実行したプログラムを再び呼び出さずにそのまま実行を繰り返しても，正しい結果を返すことができるプログラムの性質。	

チェック問題

プログラム言語（マクロ言語）

1 変数

変数とは，処理のために使用する値を一時的に記憶しておくための記憶領域に名前を付けたものである。マクロ言語では，「Dim 変数名 As データ型」のように Dim ステートメントを記述することで，変数を宣言することができる。Long と String の他に，次のデータ型もある。

（1） Double

小数を記憶するためのデータ型。倍精度浮動小数点数型ともいう。

例

変数 En に円周を求める。

```
Dim Pi As Double, Kei As Long, En As Double
Pi = 3.141592
Kei = 4
En = Kei * Pi
MsgBox (En & "メートルです。")
```

実行結果

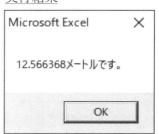

（2） Boolean

True・False を記憶するためのデータ型。ブール型ともいう。

例

変数 Su の値が 3 の場合は，変数 Kekka に True を記憶する。

```
Dim Kekka As Boolean, Su As Long
Kekka = False
Su = 3
If Su = 3 Then
    Kekka = True
End If
MsgBox ("判定は" & Kekka)
```

実行結果

2 配列

（1） 一次元配列と多次元配列

配列とは，同じ型のデータの集まりである。配列のなかの各データを配列の要素といい，その要素を区別するための番号を添字という。

配列には，1 つの添字によって要素を特定することができる**一次元配列**と，2 つ以上の添字によって要素を特定する**多次元配列**がある。多次元配列のうち，2 つの添字によって要素を特定する配列を**二次元配列**という。

●一次元配列の例

商品ごとの商品名を一次元配列 Smei に記憶する。なお，添字は商品番号と対応している。

Smei (0)	(1)	(2)	(3)
	あんぱん	カレーパン	食パン

※例えば，商品番号 1 番の商品名は「あんぱん」であることを意味する。

●多次元配列の例（二次元配列）

各クラスの生徒数を二次元配列 Su に記憶する。なお，行方向の添字は学年と，列方向の添字は組と対応している。

Su	(0)	(1)	(2)	(3)	(4)
(0)					
(1)		26	28	24	23
(2)		29	26	25	21
(3)		25	26	27	24

※例えば，2 年 3 組の生徒数は 25 人であることを意味する。

（2）マクロ言語における一次元配列

配列は，変数と同様に Dim ステートメントで宣言する。

構文

Dim 配列名（添字の上限値）As データ型

意味

指定した配列名で，その配列を使用することを宣言する。添字の下限値は 0 となる。

例

入力された商品番号の商品名を表示する。

```
Dim Smei(3) As String
Dim Soe As Long
Smei(1) = "あんぱん"
Smei(2) = "食パン"
Smei(3) = "カレーパン"
Soe = Val(InputBox("商品番号を入力"))
MsgBox ("商品番号" & Soe & "番の商品名は，" & Smei(Soe))
```

実行結果（1 と入力）

（3）マクロ言語における多次元配列（二次元配列）

二次元配列と同様に Dim ステートメントで宣言する。ただし，宣言時に行方向の添字の最大値，列方向の添字の最大値をカンマで区切って両方指定する点が一次元配列と異なる。

構文

Dim 配列名（行方向の添字の上限値，列方向の添字の上限値）As データ型

意味

指定した配列名で，その配列を使用することを宣言する。添字の下限値は 0 となる。

例

入力された学年・組に対応するクラスの生徒数を表示する。

```
Dim Su(3, 4) As Long
Dim Gyo As Long
Dim Retu As Long
Su(1, 1) = 26: Su(1, 2) = 28: Su(1, 3) = 24: Su(1, 4) = 23
Su(2, 1) = 29: Su(2, 2) = 26: Su(2, 3) = 25: Su(2, 4) = 21
Su(3, 1) = 25: Su(3, 2) = 26: Su(3, 3) = 27: Su(3, 4) = 24
Gyo = Val(InputBox("学年を入力"))
Retu = Val(InputBox("組を入力"))
MsgBox (Gyo & "年" & Retu & "組の生徒数は" & Su(Gyo, Retu) & "人")
```

実行結果（2 → 3 と入力）

マクロ言語

※「:」はマルチステートメントを指定する記号であり，使用することで複数の処理を 1 行に記述できる。P.43 も参照。

3 プロシージャの呼び出し

（1）プロシージャの呼び出しとは

　探索処理や並べ替え処理のように，プログラムのなかで何度も行うような処理は，別途プロシージャを作成して呼び出すようにすることがある。同一プロシージャの複数箇所に同じ処理を記述する場合に比べ，修正が容易で，構造も分かりやすくなるためである。流れ図では「定義済み処理」で表す。

（2）Call ステートメントと引数

　Call ステートメントとは，他のプロシージャを呼び出すステートメントである。また，呼び出し元のプロシージャから呼び出し先のプロシージャに渡す値を引数（ひきすう）という。

　引数の渡し方には，**値渡し**と**参照渡し**がある。呼び出し先が値渡しで引数を渡された場合，呼び出し元から変数の値のコピーを受け取るため，呼び出し元プロシージャの変数に記憶されている内容を変更できない。一方，呼び出し先が参照渡しで引数を渡された場合，呼び出し元の変数を変更することができる。どのような処理をしたいかによって，値渡しと参照渡しを使い分ける。

構文

呼び出し元

Call プロシージャ名（引数）

呼び出し先

Sub プロシージャ名（引数の渡し方 引数 As データ型）

意味

呼び出し元

指定したプロシージャに，指定した引数を渡して呼び出す。

呼び出し先

指定した値渡しの方法で，指定した引数を，指定したデータ型として受け取る。

備考

呼び出し元

引数がない場合は「（引数）」を省略する。また，Call を省略してプロシージャ名だけを記述しても呼び出せる。

呼び出し先

「引数の渡し方」は，値渡しにしたい場合は「ByVal」，参照渡しにしたい場合は「ByRef」とする。省略した場合は参照渡しになる。（検定試験大問4では省略されることが多い。）

例

Call ステートメントの使い方と，値渡しと参照渡しの違いを確認する。

実行結果

```
Sub 呼び出し元()
    Dim A As Long
    Dim B As Long
    A = 3
    B = 3
    Call 呼び出し先(A, B)……①
    MsgBox ("Aの値は" & A & ", Bの値は" & B)……④
End Sub

Sub 呼び出し先(ByVal A As Long, ByRef B As Long)……②
    A = 4
    B = 4
End Sub……③
```

① 「呼び出し先」というプロシージャに，変数 A, B を引数として渡して呼び出す。この時点で，A と B には 3 が記憶されている。

② 呼び出されたことにより，コントロールが「呼び出し元」プロシージャから「呼び出し先」プロシージャに移る。A を値渡しで，B を参照渡しで引数として受け取る。

③ 「呼び出し先」の処理が最後まで行われたので，「呼び出し元」の Call の次の行に進む。

④ コントロールが「呼び出し元」に戻った。呼び出し先で A, B にそれぞれ 4 を代入しているが，A は値渡しなので呼び出し元の変数に変更を反映しない。よって，出力は「A の値は 3, B の値は 4」となる。

4 ▶ Function プロシージャ

（1）関数とは

引数を受け取り，定められた処理をして戻り値を返すしくみを**関数**という。Excel には，SUM 関数や VLOOKUP 関数など，さまざまな関数があらかじめ用意されている。このような関数を組み込み関数という。組み込み関数においても，「引数に対してどのような処理をし，どのような戻り値を返すのか」ということがプログラムで規定されている。

一方，プログラミングによってユーザーが独自の関数をつくることもできる。このような関数をカスタム関数やユーザー定義関数という。カスタム関数を作成することにより，個別のニーズにあった関数を自由に使用することができ，実現できる処理の幅が広がる。

（2）Function プロシージャ

これまで使用してきたプロシージャは Sub プロシージャであったが，関数を作成するためのプロシージャを Function プロシージャという。function とは，関数という意味である。Sub プロシージャが処理を実行する一般的なプロシージャであるのに対し，Function プロシージャは戻り値を返すという点が異なる。単体で実行するよりも，何かから呼び出されて実行される場合が多い。

構文

呼び出し元
変数名 = プロシージャ名（引数）
呼び出し先
Function プロシージャ名（引数）
　　処理
　　プロシージャ名 = 戻り値
End Function

意味

呼び出し元
指定した Function プロシージャに，指定した引数を渡して呼び出す。また，Function プロシージャの戻り値を変数に記憶する。

呼び出し先
指定した引数の渡し方で，指定した引数を，指定したデータ型として受け取る。処理を実行したあと，「プロシージャ名 = 戻り値」のところで，Function プロシージャとしての戻り値を返す。引数がない場合は「（引数）」を省略する。

例

半径と π の値を用いて円の面積を求め，戻り値として呼び出し元に返す。

実行結果

```
Sub 呼び出し元()
    Dim Hankei As Long
    Dim Pi As Double
    Dim Menseki As Double
    Hankei = 5
    Pi = 3.141592
    Menseki = 呼び出し先(Hankei, Pi)……①，⑤
    MsgBox (Menseki)……⑥
End Sub

Function 呼び出し先(Hankei As Long, Pi As Double)……②
    呼び出し先 = Hankei * Hankei * Pi……③
End Function……④
```

① 行全体で見ると，「『呼び出し先』という名前のプロシージャに引数 Hankei と Pi を渡して呼び出し，『呼び出し先』の処理が終わったら，その戻り値を変数 Menseki に記憶する」ということを意味している。まずは「呼び出し先」を呼び出す。

② コントロールが「呼び出し先」に移る。引数 Hankei と Pi を受け取り，処理を実行する。ByRef と ByVal は省略しているので ByRef となるが，引数である Hankei，Pi の値を Function プロシージャ内で変更していないので，どちらにしても変わらない。

③ 「プロシージャ名 = 戻り値」の部分で，戻り値を確定させる。

④ Function プロシージャの終わりに到達したので，呼び出し元に戻る。

⑤ 「呼び出し先」の戻り値を Menseki に記憶する。

⑥ Menseki の値を表示する。

5 Exit ステートメント

Exit ステートメントとは，繰り返し処理などを強制的に中断するステートメントである。マクロ言語の主な繰り返し処理には「Do While ～ Loop ステートメント」によるものと，「For ～ Next ステートメント」によるものがあるが，前者は「Exit Do」，後者は「Exit For」と記述することでループを抜けられる。なお，多重ループの中で Exit ステートメントを記述した場合，すべてのループを抜けるわけではなく，Exit ステートメントを記述したループのみを抜ける。

If ステートメントと組み合わせ，ある条件を満たしたらループを抜けるようにすることが多い。

構文

Do While ～ Loop ステートメントによるループの中断

`Exit Do`

For ～ Next ステートメントによるループの中断

`Exit For`

意味

ループを強制的に抜け，Loop・Next の下の処理に移る。

例

「値を入力し，合計に加える」という処理を 100 回行い，最後に合計を出力する。ただし，偶数が入力されたら（入力値 ÷ 2 の余りが 0 なら）すぐにループを抜け，合計を出力する。

マクロ言語

●Do While ～ Loop ステートメントの中断

```
Dim a As Long
Dim Cnt As Long
Dim Kei As Long
Cnt = 0
Kei = 0
Do While Cnt <= 100
    Cnt = Cnt + 1
    a = Val(InputBox("aを入力"))
    If a Mod 2 = 0 Then
         Exit Do
    End If
    Kei = Kei + a
Loop
MsgBox (Kei)
```

●For ～ Next ステートメントの中断

```
Dim a As Long
Dim Cnt As Long
Dim Kei As Long
Kei = 0
For Cnt = 1 To 100 Step 1
    a = Val(InputBox("aを入力"))
    If a Mod 2 = 0 Then
        Exit For
    End If
    Kei = Kei + a
Next Cnt
MsgBox (Kei)
```

※左の例では,「Exit Do」が実行された場合,Loop の次の処理に移る。右の例では,「Exit For」が実行された場合,「Next Cnt」の次の処理に移る。

6 ▶ Select Case ～ End Select ステートメント

　条件を判定して処理を振り分ける方法として,「If ～ Then ～ Else ～ End If」や「ElseIf」がある(多分岐)。しかし,条件を判定する対象が 1 つだけの場合は,Select Case ～ End Select ステートメントを使用することで,読みやすいプログラムにすることができる。

構文

```
Select Case 条件判断の対象
    Case 条件式 1
        条件判断の対象が条件式 1 を満たす場合の処理
    Case 条件式 2
        条件判断の対象が条件式 2 を満たす場合の処理
    ⋮
    Case Else
        条件判断の対象がすべての条件式を満たさない場合の処理
End Select
```

マクロ言語

例

Score に点数を入力し，70 点以上なら「合格」，そうでなければ「不合格」を出力する。また，100 点より大きい値が入力されたり，0 点より小さい値が入力されたりしたらエラーメッセージを表示する。

実行結果（100 と入力）

```
Dim Score As Long
Score = Val(InputBox("点数を入力"))
Select Case Score……①
    Case Is > 100……②
        MsgBox ("100点以下の点数を入力してください")
    Case Is < 0
        MsgBox ("0点以上の点数を入力してください")
    Case 100……③
        MsgBox ("満点です！")
    Case Is >= 70
        MsgBox ("合格")
    Case Else……④
        MsgBox ("不合格")
End Select
```

① Select Case ステートメントの始点。変数 Score の値が以下の Case のどれにあたるのかを判定する。

② 比較演算子を使う場合は，Is 演算子を使用する。Is 演算子は，比較対象の代名詞の役割を果たす。この行では，「Score > 100 の場合」を意味する。

③ 「Score = 100 の場合」を意味する。特定の値と合致しているかどうかを判定する場合は，Is 演算子を使用しない。

④ すべての条件式にあてはまらない場合の処理を指定する。「Case Else」は省略でき，省略した場合は何もせずにEnd Selectの次の行に進む。

7 文字列操作の関数

Excel のワークシートの組み込み関数には，文字列の一部を取り出して返す関数（LEFT 関数，RIGHT 関数，MID 関数）や，文字列の長さを返す関数（LEN 関数）がある。マクロ言語におけるプログラミングでも，これらと同様の機能を持つ組み込み関数を使用することができる。

（1）Left 関数

構文

Left（文字列，文字数）

意味

「文字列」の左端から，「文字数」に指定された文字数だけ文字を取り出して返す。

（2）Right 関数

構文

Right（文字列，文字数）

意味

「文字列」の右端から，「文字数」に指定された文字数だけ文字を取り出して返す。

（3）Mid 関数

構文

Mid（文字列，位置，文字数）

意味

「文字列」の先頭の文字位置を 1 とし，「位置」に指定した文字位置から，「文字数」に指定した文字数を取り出して返す。

（4） Len 関数

|構文|

Len（文字列）

|意味|

「文字列」の文字数を返す。

|例|

変数 Str に「全商情報処理検定試験プログラミング部門 1 級」という文字列を記憶し，文字列の一部を取り出したり，文字数を調べたりする。

```
Dim Str As String
Str = "全商情報処理検定試験プログラミング部門１級"
MsgBox ("左から 10 字：" & Left(Str, 10))
MsgBox ("右から 2 字：" & Right(Str, 2))
MsgBox ("11字目から 9 字：" & Mid(Str, 11, 9))
MsgBox ("文字数：" & Len(Str))
```

実行結果

Microsoft Excel ✕	Microsoft Excel ✕	Microsoft Excel ✕	Microsoft Excel ✕
左から10字：全商情報処理検定試験	右から2字：1 級	11字目から9字：プログラミング部門	文字数：21
OK	OK	OK	OK

■8▶ 読みやすいプログラムにするために

半角のアンダーバー「_」を用いることで，1 つのステートメント（命令）を改行して書くことができる。これを，**行の継続**という。一方，半角のコロン「:」を用いることで，複数のステートメントを 1 行に書くことができる。これを，**マルチステートメント**という。

|例|

次の 3 つは，同じ意味である。

```
1.  Dim Ryo As Long
    Dim Su As Long
2.  Dim Ryo As Long : Dim Su As Long
3.  Dim Ryo _
    As Long
    Dim _
    Su As Long
```

関数の呼び出し

アルゴリズムの説明

　関数とは，引数を受け取り，定められた処理をして戻り値を返すしくみである。マクロ言語においては，Function プロシージャを使用することによってオリジナルの関数であるカスタム関数を作成することができる（P.39～40参照）。以下の練習問題では，「半径，円周率，高さを引数として受け取ると，体積を算出し，その体積を戻り値として返す」というカスタム関数を作成している。

練習問題　(解答➡P.6)

　プログラムの説明を読んで，プログラムの空欄①，②にあてはまる答えを解答群から選び，記号で答えなさい。

＜プログラムの説明＞

処理内容

　関数を用いて，円柱の体積を求める。

実行結果

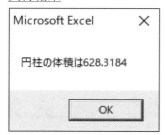

処理条件

1.　関数の呼び出し元である Sub プロシージャ「Program1」と，呼び出される関数である Function プロシージャ「Program2」を作成する。

2.　「Program1」では，半径，円周率，高さの値をそれぞれ変数に記憶し，それらを引数として「Program2」に渡して呼び出す。なお，ここでは半径を 5，円周率を 3.141592，高さを 8 とした。

3.　「Program2」は，「Program1」から渡された半径，円周率，高さの値を用いて円柱の体積を算出し，これを戻り値として「Program1」に返す。なお，円柱の体積は次の式で求める。

　　底面積＝半径×半径×円周率

　　体　積＝底面積×高さ

4.　戻り値として円柱の体積の値を受け取った「Program1」は，円柱の体積を表示する。

＜流れ図（参考）＞

体積算出

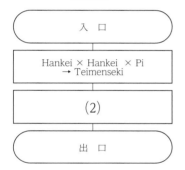

＜プログラム＞

```
Sub Program1()
    Dim Taiseki As Double
    Dim Hankei As Long
    Dim Pi As Double
    Dim Takasa As Long
    Hankei = 5
    Pi = 3.141592
    Takasa = 8
    [    ①    ]
    MsgBox ("円柱の体積は" & Taiseki)
End Sub
Function Program2(Hankei As Long, Pi As Double,_
Takasa As Long)
    Dim Teimenseki As Double
    Teimenseki = Hankei * Hankei * Pi
    [    ②    ]
End Function
```

```
─ 解答群 ─
ア. Program2(Hankei, Pi, Takasa) = Taiseki
イ. Taiseki = Program2(Hankei, Pi, Takasa)
ウ. Program1 = Teimenseki * Takasa
エ. Taiseki = Teimenseki * Takasa
オ. Program2 = Teimenseki * Takasa
```

＜解答欄＞

①		②	

＜ヒント＞

ヒント①　空欄①の行は，「Hankei,Pi,Takasa を引数として Program2 を呼び出し，Program2 にコントロールを移す。Program2 の処理が終わり，戻り値が確定したら，その戻り値を Taiseki に記憶する」という処理を意味している。

ヒント②　関数「Program2」の戻り値を確定しようとしている。戻り値は，「関数のプロシージャ名 ＝戻り値」の形で記述する。

アルゴリズム

コントロールブレイク

アルゴリズムの説明

　　コントロールブレイクとは，キー項目によって昇順や降順に並んでいるデータ群について，キー項目ごとの合計を出力したり改ページをしたりするアルゴリズムである。コントロールブレイクを活用すると，例えば「商品ごとの売上合計を表示する」などの処理を実現できる。

練習問題　(解答➡P.6)

　　プログラムの説明を読んで，空欄にあてはまる答えを解答群から選び，記号で答えなさい。なお，[　]は流れ図の空欄に入る処理を示している。

＜プログラムの説明＞

処理内容

　　コンビニエンスストアのおにぎりについて，商品ごとの 4 ～ 6 月の売上データから，商品ごとの売上金額の合計と全商品の総合計を求める。

入力データ

番号 (Bango)	商品名 (Name)	月 (Tsuki)	売上金額 (Kin)
×××	×～×	×	×～×

実行結果

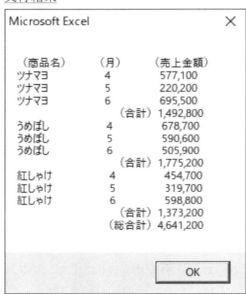

処理条件

1．商品は，「ツナマヨ」，「うめぼし」，「紅しゃけ」の 3 種類がある。

2．番号は，商品ごとに一意のコードが設定されている。

3．入力データは，番号の昇順に並んでいる。

4．入力データを読み，次の処理を行う。

　　・　同じ番号の間は，商品ごと，月ごとの売上金額を表示する。

　　・　番号が変わったら，それまでの番号の商品の売上金額の合計を表示する。

5．入力データが終了したら，すべての商品の売上金額の合計（総合計）を表示する。

アルゴリズム

＜流れ図＞

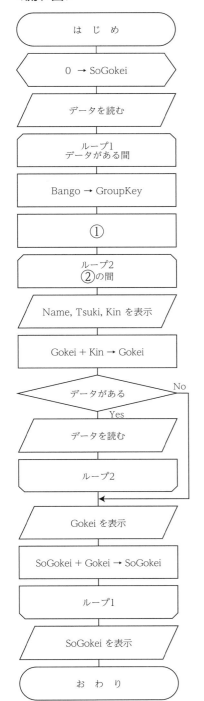

＜プログラム＞

```
Sub Program1()
    Dim Gokei As Long
    Dim GroupKey As Long
    Dim SoGokei As Long
    Dim Bango As Long
    Dim Name As String
    Dim Tsuki As Long
    Dim Kin As Long
    Dim Hyoji As String
    SoGokei = 0
    Hyoji = "（商品名）　　　（月）　　　（売上金額）" & vbCrLf     ← 改行
    Open ThisWorkbook.Path & "\2.コントロールブレイク.csv" _
    For Input As #1
    Input #1, Bango, Name, Tsuki, Kin
    Do While Not EOF(1)     ← ファイル終了判定
        GroupKey = Bango
           ①
        Do While       ②
            Hyoji = Hyoji & Name & "　" & Tsuki &_
            "　" & Format(Kin, "#,###,##0") & vbCrLf
            Gokei = Gokei + Kin
            If EOF(1) = True Then
                Exit Do            ← True ならファイル終了
            End If
            Input #1, Bango, Name, Tsuki, Kin
        Loop
        Hyoji = Hyoji & "　（合計）" & Format(Gokei, "#,###,##0")_
        & vbCrLf
        SoGokei = SoGokei + Gokei
    Loop
    Close #1
    Hyoji = Hyoji & "　（総合計）" & Format(SoGokei, "#,###,##0")
    MsgBox (Hyoji)
End Sub
```

＜ヒント＞

ヒント①　次の商品の売上金額の合計を集計する前にやらなければならない処理。

ヒント②　内側のループを抜けるかどうかは，番号が変わっていないかどうかによって見分ける。
番号が同じであればループを継続する。

解答群

ア. Gokei = Gokei + Kin
　　[Gokei + Kin → Gokei]

イ. Gokei = 0
　　[0 → Gokei]

ウ. GroupKey = Bango
　　[GroupKey = Bango]

エ. GroupKey <> Bango
　　[GroupKey ≠ Bango]

＜解答欄＞

①		②	

多次元配列

アルゴリズムの説明

配列は次元数を増やして利用することができ，2以上の次元数の配列を**多次元配列**という。二次元配列は，行と列の二方向に並んだ要素を持つ配列である。

練習問題 (解答➡P.7)

プログラムの説明を読んで，空欄に当てはまる答えを解答群から選び，記号で答えなさい。なお，[ ]は流れ図の空欄に入る処理を示している。

＜プログラムの説明＞

処理内容

販売データを読み，数量合計を表示する。

入力データ

商品番号 (Syou)	サイズ番号 (Sai)	数量 (Suu)
×	×	× ×

実行結果

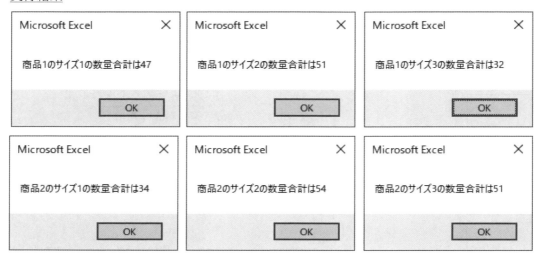

処理条件

1．入力データを読み，配列 Kei に数量の合計を求める。なお，Kei の行方向の添字は商品番号と，Kei の列方向の添字はサイズ番号と対応している。

配列

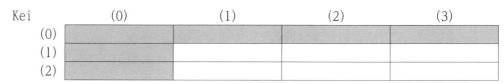

2．データを読み終えたあと，商品，サイズごとに数量合計を表示する。

＜流れ図＞

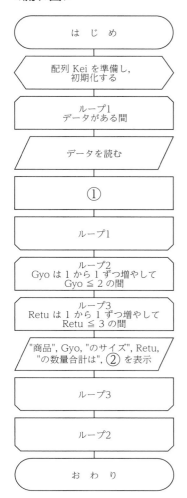

＜プログラム＞

```
Sub Program1 ()
    Dim Syou As Long, Sai As Long, Suu As Long
    Dim Kei(2, 3) As Long
    Dim Gyo As Long, Retu As Long
    Open ThisWorkbook.Path & "¥3.多次元配列.csv" _
    For Input As #1
    Do While Not EOF(1)
        Input #1, Syou, Sai, Suu
        ┌─────────────①─────────────┐
    Loop
    Close #1
    For Gyo = 1 To 2
        For Retu = 1 To 3
            MsgBox ("商品" & Gyo & "のサイズ" & Retu & _
                    "の数量合計は" & ┌──②──┐ )
        Next Retu
    Next Gyo
End Sub
```

＜ヒント＞

ヒント①	配列 Kei に数量合計を求める。
ヒント②	配列 Kei を表示する。

─ 解答群 ─

ア. Kei(Syou, Sai) = Kei(Syou, Sai) + Suu
　　　[Kei(Syou, Sai) + Suu → Kei(Syou, Sai)]

イ. Kei(Sai, Syou) = Kei(Sai, Syou) + Suu
　　　[Kei(Sai, Syou) + Suu → Kei(Sai, Syou)]

ウ. Kei(Syou, Sai)
　　　[Kei(Syou, Sai)]

エ. Kei(Gyo, Retu)
　　　[Kei(Gyo, Retu)]

＜解答欄＞

①		②	

二分探索

アルゴリズムの説明

　　二分探索は探索アルゴリズムのひとつで，探索対象となるデータが昇順または降順に整列済みの状態で配列に記憶されている必要はあるが，線形探索よりも高速に目的のデータを探し出すことができる。二分探索では探索したいデータと，配列の中央に位置する要素のデータが一致するか判定し，一致しない場合は探したいデータが中央に位置するデータより右側にあるか，左側にあるかを判断し，探索範囲を狭めていく。

　　なお，下記の練習問題におけるトレース表は以下の通りである。探索したいデータが 62 の場合，探索対象に 62 が存在しないため，下限値と上限値の大小関係が 3 回目の処理で逆転する。その時点で探索を終了することになる。

Kagen (下限値)	Jogen (上限値)	Tyuou (中央値)	Ban(Tyuou) (探索対象)
0	4	2	114
0	1	0	89
1	1	1	97

「探索したいデータが 97 の場合」

Kagen (下限値)	Jogen (上限値)	Tyuou (中央値)	Ban(Tyuou) (探索対象)
0	4	2	114
0	1	0	89
0	-1	-1	-

「探索したいデータが 62 の場合」

練習問題 （解答➡P.7）

　　プログラムの説明を読んで，空欄に当てはまる答えを解答群から選び，記号で答えなさい。なお，[　] は流れ図の空欄に入る処理を示している。

＜プログラムの説明＞

処理内容

　　引数で渡された配列に記憶されている数値を探索してメッセージをディスプレイに表示する。

処理条件

1．配列 Ban にはデータが昇順で記憶されている。なお，データ件数は n に記憶されており，同じ数値はないものとする。

配列

Ban	(0)	(1)	(2)	(3)	(4)
	89	97	114	219	321

2．キーボードから入力した文字列をもとに配列 Ban を探索し，見つかった場合は該当データが記憶されている添字と 番目に存在します を，見つからなかった場合は 該当データは存在しません を表示する。

引数とは…

　　引数とは，Call ステートメントでプロシージャを呼び出す際に，呼び出される側のプロシージャに渡す値のこと。

　　右記のプログラム例では ArgumentTest を実行すると，配列 Dat に記憶された値と 5 を引数に指定し，Program1 を呼び出している。Program1 では配列 Str と n に値を受け取っている。Program1 の For ステートメントは i の値が 0~4 の間繰り返されるため，配列 Str に記憶された値が順に 5 回メッセージボックスにて表示される。

＜プログラム例＞

```
Sub ArgmentTest()
    Dim Dat(4) As String
    Dat(0) = "壱": Dat(1) = "弐": Dat(2) = "参"
    Dat(3) = "四": Dat(4) = "五"
    Call Program1(Dat, 5)
End Sub
Sub Program1(Str() As String, n As Long)
    Dim i As Long
    For i = 0 To n - 1
        MsgBox (Str(i))
    Next i
End Sub
```

アルゴリズム

＜流れ図＞　　　　　　　　　　　　　　　　　　　＜プログラム＞

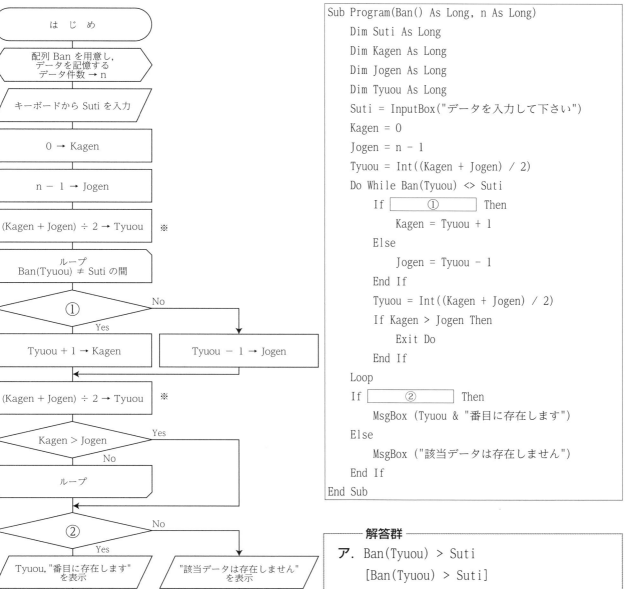

※　小数点以下切り捨て

```
Sub Program(Ban() As Long, n As Long)
    Dim Suti As Long
    Dim Kagen As Long
    Dim Jogen As Long
    Dim Tyuou As Long
    Suti = InputBox("データを入力して下さい")
    Kagen = 0
    Jogen = n - 1
    Tyuou = Int((Kagen + Jogen) / 2)
    Do While Ban(Tyuou) <> Suti
        If [    ①    ] Then
            Kagen = Tyuou + 1
        Else
            Jogen = Tyuou - 1
        End If
        Tyuou = Int((Kagen + Jogen) / 2)
        If Kagen > Jogen Then
            Exit Do
        End If
    Loop
    If [    ②    ] Then
        MsgBox (Tyuou & "番目に存在します")
    Else
        MsgBox ("該当データは存在しません")
    End If
End Sub
```

─ 解答群 ─

ア. Ban(Tyuou) > Suti
　　[Ban(Tyuou) > Suti]

イ. Ban(Tyuou) < Suti
　　[Ban(Tyuou) < Suti]

ウ. Kagen > Jogen
　　[Kagen > Jogen]

エ. Kagen <= Jogen
　　[Kagen ≦ Jogen]

＜解答欄＞

＜ヒント＞

ヒント①　Kagen（下限値）の値を更新する場合は，Ban(Tyuou)（探索対象のデータ）と Suti（探索したいデータ）の関係がどのようなときだろうか？トレース表を参考に考えてみよう。

ヒント②　探索したいデータが存在する場合と存在しない場合では，Kagen（下限値）と Jogen（上限値）の関係にどのような違いがあるのだろうか？2つのトレース表を比較してみよう。

順位付け

アルゴリズムの説明

順位付けアルゴリズムとは，複数のデータを昇順または降順に順位を付けるためのアルゴリズムである。順位付けアルゴリズムには全比較法・逓減比較法・整列済みのデータの順位付けがある。

●全比較法

データどうしをすべて比較するアルゴリズムである。

●逓減比較法

全比較法に比べ，比較する回数を減らすことができるアルゴリズムである。逓減とは，徐々に減っていくことである。

練習問題 (解答➡P.7)

プログラムの説明を読んで，空欄にあてはまる答えを解答群から選び，記号で答えなさい。なお，[　]は流れ図の空欄に入る処理を示している。

＜プログラムの説明＞

処理内容

引数で渡された配列に記憶された数値に順位をつけてディスプレイに表示する。

処理条件

1．配列 Su には数値が記憶されている。なお，データ件数は n に記憶されている。

配列

Su	(0)	(1)	(2)	～	(n - 1)	(n)
		51	23	～	37	9

2．配列 Jun を利用し，配列 Su の数値の降順に順位をつける。なお，数値が同じ場合は同順位とする。

Jun	(0)	(1)	(2)	～	(n - 1)	(n)
				～		

3．最後に配列 Su と配列 Jun の内容を表示する。

アルゴリズム

＜全比較法流れ図＞

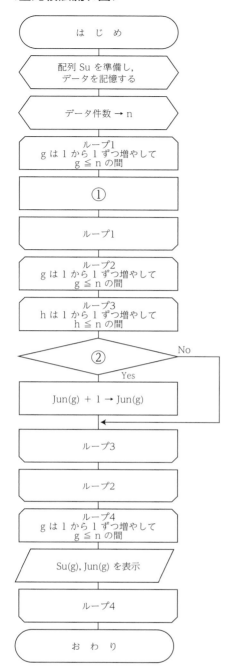

＜逓減比較法流れ図＞

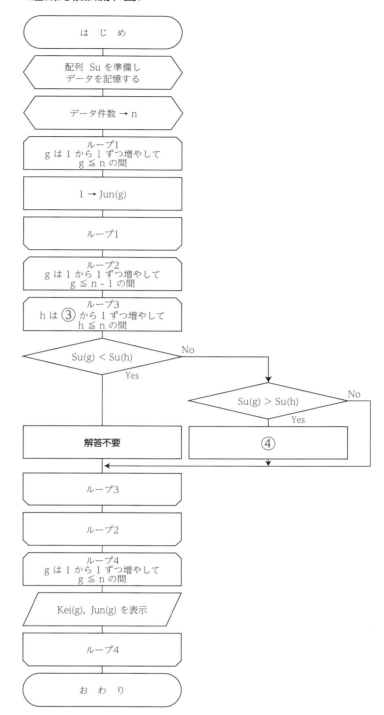

＜全比較法プログラム＞

```
Sub Program1(Su() As Long, n As Long)
    Dim Jun(6) As Long
    Dim g As Long
    Dim h As Long
    For g = 1 To n
            ①
    Next g
    For g = 1 To n
        For h = 1 To n
            If    ②    Then
                Jun(g) = Jun(g) + 1
            End If
        Next h
    Next g
    For g = 1 To n
        MsgBox (Su(g) & "    " & Jun(g))
    Next g
End Sub
```

＜逓減比較法プログラム＞

```
Sub Program2(Su() As Long, n As Long)
    Dim Jun(6) As Long
    Dim g As Long
    Dim h As Long
    For g = 1 To n
        Jun(g) = 1
    Next g
    For g = 1 To n - 1
        For h =    ③    To n
            If Su(g) < Su(h) Then
                解答不要
            ElseIf Su(g) > Su(h) Then
                    ④
            End If
        Next h
    Next g
    For g = 1 To n
        MsgBox (Su(g) & "    " & Jun(g))
    Next g
End Sub
```

―― 全比較法解答群 ――

ア. Jun(g) = 1
　　　[1 → Jun(g)]

イ. Jun(g) = 0
　　　[0 → Jun(g)]

ウ. Su(g) < Su(h)
　　　[Su(g) < Su(h)]

エ. Su(g) > Su(h)
　　　[Su(g) > Su(h)]

―― 逓減比較法解答群 ――

ア. 1
　　　[1]

イ. Jun(h) = Jun(h) + 1
　　　[Jun(h) + 1 → Jun(h)]

ウ. Jun(g) = Jun(g) + 1
　　　[Jun(g) + 1 → Jun(g)]

エ. g + 1
　　　[g + 1]

＜全比較法ヒント＞

| ヒント① | 順位を求める配列に初期値として1を記憶する。 |
| ヒント② | データどうしをすべて比較するため,比較先と比べて比較元が小さい場合のみ, 配列 Jun に 1 を加算する。 |

＜逓減比較法ヒント＞

| ヒント③ | h は g の値の次から開始する。 |
| ヒント④ | 配列 Su の要素を比較して, Su(h) が小さい場合は, 配列 Jun(h) に 1 を加える。 |

＜解答欄＞

①		②		③		④	

アルゴリズム

●整列済みの順位付け

あらかじめ昇順または降順に整列済みのデータに対して順位を付けるアルゴリズムである。同じ値が並んだときは，1 位，2 位，2 位，4 位・・・といった順位付けになる。

【練習問題】 (解答➡P.8)

プログラムの説明を読んで，空欄にあてはまる答えを解答群から選び，記号で答えなさい。なお，[ ]は流れ図の空欄に入る処理を示している。

＜プログラムの説明＞

処理内容

引数で渡された配列に記憶された数値に順位をつけてディスプレイに表示する。

処理条件

1．配列 Su にはデータが降順に記憶されている。なお，データ件数は n に記憶されている。

配列

Su	(0)	(1)	(2)	～	(n − 1)	(n)
		93	84	～	53	12

2．配列 Su の数値を，降順に順位をつけて表示する。なお，数値が同じ値の場合は同順位とする。

＜整列済み順位付け流れ図＞

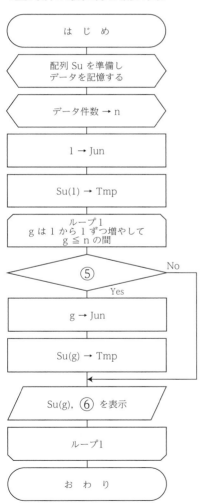

＜整列済み順位付けプログラム＞

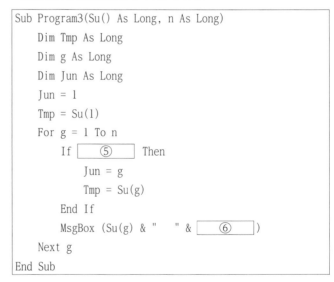

```
Sub Program3(Su() As Long, n As Long)
    Dim Tmp As Long
    Dim g As Long
    Dim Jun As Long
    Jun = 1
    Tmp = Su(1)
    For g = 1 To n
        If    ⑤    Then
            Jun = g
            Tmp = Su(g)
        End If
        MsgBox (Su(g) & "    " &    ⑥    )
    Next g
End Sub
```

── 解答群 ──

ア．Su(g) < Su(n) [Su(g) < Su(n)]

イ．Su(g) < Tmp [Su(g) < Tmp]

ウ．Jun [Jun]

エ．g [g]

＜解答欄＞

⑤		⑥	

＜ヒント＞

ヒント⑤　配列の値を Tmp の値と比べて，比較元の値が小さければ，Jun に g の値を格納する。

ヒント⑥　Jun の値を順位として表示する。

バブルソート（交換法）

アルゴリズムの説明　解説動画➡

　バブルソートは，配列の先頭から順に隣り合うデータを比較し，昇順（降順）に並べ替えるアルゴリズムである。配列の並べ替え対象範囲の中で最も小さい値（大きい値）が徐々に配列の末尾へ移動していく。基本的なソートアルゴリズムの一つだが，データの比較，並べ替えの回数が多いため，非効率的で実行時間が遅い。

例：配列 Data に保存された 5 件のデータを降順に並べ替える。

1	添字 1 ～添字 5 の値を並べ替え対象範囲とする。添字 1 と添字 2 の値を比較する。20 < 30 である。	0:　1:20 2:30 3:10 4:50 5:40
2	降順に並んでいないため並べ替える。	0:　1:30 2:20 3:10 4:50 5:40
3	添字 2 と添字 3 の値を比較する。20 > 10 であり，降順に並んでいるため，並べ替えない。	0:　1:30 2:20 3:10 4:50 5:40
4	添字 3 と添字 4 の値を比較する。10 < 50 である。	0:　1:30 2:20 3:10 4:50 5:40
5	降順に並んでいないため並べ替える。	0:　1:30 2:20 3:50 4:10 5:40
6	添字 4 と添字 5 の値を比較する。10 < 40 である。	0:　1:30 2:20 3:50 4:10 5:40
7	降順に並んでいないため並べ替える。並べ替え対象範囲のすべての比較が終わり，10 が最も小さい値であることが確定する。	0:　1:30 2:20 3:50 4:40 5:10
8	添字 1 ～添字 4 の値を並べ替え対象範囲とする。添字 1 と添字 2 の値を比較すると 30 > 20 で降順に並んでいるため，並べ替えない。	0:　1:30 2:20 3:50 4:40 5:10
9	添字 2 と添字 3 の値を比較する。20 < 50 である。	0:　1:30 2:20 3:50 4:40 5:10
10	降順に並んでいないため並べ替える。	0:　1:30 2:50 3:20 4:40 5:10
11	添字 3 と添字 4 の値を比較する。20 < 40 である。	0:　1:30 2:50 3:20 4:40 5:10
12	降順に並んでいないため並べ替える。並べ替え対象範囲のすべての比較が終わり，20 が 2 番目に小さい値であることが確定する。	0:　1:30 2:50 3:40 4:20 5:10
13	添字 1 ～添字 3 の値を並べ替え対象範囲とする。添字 1 と添字 2 の値を比較する。30 < 50 である。	0:　1:30 2:50 3:40 4:20 5:10
14	降順に並んでいないため並べ替える。	0:　1:50 2:30 3:40 4:20 5:10
15	添字 2 と添字 3 の値を比較する。30 < 40 である。	0:　1:50 2:30 3:40 4:20 5:10
16	降順に並んでいないため並べ替える。並べ替え対象範囲のすべての比較が終わり，30 が 3 番目に小さい値であることが確定する。	0:　1:50 2:40 3:30 4:20 5:10
17	添字 1 ～添字 2 の値を並べ替え対象範囲とする。添字 1 と添字 2 の値を比較すると 50 > 40 で降順に並んでいるため，並べ替えない。	0:　1:50 2:40 3:30 4:20 5:10
18	並べ替え対象範囲のすべての値の比較が終わり，40 が 4 番目に小さい値であることが確定する。また，50 が 5 番目に小さい値であることが確定する。	0:　1:50 2:40 3:30 4:20 5:10

アルゴリズム

練習問題 (解答➡P.8)

　プログラムの説明を読んで，空欄に当てはまる答えを解答群から選び，記号で答えなさい。なお，[　] は流れ図の空欄に入る処理を示している。

＜プログラムの説明＞

処理内容

　引数で渡された配列に記憶されている数値を降順に並べ替えてディスプレイに表示する。

処理条件

１．配列 Data にはデータが記憶されている。データ件数は 5 件である。

　配列

Data	(0)	(1)	(2)	(3)	(4)	(5)
		20	30	10	50	40

２．配列 Data の数値を降順に並べ替える。

３．並べ替えが終わったら，配列 Data の内容を表示する。

＜流れ図＞

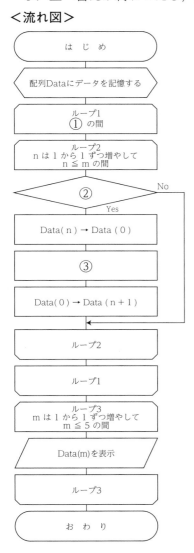

＜プログラム＞

```
Sub Program(Data() As Long)
    Dim n As Long
    Dim m As Long
            ①
        For n = 1 To m
            If        ②        Then
                Data(0) = Data(n)
                     ③
                Data(n + 1) = Data(0)
            End If
        Next n
    Next m
    For m = 1 To 5
        MsgBox (Data(m))
    Next m
End Sub
```

解答群

ア．Data(n) < Data(n + 1)　[Data(n) < Data(n + 1)]

イ．For m = 1 To 4　[m は 1 から 1 ずつ増やして m ≦ 4]

ウ．Data(n + 1) = Data(n)　[Data(n) → Data(n + 1)]

エ．For m = 4 To 1 Step -1　[m は 4 から 1 ずつ減らして m ≧ 1]

オ．Data(n) = Data(n + 1)　[Data(n + 1) → Data(n)]

カ．Data(n) > Data(n + 1)　[Data(n) > Data(n + 1)]

＜解答欄＞

①		②		③	

＜ヒント＞

ヒント①　ループ 1 は，並べ替え対象範囲の 1 つ手前までを定義し，並べ替えが終わったデータは並べ替え対象範囲から 1 つずつ除外していく。

ヒント②　配列 Data の先頭から隣どうしを比較するには何と何を比較すればよいか考える。

ヒント③　添字 0 を退避領域として利用して配列 Data の値を入れ替える。Data(n)の値を Data(0)に退避させると Data(n)の値は変更できる。Data(0)の値を Data(n+1)に上書きする前に Data(n+1)の値はどこかへ移動させなければならない。

セレクションソート（選択法）

アルゴリズムの説明　解説動画➡

　セレクションソートは，配列の並べ替え対象範囲の中から最も小さい値（最も大きい値）の添字を探索し，**並べ替え位置の値と交換**することで昇順（降順）に並べ替えるアルゴリズムである。並べ替え対象位置に記憶すべき値が保存されている添字を特定して並べ替えるため，バブルソートと比べて実行時間が早い。並べ替えアルゴリズムのループ条件は，順位付けのループ条件と酷似している特徴がある。

例：配列 Data に保存された 5 件のデータを昇順に並べ替える。

1	添字 1 が 1 番小さいと仮定して，min に添字 1 を記憶する。添字 1 と添字 2 の値を比較する。20 < 30 で昇順に並んでいるため，min は更新しない。	1 → 20 30 10 50 40 （min 0 1 2 3 4 5）
2	添字 1 と添字 3 の値を比較する。20 > 10 で昇順に並んでいないため，min を添字 3 に更新する。	3 → 20 30 10 50 40 （min 0 1 2 3 4 5）
3	添字 3 と添字 4 の値を比較する。10 < 50 で昇順に並んでいるため，min は更新しない。	3 → 20 30 10 50 40 （min 0 1 2 3 4 5）
4	添字 3 と添字 5 の値を比較する。10 < 40 で昇順に並んでいるため，min は更新しない。	3 → 20 30 10 50 40 （min 0 1 2 3 4 5）
5	添字 3 の値が 1 番小さい値であることが分かった。添字 3 と添字 1 の値を入れ替える。10 が 1 番小さい値であることが確定する。	3 → 10 30 20 50 40 （min 0 1 2 3 4 5）
6	min に添字 2 を記憶する。	2 → 10 30 20 50 40 （min 0 1 2 3 4 5）
7	添字 2 と添字 3 の値を比較する。30 > 20 で昇順に並んでいないため，min を添字 3 に更新する。	3 → 10 30 20 50 40 （min 0 1 2 3 4 5）
8	添字 3 と添字 4 の値を比較する。20 < 50 で昇順に並んでいるため，min は更新しない。	3 → 10 30 20 50 40 （min 0 1 2 3 4 5）
9	添字 3 と添字 5 の値を比較する。20 < 40 で昇順に並んでいるため，min は更新しない。	3 → 10 30 20 50 40 （min 0 1 2 3 4 5）
10	添字 3 の値が 2 番目に小さい値であることが分かった。添字 3 と添字 2 の値を入れ替える。20 が 2 番目に小さい値であることが確定する。	3 → 10 20 30 50 40 （min 0 1 2 3 4 5）
11	min に添字 3 を記憶する。添字 3 と添字 4 の値を比較する。30 < 50 で昇順に並んでいるため，min は更新しない。	3 → 10 20 30 50 40 （min 0 1 2 3 4 5）
12	添字 3 と添字 5 の値を比較する。30 < 40 で昇順に並んでいるため，min は更新しない。	3 → 10 20 30 50 40 （min 0 1 2 3 4 5）
13	添字 3 の値が 3 番目に小さい値であることが分かったが，min の値が更新されていないため，並べ替えは行わない。30 が 3 番目に小さい値であることが確定する。	3 → 10 20 30 50 40 （min 0 1 2 3 4 5）
14	min に添字 4 を記憶する。	4 → 10 20 30 50 40 （min 0 1 2 3 4 5）
15	添字 4 と添字 5 の値を比較する。50 > 40 で昇順に並んでいないため，min を添字 5 に更新する。	5 → 10 20 30 50 40 （min 0 1 2 3 4 5）
16	添字 5 の値が 4 番目に小さい値であることが分かった。添字 5 と添字 4 の値を入れ替える。	5 → 10 20 30 40 50 （min 0 1 2 3 4 5）
17	並べ替え対象範囲のすべての比較が終わり，40 が 4 番目に小さい値であることが確定する。また，50 が 5 番目に小さい値であることが確定する。	5 → 10 20 30 40 50 （min 0 1 2 3 4 5）

アルゴリズム

練習問題 (解答➡P.9)

　プログラムの説明を読んで，空欄に当てはまる答えを解答群から選び，記号で答えなさい。なお，[ ]は流れ図の空欄に入る処理を示している。

＜プログラムの説明＞

処理内容

　引数で渡された配列に記憶されている数値を昇順に並べ替えてディスプレイに表示する。

処理条件

１．配列 Data にはデータが記憶されている。データ件数は 5 件である。

配列

Data	(0)	(1)	(2)	(3)	(4)	(5)
		20	30	10	50	40

２．配列 Data の数値を昇順に並べ替える。

３．並べ替えが終わったら，配列 Data の内容を表示する。

＜流れ図＞

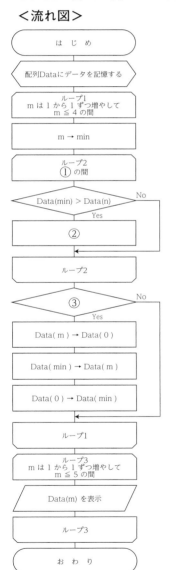

＜プログラム＞

```
Sub Program(Data() As Long)
    Dim min As Long
    Dim m As Long
    Dim n As Long
    For m = 1 To 4
        min = m
            ┌──────── ① ────────┐
            If Data(min) > Data(n) Then
                ┌────── ② ──────┐
            End If
        Next n
        If ┌─────── ③ ───────┐ Then
            Data(0) = Data(m)
            Data(m) = Data(min)
            Data(min) = Data(0)
        End If
    Next m
    For m = 1 To 5
        MsgBox (Data(m))
    Next m
End Sub
```

―― 解答群 ――

ア．For n = m + 1 To 5 [n は m + 1 から 1 ずつ増やして m ≦ 5]

イ．min <> m [min ≠ m]

ウ．For n = m + 1 To 1 Step −1 [n は m + 1 から 1 ずつ減らして m ≧ 1]

エ．min = n [n → min]

オ．min = m [m → min]

カ．n = min [min → n]

＜解答欄＞

①		②		③	

＜ヒント＞

ヒント① 　Data(m)の値と配列の他の値を順に比較して並べ替え対象範囲の中で最小の値を探索する。

ヒント② 　変数 min は，並べ替え対象範囲の最小値が保存されている添字を記憶するためのものである。Data(min)よりも小さな値が見つかった場合，変数 min の値を更新しなければならない。

ヒント③ 　最小値の探索を始める前に，仮に添字 m を min に代入しているが，たまたま m が最小値だった場合，並べ替え処理を行う必要はあるか考える。

インサーションソート（挿入法）

アルゴリズムの説明　解説動画➡

インサーションソートは，整列済みの配列に並べ替え対象の値を挿入することで昇順（降順）に並べ替えるアルゴリズムである。すでに昇順（降順）に並んでいて，並べ替える必要がない要素が多い場合，処理速度は速くなる。また，昇順に整列済みのデータを降順に並べ替えるというように，配列を逆順にしようとすると処理速度は遅くなる。配列の初期値によって処理速度が左右されるソートアルゴリズムである。

例：配列 Data に保存された 5 件のデータを降順に並べ替える。

#	説明	tmp	0	1	2	3	4	5
1	添字 1 の値はすでに整列済みと考え，添字 2 の値を整列済みの配列に挿入する。	0		20	30	10	50	40
2	添字 2 の値を tmp にコピーする。	30		20	30	10	50	40
3	添字 1 の値とtmpを比較する。20 < 30 であり，降順に並んでいない。添字 1 の値を添字 2 にコピーする。	30		20	20	10	50	40
4	挿入位置が整列済みの配列の先頭にきたため，tmp の値を添字 1 にコピーする。添字 1 ～添字 2 の値が整列済みとなった。	30		30	20	10	50	40
5	添字 3 の値を整列済みの配列に挿入する。添字 3 の値を tmp にコピーする。添字 2 の値と tmp を比較する。20 > 10 であり，降順に並んでいるため，並べ替える必要はない。添字 1 ～添字 3 の値が整列済みとなった。	10		30	20	10	50	40
6	添字 4 の値を整列済みの配列に挿入する。添字 4 の値を tmp にコピーする。添字 3 の値と tmp を比較する。10 < 50 であり，降順に並んでいない。	50		30	20	10	50	40
7	添字 3 の値を添字 4 にコピーする。	50		30	20	10	10	40
8	添字 2 の値と tmp を比較する。20 < 50であり，降順に並んでいない。添字 2 の値を右側に移動する。添字 2 の値を添字 3 にコピーする。	50		30	20	20	10	40
9	添字 1 の値と tmp を比較する。30 < 50 であり，降順に並んでいない。添字 1 の値を添字 2 にコピーする。	50		30	30	20	10	40
10	挿入位置が整列済みの配列の先頭にきたため，tmp の値を添字 1 にコピーする。添字 1 ～添字 4 の値が整列済みとなった。	50		50	30	20	10	40
11	添字 5 の値を整列済みの配列に挿入する。添字 5 の値を tmp にコピーする。添字 4 の値と tmp を比較する。10 < 40 であり，降順に並んでいない。	40		50	30	20	10	40
12	添字 4 の値を添字 5 にコピーする。	40		50	30	20	10	10
13	添字 3 の値と tmp を比較する。20 < 40 であり，降順に並んでいない。添字 3 の値を添字 4 にコピーする。	40		50	30	20	20	10
14	添字 2 の値と tmp を比較する。30 < 40 であり，降順に並んでいない。添字 2 の値を右側に移動する。添字 2 の値を添字 3 にコピーする。	40		50	30	30	20	10
15	添字 1 の値と tmp を比較する。50 > 40 であり，降順に並んでいるため，tmp の値を添字 2 にコピーする。	40		50	40	30	20	10
16	すべての値が整列済みとなり，降順に整列された。	40		50	40	30	20	10

アルゴリズム

練習問題 (解答➡P.9)

　プログラムの説明を読んで，空欄に当てはまる答えを解答群から選び，記号で答えなさい。なお，[　] は流れ図の空欄に入る処理を示している。

＜プログラムの説明＞

処理内容

　引数で渡された配列に記憶されている数値を降順に並べ替えてディスプレイに表示する。

処理条件

1．配列 Data にはデータが記憶されている。データ件数は 5 件である。

　　配列

Data	(0)	(1)	(2)	(3)	(4)	(5)
		20	30	10	50	40

2．配列 Data の数値を降順に並べ替える。

3．並べ替えが終わったら，配列 Data の内容を表示する。

＜流れ図＞

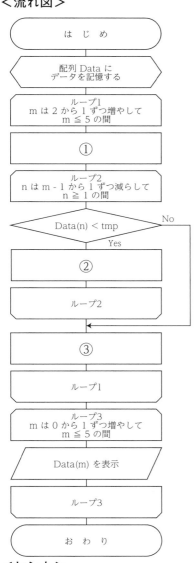

＜プログラム＞

```
Sub Program(Data() As Long)
    Dim tmp As Long
    Dim m As Long
    Dim n As Long
    For m = 2 To 5
            ①
        For n = m - 1 To 1 Step -1
            If Data(n) < tmp Then
                    ②
            Else
                Exit For
            End If
        Next n
            ③
    Next m
    For m = 1 To 5
        MsgBox (Data(m))
    Next m
End Sub
```

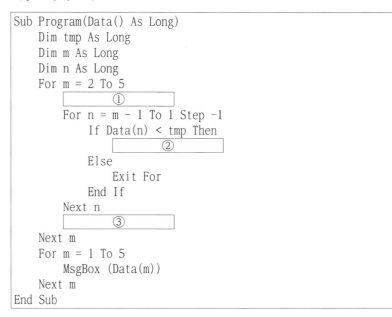

解答群

ア．Data(n) = tmp [tmp → Data(n)]

イ．Data(n + 1) = tmp [tmp → Data(n + 1)]

ウ．tmp = Data(m - 1) [Data(m - 1) → tmp]

エ．Data(n) = Data(n + 1) [Data(n + 1) → Data(n)]

オ．Data(n + 1) = Data(n) [Data(n) → Data(n + 1)]

カ．tmp = Data(m) [Data(m) → tmp]

＜解答欄＞

①		②		③	

＜ヒント＞

ヒント①　整列済みの配列に挿入する値を一時的に保存しておく必要がある。

ヒント②　整列済みの配列の値と tmp に保存した値を順に比較し，tmp の値を挿入する場所を探す。tmp の値より小さい値は配列の右側に移動させ，tmp を格納する場所をあける。

ヒント③　内側のループを抜けたということは，tmp の値を格納する場所が分かったということである。ただし，ループ文の繰り返し判定のとき，n を余計に -1 してしまっているので，tmp の値を挿入する位置を調整する必要がある。

第1回 模擬問題　　制限時間：60分　解答 P.10

【1】　次の説明文に最も適した答えを解答群から選び，記号で答えなさい。

1．信頼性，可用性，保守性，完全性，安全性の各英単語の頭文字を取ってコンピュータシステムに関する評価指標を表現したもの。

2．メールを受信する際，メールデータをダウンロードせずメールサーバに残したまま表示するしくみ。

3．システムが記録している動作履歴。オペレーティングシステムがどのように稼働したかを記録したものを指すことが多い。

4．CPUが一定時間内に電気信号を発振する周期を表したもの。

5．コンピュータが一定時間内に処理できる仕事量のこと。

```
─ 解答群 ─
ア．RAID            イ．IMAP            ウ．Cookie
エ．システムログ    オ．DHCP            カ．クロック周波数
キ．RASIS           ク．POP             ケ．MIME
コ．スループット    サ．NAT             シ．MIPS
```

【2】　次のA群の語句に最も関係の深い説明文をB群から選び，記号で答えなさい。

＜A群＞　1．機能テスト　　　2．共通鍵暗号方式　　　3．フェールセーフ
　　　　　4．リロケータブル　5．OSI参照モデル

＜B群＞
　ア．暗号化と復号に同じ鍵を使用してデータの送受信を行う方式。
　イ．障害が発生した場合，できる限り安全に動作するようなしくみにしておくこと。
　ウ．ネットワークでデータ通信を行うために決められた階層モデルの一つ。
　エ．処理内容には着目せず，入力データに対する出力結果が要求されたものであるかどうかでプログラムを検証する方法。
　オ．システム開発において，仕様書で作成された機能が満たされているかをテストすること。
　カ．人間はミスをすることを前提に考えられたしくみにしておくこと。
　キ．コンピュータプログラムがメモリ上のどこに配置しても実行可能なこと。
　ク．認証局で認可された鍵を利用し，暗号化と復号で異なる鍵を使用してデータの送受信を行う方式。
　ケ．インターネット上で標準的に使用されているプロトコル。
　コ．プログラムが自分自身を再び呼び出して実行すること。

【3】 次の説明文に最も適した答えをア，イ，ウの中から選び，記号で答えなさい。なお，5．については数値を答えなさい。

1．16進数 3F を10進数で表したもの。

  ア．34   **イ**．5C   **ウ**．63

2．符号付き2進数において，符号ビット以外のビットパターンを左右にずらして計算を行うこと。

  ア．論理シフト   **イ**．補数   **ウ**．算術シフト

3．コンピュータネットワークにおいて，ネットワーク自体を表す数値のこと。

  ア．IPアドレス   **イ**．サブネットマスク   **ウ**．ネットワークアドレス

4．ボトムアップテストで上位モジュールの代用品となる部品。

  ア．ドライバ   **イ**．オブジェクト   **ウ**．スタブ

5．平均修復時間が4時間で稼働率が0.99のコンピュータシステムにおいて，平均故障間隔は何時間か。

【4】　次の各問いに答えなさい。

問１．プログラムの説明を読んで，プログラムの(1)～(3)にあてはまる答えを解答群から選び，記号で
答えなさい。

＜プログラムの説明＞

処理内容

　引数で渡された配列に記憶されている数値に順位をつけてディスプレイに表示する。

処理条件

１．配列 Su には数値が記憶されている。なお，データ件数は n 件である。

　　配列

Su	(0)	(1)	~	(n - 2)	(n - 1)
	25	48	~	78	36

２．配列 Ju を利用し，配列 Su の数値の降順に順位をつけて，Su と Ju の内容を表示する。
　　なお，数値が同じ場合は同順位とする。

　　配列

Ju	(0)	(1)	~	(n - 2)	(n - 1)
			~		

＜プログラム＞

```
Sub Program1(Su() As Long, Ju() As Long n As Long)
    Dim j As Long
    Dim m As Long
    Dim k As Long
    For j = 0 To n - 1
            (1)
    Next j
    For j = 0 To n - 2
        For        (2)
            If        (3)        Then
                Ju(j) = Ju(j) + 1
            ElseIf    解答不要    Then
                Ju(m) = Ju(m) + 1
            End If
        Next m
    Next j
    For k = 0 To n - 1
        MsgBox(Su(k) & ":" & Ju(k) & "位")
    Next k
End Sub
```

解答群

ア．Su(j) < Su(m)

イ．m = j - 1 To n - 2

ウ．Ju(j) = 1

エ．Su(j) > Su(m)

オ．Ju(j) = 0

カ．m = j + 1 To n - 1

問2．プログラムの説明を読んで，プログラムの(4)～(5)にあてはまる答えを解答群から選び，記号で答えなさい。

<プログラムの説明>

処理内容

　引数で渡された配列に記憶されている数値を並べ替えてディスプレイに表示する。

処理条件

1．配列 Su には数値が記憶されている。なお，データ件数は n に記憶されている。

　配列

Su	(0)	(1)	～	(n - 2)	(n - 1)
	90	45	～	37	13

2．配列 Su の数値を降順に並べ替える。

3．並べ替えが終わったら，配列 Su の内容を表示する。

<プログラム>

```
Sub Program2(Su() As Long, n As Long)
    Dim p As Long
    Dim a As Long
    Dim i As Long
    Dim Taihi As Long
    Dim Tmp As Long
    For p = 0 To n - 2
          (4)
        For a = p + 1 To n - 1
            If      (5)      Then
                Taihi = a
            End If
        Next a
        If p <> Taihi Then
            Tmp = Su(p)
            Su(p) = Su(Taihi)
            Su(Taihi) = Tmp
        End If
    Next p
    For i = 0 To n - 1
        MsgBox(Su(i))
    Next i
End Sub
```

```
───解答群───
ア．Su(Taihi) < Su(a)
イ．Taihi = p
ウ．Su(Taihi) > Su(a)
エ．Tmp = p
```

【5】 流れ図の説明を読んで，流れ図の(1)～(5)にあてはまる答えを解答群から選び，記号で答えなさい。

＜流れ図の説明＞

処理内容

自動販売機の年間販売データを読み，年間販売一覧表をディスプレイに表示する。

入力データ

日付 (Hiduke) ××××	数量 (Suryo) ××××

（第1図）

実行結果

```
        （年間販売一覧表）
        （日付）        （数量）
    1月
        1日            3,044
        2日            4,433
         ～             ～
        30日           2,325
        31日           3,211
        （1月合計）     54,972
    ～
    12月
        1日            5,269
        2日            1,149
         ～             ～
        30日           5,230
        31日           2,132
        （12月合計）    57,641
        （年合計）     265,227
```
（第2図）

処理条件

1．第1図のデータは，日付の昇順に記憶されている。なお，日付は 1 月 1 日から 12 月 31 日であり，次の例のように構成されている。

    例 0814 → 8 月 14 日

2．第1図の入力データを読み，次の処理を行う。

・ 月が変わるごとに月を表示する。

・ 日付ごとに数量を表示する。

・ 月が変わるごとに月別の合計を表示し，年合計に集計する。

3．入力データが終了したら年合計を表示する。

4．データにエラーはないものとする。

解答群

ア．0 → Suryo

イ．Tsuki = Hozon

ウ．Nenkei + Suryo → NenKei

エ．Hozon，"月合計"，TsuKei を表示

オ．Hiduke を表示

カ．NenKei + TsuKei → NenKei

キ．0 → TsuKei

ク．Suryo を表示

ケ．Tsuki，"月" を表示

コ．Hiduke = Hozon

＜流れ図＞

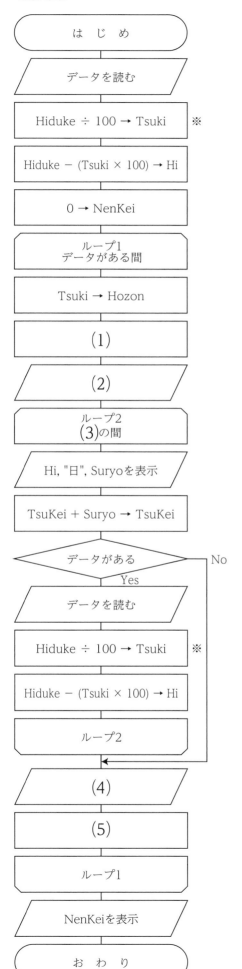

※　小数点以下切り捨て

第1回

【6】 流れ図の説明を読んで，流れ図の(1)～(5)にあてはまる答えを解答群から選び，記号で答えなさい。

＜流れ図の説明＞

処理内容

　ある会社の各店舗へ営業に行く担当者に対するアンケート評価データを読み，営業評価一覧表をディスプレイに表示する。

入力データ

営業者番号 (EiBan) ××××	評価 (Hyo) ××

（第1図）

実行結果

```
              （営業評価一覧表）
本店      （社員名）          （評価）
          河添　香織            8
          黒川　和樹            7
          斎藤　愛美            9 ＊
              ～               ～
          山口　浩勢            9 ＊
          山下　潤             7
  ～
堤店

          青山　華依           10 ＊
          飯塚　翔太            4
              ～               ～
```
（第2図）

処理条件

1．第1図の営業者番号は次の例のように構成されている。なお，店舗番号は 0～9 の 10 店舗であり，営業者数合計は 70 名未満である。ただし，複数の担当者が同一の店舗に行くことがあり，また行かない店舗もある。

　　例　3102　→　3　　　　　102
　　　　　　　　　店舗番号　社員番号

2．第1図の各店舗から営業担当者への評価は 1～10 である。

3．次の各配列にデータを記憶する。

・ 配列 Ecode に社員番号を，配列 Emei に営業者名を，社員番号の昇順に記憶する。なお，Ecode と Emei は添字で対応している。

配列

	Ecode		Emei
(0)	101	(0)	相沢　晃
(1)	102	(1)	青木　益未
～	～	～	～
(62)		(62)	

・ 配列 Tmei に店舗名を記憶する。なお，Tmei の添字は店舗番号と対応している。

配列

Tmei	(0)	(1)	(2)	(3)	～	(9)
	本店	高岡店	明知店	上郷店	～	堤店

4．第1図の入力データを読み，次の処理を行う。

・ 社員番号をもとに配列 Ecode を探索し，配列 Syu に評価点を集計する。なお，Syu の行方向の添字は Ecode の添字と，列方向の添字は店舗番号と対応している。

配列

Syu	(0)	(1)	(2)	(3)	～	(9)
(0)					～	
(1)					～	
～	～	～	～	～	～	～
(62)					～	
	(本店)	(高岡店)	(明知店)	(上郷店)	～	(堤店)

5．入力データが終了したら，店舗ごとに各店舗名を表示し，全営業者の評価点合計及び最高評価点の営業者に「＊」を第2図のように表示する。ただし，評価が 0 の場合は表示しない。

6．データにエラーはないものとする。

解答群

ア．Ecode(Na) ＝ ShBan 　　　　カ．EiBan を表示

イ．0 → mx 　　　　　　　　　　キ．Syu(z, x) ＞ mx

ウ．Syu(z, x) ＝ mx 　　　　　　ク．Tmei(x) を表示

エ．n ＋ 1 → mx 　　　　　　　　ケ．x は 0 から 1 ずつ増やして x ≦ n の間

オ．x は 0 から 1 ずつ増やして x ≦ 9 の間　　コ．Ecode(Na) ≠ ShBan

＜流れ図＞

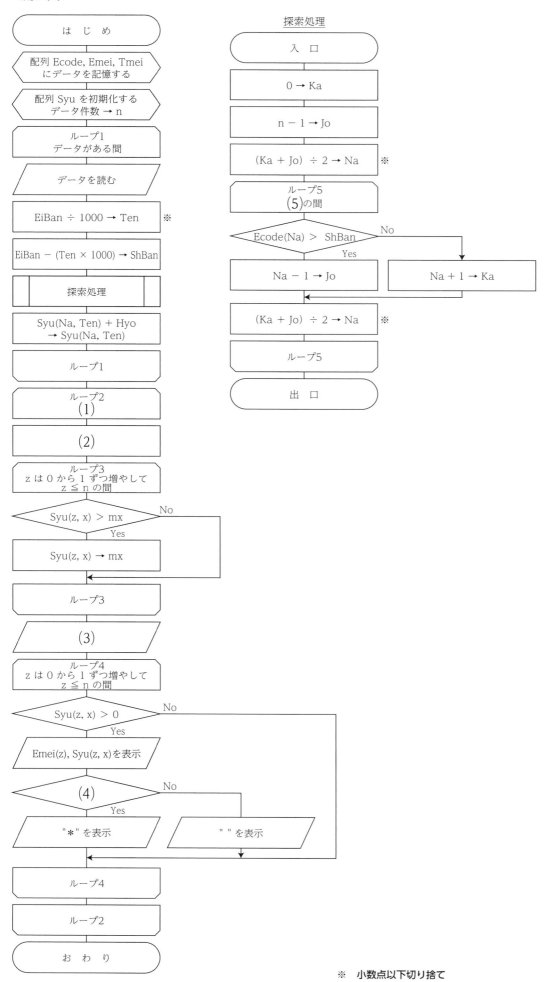

はじめ

配列 Ecode, Emei, Tmei
にデータを記憶する

配列 Syu を初期化する
データ件数 → n

ループ1
データがある間

データを読む

EiBan ÷ 1000 → Ten　※

EiBan − (Ten × 1000) → ShBan

探索処理

Syu(Na, Ten) + Hyo
→ Syu(Na, Ten)

ループ1

ループ2
(1)

(2)

ループ3
z は 0 から 1 ずつ増やして
z ≦ n の間

Syu(z, x) > mx　　No

Yes

Syu(z, x) → mx

ループ3

(3)

ループ4
z は 0 から 1 ずつ増やして
z ≦ n の間

Syu(z, x) > 0　　No

Yes

Emei(z), Syu(z, x)を表示

(4)　　No

Yes

"＊"を表示　　　" "を表示

ループ4

ループ2

おわり

探索処理

入　口

0 → Ka

n − 1 → Jo

(Ka + Jo) ÷ 2 → Na　※

ループ5
(5)の間

Ecode(Na) > ShBan　　No

Yes

Na − 1 → Jo　　　Na + 1 → Ka

(Ka + Jo) ÷ 2 → Na　※

ループ5

出　口

※　小数点以下切り捨て

【7】　流れ図の説明を読んで，流れ図の⑴～⑸にあてはまる答えを解答群から選び，記号で答えなさい。

＜流れ図の説明＞

処理内容

　家事代行サービスの受付データを読み，家事代行サービスの受付一覧を表示する。

入力データ

日付 (Hiduke)	作業コード (Sa)	年齢 (Nen)	性別コード (Sei)	希望時間(分) (Jikan)
××××	×	×××	×	×××

（第1図）

実行結果

```
　　　　（家事代行サービスの受付一覧）
（作業項目名）　　（件数計）　　（構成比率）
清掃　　　　　　　　74　　　　　18.5%
料理　　　　　　　　85　　　　　21.3%
水回り清掃　　　　　76　　　　　19.0%
除草作業　　　　　　77　　　　　19.3%
その他　　　　　　　88　　　　　22.0%

（作業項目名）　水回り清掃

（件数）　　（平均時間(分)）　（年齢・性別区分名）
　11　　　　　55.1　　　　　　60歳以上女性
　10　　　　　61.9　　　　　　40歳代男性
　　9　　　　　67.3　　　　　　29歳以下女性
　　8　　　　　47.1　　　　　　29歳以下男性
　　8　　　　　60.8　　　　　　30歳代女性
　　7　　　　　54.7　　　　　　40歳代女性
　　7　　　　　48.8　　　　　　50歳代女性
　　6　　　　　53.5　　　　　　30歳代男性
　　6　　　　　63.3　　　　　　50歳代男性
　　4　　　　　51.7　　　　　　60歳以上男性
```

（第2図）

処理条件

1．第1図の作業コードは 1~5 である。また，性別コードは 1 が男性，2 が女性である。

2．配列 NK に年齢区分の上限値，配列 KM に年齢・性別区分名，配列 SN に作業項目名を記憶する。なお，年齢・性別区分名は年齢区分ごとに男性，女性の順に記憶する。

配列

NK	(0)	(1)	(2)	(3)	(4)
	29	39	49	59	

KM	(0)	(1)	(2)	～	(9)	(10)
		29歳以下男性	29歳以下女性	～	60歳以上男性	60歳以上女性

SN	
(0)	
(1)	清掃
～	～
(5)	その他

3．第1図の入力データを読み，年齢をもとに配列 NK を探索し，件数を配列 Cnt に，希望時間（分）を配列 Sum に集計する。なお，Cnt の 0 列目には件数計を求める。また，配列 SN の添字と配列 Cnt，Sum の行方向の添字は作業コードと対応し，列方向の添字は KM の添字と対応している。配列 Cnt，Sum の各添字は対応している。

配列

Cnt	(0)	(1)	(2)	～	(9)	(10)
(0)				～		
(1)						
～	～	～	～	～	～	～
(5)						

（件数計）

Sum	(0)	(1)	(2)	～	(9)	(10)
(0)				～		
(1)						
～	～	～	～	～	～	～
(5)						

4．データを読み終えたあと，配列 Sum に平均希望時間（分）を求める。また，作業項目ごとに件数計の構成比率を求め，第2図のように表示する。

5．作業項目ごとに件数計の構成比率などを表示後，問合せする作業コードを入力すると次の処理を行う。
　・　配列 Cnt，Sum を作業コードごとに件数の降順に並べ替える。なお，件数が同じものはないものとする。
　・　第2図のように作業項目名表示後，作業コード件数の降順に平均時間と年齢・性別区分名を表示する。

6．データにエラーはないものとする。

<流れ図>

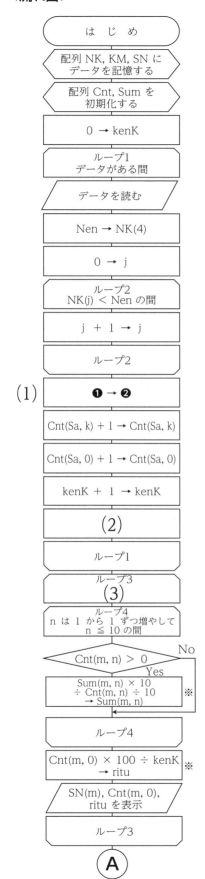

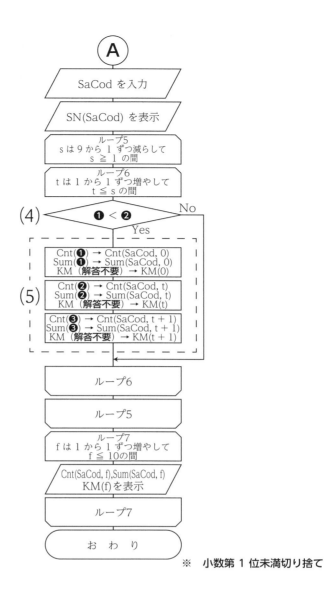

※　小数第 1 位未満切り捨て

解答群

ア. m は 0 から 1 ずつ増やして m ＜ 5 の間
イ. k
ウ. Sum(Sa, k) ＋ Jikan × 60 → Sum(Sa, k)
エ. m は 1 から 1 ずつ増やして m ≦ 5 の間
オ. Sum(SaCod, t)
カ. Cnt(SaCod, t ＋ 1)
キ. SaCod, t
ク. Sei ＋ j × 2
ケ. Sum(k, Sa) ＋ Jikan → Sum(k, Sa)
コ. kenK
サ. Cnt(SaCod, t)
シ. Sei ＋ j
ス. Sum(SaCod, t ＋ 1)
セ. SaCod, s
ソ. Cnt(Sa, k) ＋ Jikan → Cnt(Sa, k)
タ. SaCod, 0
チ. Sum(Sa, k) ＋ Jikan → Sum(Sa, k)
ツ. SaCod, t ＋ 1
テ. j は 1 から 1 ずつ増やして j ≦ 5 の間
ト. Sei

第2回 模擬問題　制限時間：60分　解答 ➡ P.14

【1】　次の説明文に最も適した答えを解答群から選び，記号で答えなさい。

1．システムにおいて発生した障害などの発生状況や，利用者の操作の履歴などを記録したもの。

2．コンピュータ上で数値を表現する方法のひとつで，整数部分と小数部分の桁を固定して表すもの。

3．開発するシステムを複数のサブシステムに分割し，サブシステム毎に設計，プログラミング，テストの工程を行う開発手法。

4．インターネットなどの外部ネットワークとLANなどの内部ネットワークの双方からファイアウォールで隔離された領域。外部に公開するWebサーバなどが設置される。

5．プログラムの最小単位である一つのモジュールが，意図した通りに正しく動作するか検証を行う方法。

解答群

ア．システムテスト　　**イ**．スループット　　**ウ**．スパイラルモデル

エ．固定小数点形式　　**オ**．ウォータフォールモデル　　**カ**．単体テスト

キ．NAT　　**ク**．ログファイル　　**ケ**．結合テスト

コ．プロトタイピングモデル　　**サ**．DMZ　　**シ**．浮動小数点形式

【2】　次のA群の語句に最も関係の深い説明文をB群から選び，記号で答えなさい。

＜A群＞　1．安全性　　2．POP　　3．フォールトアボイダンス

　　　　　4．スタック　　5．内部設計

＜B群＞

ア．先に入れたデータを先に取り出すデータ構造。

イ．システムを構成する個々の要素の品質を高めることで，障害の原因となる要素を排除しようとする考え方。

ウ．要件定義をもとに操作画面などのユーザインタフェースを設計する工程。

エ．RASISが示す指標の一つで，障害が発生した際，すぐに復旧できることを表したもの。

オ．後に入れたデータを先に取り出すデータ構造。

カ．電子メールを受信するために使用するプロトコル。

キ．システムを構成する要素に障害が発生した際，予備の系統に切り替えることでシステムの稼働を継続させようとする考え方。

ク．RASISが示す指標の一つで，システムの機密性が高く，不正なアクセスを防ぐことを表したもの。

ケ．電子メールを送信するために使用するプロトコル。

コ．機能分割や物理データ設計などを行う，プログラム設計の直前に実施する工程。

【3】 次の説明文に最も適した答えをア，イ，ウの中から選び，記号で答えなさい。なお，5．について
は数値を答えなさい。

1．8ビットの2進数の 01011010 を2の補数で表したもの。

ア．10100101 **イ**．10100100 **ウ**．10100110

2．複数のLANケーブルを接続するためのポートを備えた集線装置。OSI参照モデルの第2層において
フレームの転送を制御する。

ア．ハブ **イ**．ゲートウェイ **ウ**．ルータ

3．オブジェクト指向において，クラスに基づいてプログラム実行時に主記憶装置上に展開されたも
の。

ア．リロケータブル **イ**．スタブ **ウ**．オブジェクト

4．システムや機器の信頼性を表す指標となるもので，システムや機器が正常稼働を開始してから故
障するまでの平均時間。

ア．MTTR **イ**．MTBF **ウ**．MIME

5．100Mbpsの通信回線を使用して，800MBのデータを転送する時間が128秒であった。この通信回線
の伝送効率は何％か。なお，その他の外部要因は考えないものとする。

【4】 次の各問いに答えなさい。

問1. プログラムの説明を読んで，プログラムの(1)～(3)にあてはまる答えを解答群から選び，記号で答えなさい。

＜プログラムの説明＞

処理内容

　引数で渡された配列に記憶されている数値を並べ替えてディスプレイに表示する。

処理条件

1. 配列 Ten にはデータが記憶されている。なお，データ件数は n に記憶されている。

　　配列

Ten	(0)	(1)	～	(n − 2)	(n − 1)
	67	55	～	91	80

2. 配列 Ten の数値を降順に並べ替える。

3. 並べ替えが終わったら，配列 Ten の内容を表示する。

＜プログラム＞

```
Sub Program1(Ten() As Long, n As Long)
    Dim f As Long
    Dim g As Long
    Dim Temp As Long
    Dim h As Long
    For f = n - 1 To 1 Step - 1
        For g = 0 To f - 1
            If         (1)         Then
                Temp = Ten(g)
                       (2)
                Ten(g + 1) = Temp
            End If
        Next g
    Next f
    For         (3)
        MsgBox (Ten(h))
    Next h
End Sub
```

```
─ 解答群 ─
ア. Ten(g + 1) = Ten(g)
イ. Ten(g) > Ten(g + 1)
ウ. h = 0 To n - 1
エ. Ten(g) < Ten(g + 1)
オ. Ten(g) = Ten(g + 1)
カ. h = 1 To n
```

問2．プログラムの説明を読んで，プログラムの⑷～⑸にあてはまる答えを解答群から選び，記号で答えなさい。

＜プログラムの説明＞

処理内容

　引数で渡された配列に記憶されている数値を探索してメッセージをディスプレイに表示する。

処理条件

1．配列 Ban にはデータが昇順で記憶されており，同じ数値はないものとする。なお，データ件数は n に記憶されている。

　配列

Ban　　(0)　　　(1)　　　～　　(n－1)　　(n)

	104	～	171	189

2．キーボードから入力した数値をもとに配列 Ban を探索し，見つかった場合は 該当データあり を，見つからなかった場合は 該当データなし を表示する。

＜プログラム＞

```
Sub Program2(Ban() As Long, n As Long)
    Dim Dat As Long
    Dim L As Long
    Dim H As Long
    Dim M As Long
    Dat = InputBox("データを入力して下さい")
    L = 0
        (4)
    M = Int((L + H) / 2)
    Do While Ban(M) <> Dat
        If Ban(M) < Dat Then
            (5)
        Else
            解答不要
        End If
        M = Int((L + H) / 2)
        If L + 1 >= H Then
            Exit Do
        End If
    Loop
    If L + 1 < H Then
        MsgBox ("該当データあり")
    Else
        MsgBox ("該当データなし")
    End If
End Sub
```

```
─── 解答群 ───
ア．L = M
イ．H = n
ウ．H = M
エ．H = n + 1
```

【5】 流れ図の説明を読んで，流れ図の(1)～(5)にあてはまる答えを解答群から選び，記号で答えなさい。

＜流れ図の説明＞

処理内容

　小学校の学校数・児童数データを読み，全国小学校状況一覧をディスプレイに表示する。

入力データ

区分番号 (Kban) ×	都道府県番号 (Tban) ×	市区町村名 (Smei) ×～×	小学校数 (Ksuu) ×××	児童数 (Jsuu) ×××××××

（第1図）

実行結果

```
                        （全国小学校状況一覧）
（区分）（都道府県）（小学校数）（児  童  数）（1校あたり児童数）
北海道
        北海道      1,027      239,792        233
        （合計）    1,027      239,792        233
東北
        青森県       282       56,886         201
          ～          ～          ～            ～
        福島県       440       87,730         199
        （合計）    1,861      411,610        221
  ～
近畿
        三重県       373       93,515         250
          ～          ～          ～            ～
        和歌山県     249       45,438         182
        （合計）    3,189    1,132,632        355
  ～
```

（第2図）

処理条件

1．第1図の入力データは，区分番号，都道府県番号の昇順に記録されている。なお，区分番号は 1～8，都道府県番号は 1～47 である。

2．配列 Kmei に区分名を，配列 Tmei に都道府県名を記憶する。なお，Kmei の添字は区分番号と対応し，Tmei の添字は都道府県番号と対応している。

　配列

Kmei	(0)	(1)	(2)	～	(7)	(8)		
		北海道	東北	～	四国	九州		

Tmei	(0)	(1)	(2)	(3)	～	(45)	(46)	(47)
		北海道	青森県	岩手県	～	宮崎県	鹿児島県	沖縄県

3．第1図の入力データを読み，次の処理を行う。

・　区分ごとの 1 行目に区分名を表示する。

・　都道府県別に小学校数，児童数を集計する。

・　都道府県がかわるごとに 1 校あたり児童数を次の式で求め，第2図のように表示する。

　　　1 校あたり児童数 ＝ 児童数小計 ÷ 小学校数小計

・　区分がかわるごとに 1 校あたり児童数を次の式で求め，第2図のように表示する。

　　　1 校あたり児童数 ＝ 児童数合計 ÷ 小学校数合計

4．データにエラーはないものとする。

解答群

ア． Jskei ÷ Kskei → KouJsuu　　　　**カ．** Kgkei, Jgkei, KouJsuu

イ． Kskei, Jskei, KouJsuu　　　　　　**キ．** 0 → KouJsuu

ウ． 0 → Jskei　　　　　　　　　　　　**ク．** Kban = Ktmp

エ． Kban ≠ Ktmp　　　　　　　　　　**ケ．** Jgkei ÷ Kgkei → KouJsuu

オ． Kskei + 1 → Kskei　　　　　　　　**コ．** Kskei + Ksuu → Kskei

＜流れ図＞

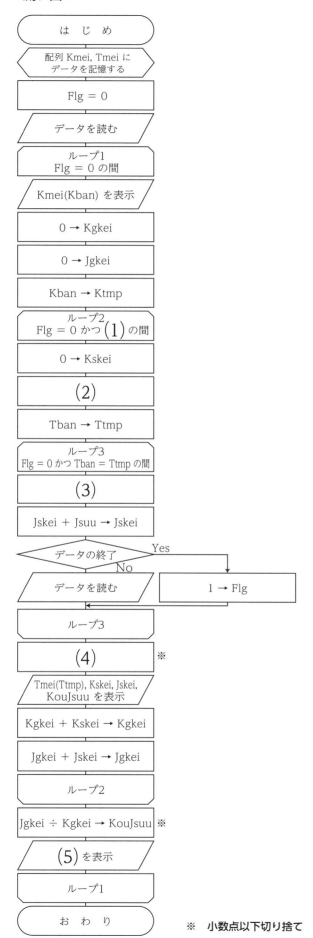

はじめ

配列 Kmei, Tmei に
データを記憶する

Flg = 0

データを読む

ループ1
Flg = 0 の間

Kmei(Kban) を表示

0 → Kgkei

0 → Jgkei

Kban → Ktmp

ループ2
Flg = 0 かつ (1) の間

0 → Kskei

(2)

Tban → Ttmp

ループ3
Flg = 0 かつ Tban = Ttmp の間

(3)

Jskei + Jsuu → Jskei

データの終了　——Yes→

No

データを読む　　　1 → Flg

ループ3

(4)　※

Tmei(Ttmp), Kskei, Jskei,
KouJsuu を表示

Kgkei + Kskei → Kgkei

Jgkei + Jskei → Jgkei

ループ2

Jgkei ÷ Kgkei → KouJsuu　※

(5) を表示

ループ1

お　わ　り　　　　※　小数点以下切り捨て

【6】 流れ図の説明を読んで，流れ図の(1)～(5)にあてはまる答えを解答群から選び，記号で答えなさい。

＜流れ図の説明＞

処理内容

タピオカドリンク専門店の販売データを読み，タピオカドリンク販売状況一覧をディスプレイに表示する。

入力データ

販売日 (Hdate) ××××	店舗番号 (Tban) ×	商品コード (Scod) ×～×	販売数 (Hsuu) ×××

（第1図）

実行結果

（タピオカドリンク販売状況一覧）				
（商　品） （合　計）	（A支店）	（B支店）	（C支店）	（D支店）
MilkTea　　2,006	394	633	518	461
BrownSugar　1,567	316	497	386	368
MatchaMilk　1,133	253	326	301	253
Chai　　　　918	176	313	230	199
Matcha　　　681	142	195	179	165
LemonTea　　624	134	161	182	147
JasmineTea　439	113	128	64	134
合　計　　7,368	1,528	2,253	1,860	1,727

（第2図）

処理条件

1．第1図の店舗番号は 1(A支店)～4(D支店) である。

2．配列 Syohin に商品コードを記憶する。

　　配列

```
            Syohin
(0)  ░░░░░░░░░░░
(1)  MilkTea
 ～       ～
(6)  Chai
(7)  BrownSugar
```

3．第1図の入力データを読み，商品コードをもとに配列 Syohin を探索し，次の処理を行う。

・　配列 Hkei に販売数計を求める。なお，Hkei の 0 列目には商品ごとの販売数合計を，8 行目には店舗ごとの販売数合計を求める。また，Hkei の行方向の添字は配列 Syohin と対応し，Hkei の列方向の添字は店舗番号と対応している。

　　配列

```
Hkei    (0)   (1)   (2)   (3)   (4)
(0)  ┌─────┬─────┬─────┬─────┬─────┐
(1)  ├─────┼─────┼─────┼─────┼─────┤
 ～  │  ～ │  ～ │  ～ │  ～ │  ～ │
(7)  ├─────┼─────┼─────┼─────┼─────┤
(8)  └─────┴─────┴─────┴─────┴─────┘   （合計）
      （合計）
```

4．入力データが終了したら，次の処理を行う。

・　商品ごとの販売数合計の降順に並べ替える。

・　商品から D支店を第2図のように表示する。

5．データにエラーはないものとする。

解答群

ア．Syohin(m ＋ 1) → Syohin(0)
イ．Hkei(8, Tban) ＋ Hsuu → Hkei(8, Tban)
ウ．h ＝ 8
エ．g － 1 → g
オ．h は 2 から 1 ずつ増やして h ≦ 7 の間
カ．Hkei(8, Tban) ＋ Hkei(g, Tban) → Hkei(8, Tban)
キ．g ＋ 1 → g
ク．Syohin(0) → Syohin(m ＋ 1)
ケ．h は 7 から 1 ずつ減らして h ≧ 0 の間
コ．h ≠ 8

\<流れ図\>

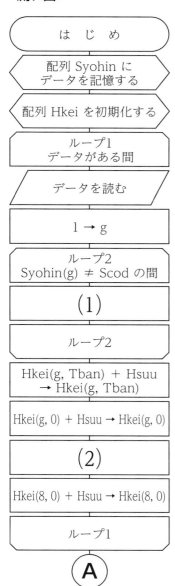

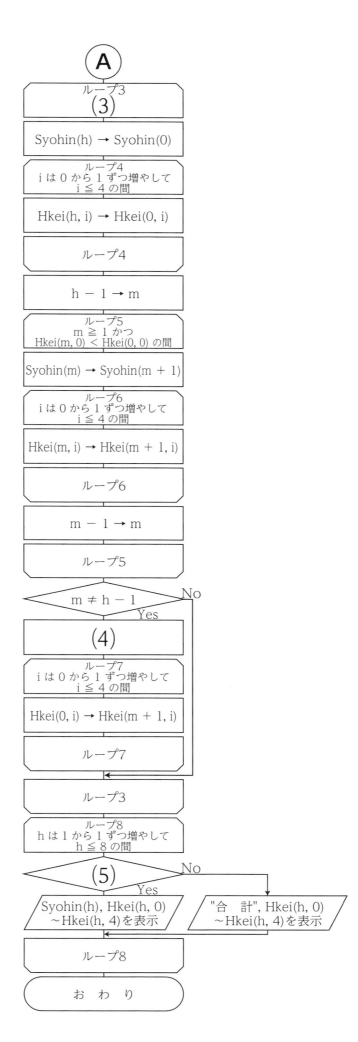

【7】 流れ図の説明を読んで，流れ図の(1)～(5)にあてはまる答えを解答群から選び，記号で答えなさい。

＜流れ図の説明＞

処理内容

　ある中古車販売店の販売データを読み，中古車販売状況一覧を表示する。

入力データ

支店番号 (Sban)	管理番号 (Kban)	仕入価格 (Siire)	販売価格 (Hanbai)
×	×～×	××××××	××××××

(第1図)

実行結果

(中古車販売状況一覧)

(支店別価格区分別販売件数)

(支店名)	(100万円未満)	(200万円未満)	(300万円未満)	(400万円未満)	(500万円未満)	(500万円以上)	(合計)	(順位)
横浜店	100件	242件	140件	71件	45件	49件	647件	4位
川崎店	138件	277件	228件	115件	78件	106件	942件	1位
さいたま店	141件	251件	178件	83件	45件	59件	757件	2位
千葉店	92件	151件	133件	59件	31件	41件	507件	5位
仙台店	165件	287件	134件	77件	31件	42件	736件	3位
合計	636件	1,208件	813件	405件	230件	297件	3,589件	

(支店名)	(販売価格合計)	(仕入価格合計)	(原価率)	(順位)
横浜店	1,552,902,400	1,242,117,900	79.99%	4位
川崎店	2,535,913,000	1,768,140,600	69.72%	1位
さいたま店	1,784,407,100	1,425,634,600	79.89%	2位
千葉店	1,234,982,900	986,566,800	79.89%	2位
仙台店	1,506,136,900	1,352,164,800	89.78%	5位

(第2図)

処理条件

1．第1図の支店番号は 1(横浜店)～5(仙台店) である。なお，すべての支店に対する販売データがある。

2．配列 Smei に支店名，配列 Kubun に販売価格区分を判定する値を記憶する。なお，第1図の販売価格は 99999999 未満である。また，Smei の添字と支店番号は対応している。

配列

	Smei
(0)	
(1)	横浜店
～	
(5)	仙台店

Kubun	(0)	(1)	(2)	(3)	(4)	(5)	(6)
		1000000	2000000	3000000	4000000	5000000	99999999

3．第1図の入力データを読み，販売価格をもとに配列 Kubun を探索し，配列 Kensu に販売件数を求め，配列 Kakaku に販売価格合計と仕入価格合計を求める。なお，Kensu の 6 行目および 7 列目には合計を求める。また，Kensu，Kakaku の行方向の添字は支店番号と，Kensu の列方向の添字は配列 Kubun の添字と対応している。

配列

Kensu	(0)	(1)	(2)	(3)	(4)	(5)	(6)	(7)
(0)								
(1)								
～	～	～	～	～	～	～	～	～
(5)								
(6)								
								(合計)

（合計）

Kakaku	(0)	(1)	(2)
(0)			
(1)			
～	～	～	～
(5)			
		(販売価格合計)	(仕入価格合計)

4．入力データを読み終えたあと，次の処理を行う。
・ 配列 Ritu に原価率を次の計算式で求める。

原価率（%）＝仕入価格合計 × 100 ÷ 販売価格合計

・ 配列 Kjun を利用して販売件数合計の降順に順位を，配列 Rjun を利用して原価率の昇順に順位をつけ，第2図のように表示する。なお，販売件数合計が同じ場合は同順位とし，原価率が同じ場合も同順位とする。また，Kjun の添字は配列 Kensu の行方向の添字と対応し，Rjun の添字は配列 Ritu の添字と対応している。

配列

	Ritu
(0)	
(1)	
～	～
(5)	

	Kjun
(0)	
(1)	
～	～
(5)	

	Rjun
(0)	
(1)	
～	～
(5)	

5．データにエラーはないものとする。

<流れ図>

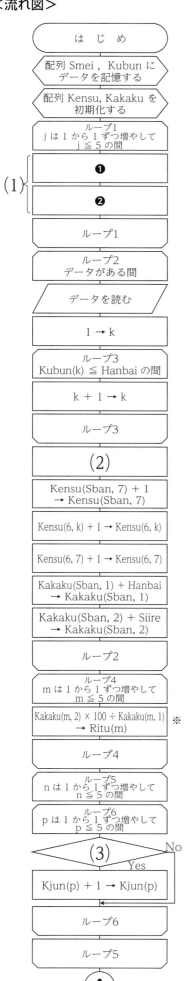

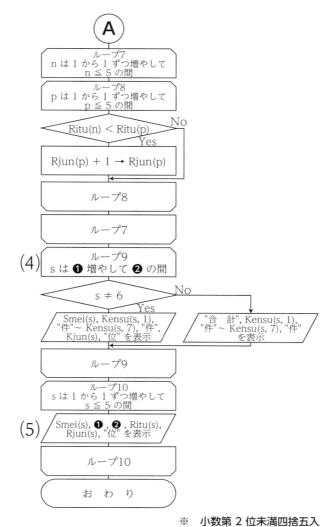

※　小数第 2 位未満四捨五入

―解答群―

ア. Kensu(Kban, k) ＋ 1 → Kensu(Kban, k)

イ. Kensu(n, 7) ＞ Kensu(p, 7)

ウ. Kensu(Sban, k) ＋ 1 → Kensu(Sban, k)

エ. Kensu(n, 7) ≦ Kensu(p, 7)

オ. 1 → Kjun(j)

カ. 0 → Rjun(j)

キ. 0 から 1 ずつ

ク. Kakaku(s, 1)

ケ. Kensu(Kban, 0) ＋ 1 → Kensu(Kban, 0)

コ. 1 → Rjun(j)

サ. s ≦ 6

シ. Kensu(Sban, 0) ＋ 1 → Kensu(Sban, 0)

ス. Kensu(n, 7) ＜ Kensu(p, 7)

セ. Kensu(s, 1)

ソ. Kensu(n, 7) ≧ Kensu(p, 7)

タ. Kakaku(s, 2)

チ. Kensu(s, 2)

ツ. 0 → Kjun(j)

テ. s ＜ 6

ト. 1 から 1 ずつ

第3回 **模擬問題** 制限時間：60分 解答 ➡ P.18

【1】 次の説明文に最も適した答えを解答群から選び，記号で答えなさい。

1．廃棄書類を無断で回収したり，関係者になりすまして電話で機密情報を聞き出したりするなど，人間の心理的な隙をついて情報を不正に取得すること。

2．RASISが示す評価指標の一つで，システムが継続して稼働できる性能を表したもの。稼働率で評価することができる。

3．桁数の多い数値を切り捨てたり四捨五入するなど，扱う桁数を制限することによって元の数値との間に生じる誤差。

4．インターネットなどの公衆回線でやり取りするデータを暗号化することで，あたかも専用回線を利用するかのように安全な通信を実現する技術。

5．コンピュータに処理の命令を出してから，動作し始めるまでの反応時間。

解答群

ア．信頼性	**イ**．VPN	**ウ**．桁落ち
エ．インシデント	**オ**．レスポンスタイム	**カ**．保守性
キ．可用性	**ク**．情報落ち	**ケ**．ターンアラウンドタイム
コ．ソーシャルエンジニアリング	**サ**．DMZ	**シ**．丸め誤差

【2】 次のA群の語句に最も関係の深い説明文をB群から選び，記号で答えなさい。

＜A群＞ 　1．ゲートウェイ　　　2．SQLインジェクション　　　3．インスタンス
　　　　　　 4．NAS　　　　　　　5．ブラックボックステスト

＜B群＞

ア．プロトコルが異なるネットワーク同士を接続するためのネットワーク通信機器やソフトウェア。

イ．オブジェクト指向言語において，データと手続きの集合として定義されたプログラムの単位。

ウ．ネットワークに直接接続して使用するファイルサーバ。

エ．プロトコルが同じネットワーク同士を接続するためのネットワーク通信機器。

オ．脆弱性のあるWebサイトに罠を仕掛け，そのWebサイトから別のWebサイトへ移動する際に不正なプログラムが実行されることでマルウェアの感染やなりすましなどの被害をもたらす攻撃。

カ．処理内容に着目しつつ，入力データに対する出力結果が正しいかどうかを確認するテスト。

キ．オブジェクト指向言語において，クラスに基づいてデータと手続きの集合として主記憶装置上に実体化されたオブジェクトのこと。

ク．プライベートIPアドレスとグローバルIPアドレスを相互に変換する技術。

ケ．Webサイトの入力フォームなどにデータベースを操作する命令文を含んだ文字列を入力して送信することで，閲覧できないはずのデータを表示したり，データを改ざんしたりする攻撃。

コ．処理内容には着目せず，入力データに対する出力結果が正しいかどうかを確認するテスト。

【3】　次の説明文に最も適した答えをア，イ，ウの中から選び，記号で答えなさい。なお，5．については数値を答えなさい。

1．2進数の 10101 と 101000 の和を16進数で表したものはどれか。

　　　　ア．61　　　　　　　　　**イ**．3D　　　　　　　　　**ウ**．D3

2．データ要素に前のデータ要素や次のデータ要素の位置情報を持たせることで，複数のデータを連結するデータ構造。

　　　　ア．キュー　　　　　　　**イ**．スタック　　　　　　**ウ**．リスト

3．電子メールを使って，画像や音声ファイルなど様々なファイル形式のデータを送受信するための規格。

　　　　ア．FTP　　　　　　　　**イ**．MIME　　　　　　　**ウ**．Cookie

4．あるプログラムが複数のプログラムから呼び出されて並列に実行されても正しく実行することができる性質。

　　　　ア．リカーシブ　　　　　**イ**．リロケータブル　　　**ウ**．リエントラント

5．500B／セクタ，900セクタ／トラック，40トラック／シリンダ，シリンダ数25,000の磁気ディスク装置の記憶容量は何GBか。ただし，$1KB=10^3B$，$1GB=10^9B$とする。

【4】　次の各問いに答えなさい。

問1．プログラムの説明を読んで，プログラムの⑴～⑶にあてはまる答えを解答群から選び，記号で答えなさい。

＜プログラムの説明＞

処理内容

　　引数で渡された配列に記憶されている数値に順位を付けてディスプレイに表示する。

処理条件

1．配列 Kazu に数値を記憶する。なお，データ件数は n 件である。

　　配列

Kazu	(0)	(1)	～	(n − 2)	(n − 1)
	172	161	～	46	16

2．配列 Jun を利用し，配列 Kazu の数値の降順に順位をつけて Kazu と Jun の内容を表示する。なお，数値が同じ場合は同順位とする。

　　配列

Jun	(0)	(1)	～	(n − 2)	(n − 1)
			～		

＜プログラム＞

```
Sub Program1(Kazu() As Long, Jun() As Long n As Long)
    Dim i As Long
    Dim j As Long
    For i = 0 To n - 1
        Jun(i) = 1
    Next i
    For        (1)
        For j = i + 1 To n - 1
            If Kazu(i) < Kazu(j) Then
                       (2)
            ElseIf Kazu(i) > Kazu(j) Then
                   解答不要
            End If
        Next j
    Next i
    For i = 0 To n - 1
        MsgBox (        (3)        )
    Next i
End Sub
```

解答群

ア．Jun(i) & "位" & Kazu(i)

イ．i = 0 To n − 2

ウ．Jun(j) = Jun(j) + 1

エ．i = 1 To n − 1

オ．Jun(i) = Jun(i) + 1

カ．Jun(n) & "位" & Kazu(n)

問2．プログラムの説明を読んで，プログラムの⑷〜⑸にあてはまる答えを解答群から選び，記号で答えなさい。

<u>＜プログラムの説明＞</u>

<u>処理内容</u>

　引数で渡された配列に記憶されている文字列を並べ替えてディスプレイに表示する。

<u>処理条件</u>

１．配列 Word に文字列を記憶する。なお，データ件数は n 件である。

　配列

Word	(0)	(1)	～	(n − 1)	(n)
		i	～	at	last

２．配列 Word の文字列を昇順に並べ替える。

３．並べ替えが終わったら，配列 Word の内容を表示する。

＜プログラム＞

```
Sub Program2(Word() As String, n As Long)
    Dim k As Long
    Dim m As Long
    k = 2
    Do While        (4)
        Word(0) = Word(k)
        m = k - 1
        Do While m > 0
            If Word(m) > Word(0) Then
                       (5)
            Else
                Exit Do
            End If
            m = m - 1
        Loop
        Word(m + 1) = Word(0)
        k = k + 1
    Loop
    For k = 1 To n
        MsgBox (Word(k))
    Next k
End Sub
```

```
─ 解答群 ─
ア．k < n
イ．Word(m + 1) = Word(m)
ウ．Word(m) = Word(m + 1)
エ．k <= n
```

【5】　流れ図の説明を読んで，流れ図の(1)～(5)にあてはまる答えを解答群から選び，記号で答えなさい。

　　＜流れ図の説明＞

処理内容

　　検定試験の成績データを読み，検定試験結果一覧をディスプレイに表示する。

入力データ

学年番号 （Gban） ×	組番号 （Kban） ×	テスト番号 （Tban） ×	点数 （Ten） ×××

（第1図）

実行結果

```
（検定試験結果一覧）
1年A組＊
    実技：71      筆記：71
1年B組
    実技：68      筆記：70
         ～
```
（第2図）

処理条件

1．第1図のデータは，学年番号，組番号の昇順に記憶されている。なお，学年番号は 1～3 であり，組番号は 1～4 である。また，各組には 40 名の生徒が在籍している。

2．配列 Kumi に組名を記憶する。

　配列

```
Kumi     (0)      (1)       ～        (4)
         ▨▨▨▨│ A組 │  ～  │ D組 │
```

3．第1図の入力データを読み，学年番号，組番号が変わるごとに次の処理を行う。

　・　組ごとの実技試験，筆記試験の平均点を計算する。テスト番号は，1（実技試験），2（筆記試験）で表す。

　・　実技試験，筆記試験の平均点がともに 70 点以上の場合，備考に ＊ を記憶する。

　・　学年，組名，備考，実技平均点，筆記平均点を表示する。

4．データにエラーはないものとする。

```
─── 解答群 ───
ア．AVGj ≧ 70 かつ AVGh ≧ 70
イ．Jitugi ＋ Ten → Jitugi
ウ．Hikki ＋ Ten → Hikki
エ．Khoz ＝ Kban
オ．Gban → Ghoz
カ．Ghoz → Gban
キ．Ghoz ＋ "年" ＋ Kumi(Khoz) ＋ Biko
ク．Ghoz ＝ Gban
ケ．AVGj ≧ 70 または AVGh ≧ 70
コ．Gban ＋ "年" ＋ Kumi(Kban) ＋ Biko
```

<流れ図>

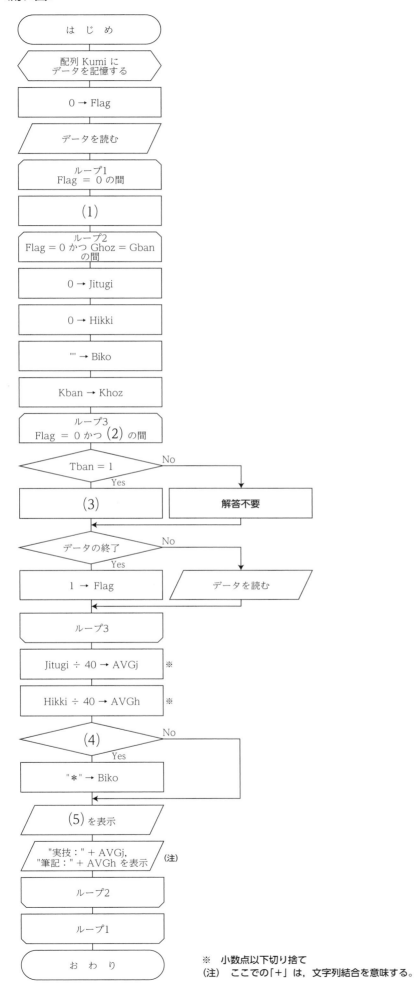

はじめ

配列 Kumi に
データを記憶する

0 → Flag

データを読む

ループ1
Flag ＝ 0 の間

(1)

ループ2
Flag = 0 かつ Ghoz = Gban
の間

0 → Jitugi

0 → Hikki

"" → Biko

Kban → Khoz

ループ3
Flag ＝ 0 かつ (2) の間

Tban = 1
No
Yes

(3)

解答不要

データの終了
No
Yes

1 → Flag

データを読む

ループ3

Jitugi ÷ 40 → AVGj　※

Hikki ÷ 40 → AVGh　※

(4)
No
Yes

"＊" → Biko

(5) を表示

"実技：" + AVGj,
"筆記：" + AVGh を表示　(注)

ループ2

ループ1

おわり

※　小数点以下切り捨て
(注)　ここでの「＋」は，文字列結合を意味する。

【6】　流れ図の説明を読んで，流れ図の(1)～(5)にあてはまる答えを解答群から選び，記号で答えなさい。

<流れ図の説明>

処理内容

　　五輪の国別メダル獲得数データを読み，五輪メダル獲得数一覧をディスプレイに表示する。

入力データ

国コード (Ccode) ×××	メダルコード (Mcode) ×	メダル数 (Msu) ××

（第1図）

実行結果

（五輪メダル獲得数一覧）				
（国コード）（国名）		（金）	（銀）	（銅）
USA	アメリカ合衆国	39個	41個	33個
CHN	中国	38個	32個	18個
JPN	日本	27個	14個	17個
～				

（第2図）

処理条件

1．配列 Country に国コードと国名を国コードの昇順に記憶する。なお，記憶する国の数は 208 件であり，国の数を変数 Cnt に記憶する。

配列

Country	(0)	(1)	(2)
(0)			
(1)		AFG	アフガニスタン
～	～	～	～
(208)		ZIM	ジンバブエ

2．第1図の入力データを読み，次の処理を行う。

　・　国コード，メダルコードをもとに配列 Medal に各国のメダル獲得数をメダルの種類ごとに集計する。なお，メダルコードは，1（金メダル），2（銀メダル），3（銅メダル）で表す。また，配列 Medal の行方向の添字は国コードと，列方向の添字は Mcode と対応している。

配列

Medal	(0)	(1)	(2)	(3)
(0)				
(1)				
～	～	～	～	～
(208)				

3．入力データが終了したら，配列 Country ，Medal を金メダルの降順に並べ替え，第2図のようにディスプレイに表示する。

4．データにエラーはないものとする。

解答群

ア．Medal(k, 1) < Medal(k + 1, 1)

イ．Cnt － 1 → Hi

ウ．Ccode > Country(m, 1)

エ．Medal(m, Mcode) ＋ Msu → Medal(m, Mcode)

オ．j は Cnt － 1 から 1 ずつ減らして j ≧ 2

カ．Ccode < Country(m, 1)

キ．Cnt → Hi

ク．j は Cnt から 1 ずつ減らして j ≧ 2

ケ．Medal(Mcode, m) ＋ Msu → Medal(Mcode, m)

コ．Medal(k, 1) > Medal(k + 1, 1)

＜流れ図＞

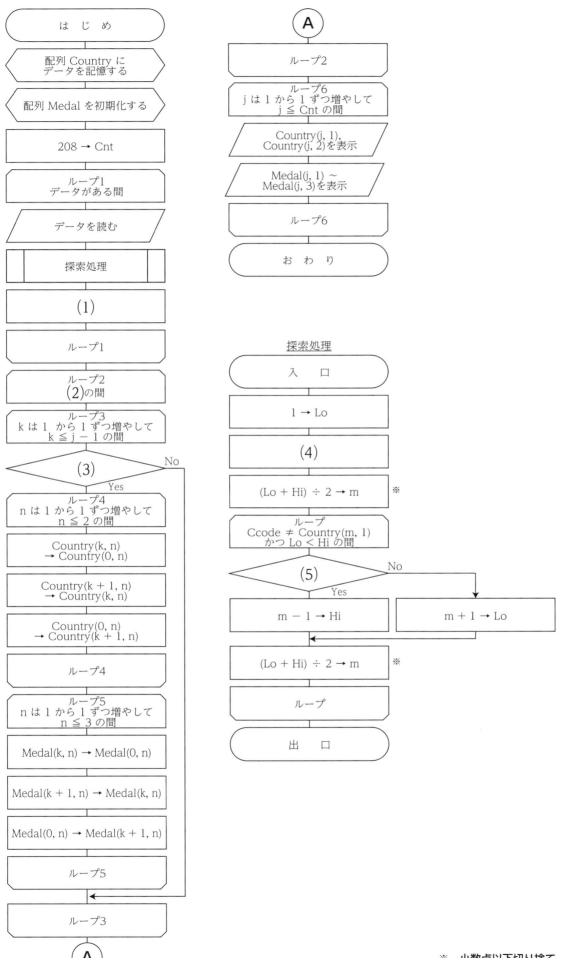

はじめ

配列 Country に
データを記憶する

配列 Medal を初期化する

208 → Cnt

ループ1
データがある間

データを読む

探索処理

(1)

ループ1

ループ2
(2)の間

ループ3
k は 1 から 1 ずつ増やして
k ≦ j − 1 の間

(3)　　　No

Yes

ループ4
n は 1 から 1 ずつ増やして
n ≦ 2 の間

Country(k, n)
→ Country(0, n)

Country(k + 1, n)
→ Country(k, n)

Country(0, n)
→ Country(k + 1, n)

ループ4

ループ5
n は 1 から 1 ずつ増やして
n ≦ 3 の間

Medal(k, n) → Medal(0, n)

Medal(k + 1, n) → Medal(k, n)

Medal(0, n) → Medal(k + 1, n)

ループ5

ループ3

A

A

ループ2

ループ6
j は 1 から 1 ずつ増やして
j ≦ Cnt の間

Country(j, 1),
Country(j, 2)を表示

Medal(j, 1) 〜
Medal(j, 3)を表示

ループ6

おわり

探索処理

入　口

1 → Lo

(4)

(Lo + Hi) ÷ 2 → m　　※

ループ
Ccode ≠ Country(m, 1)
かつ Lo < Hi の間

(5)　　　No

Yes

m − 1 → Hi　　　　　m + 1 → Lo

(Lo + Hi) ÷ 2 → m　　※

ループ

出　口

※　小数点以下切り捨て

第3回

【7】 流れ図の説明を読んで，流れ図の(1)～(5)にあてはまる答えを解答群から選び，記号で答えなさい。

＜流れ図の説明＞

処理内容

旅行申込者のデータを読み，旅行申込者数集計表と旅行申込割合分析表をディスプレイに表示する。

入力データ

旅行番号 (Rban) ×××	年齢 (Nen) ××	性別 (Sei) ×

(第1図)

実行結果

（旅行申込者数集計表）							
（地方）	（プラン名）	（10代 女）	（10代 男）	～	（80代 女）	（80代 男）	（合計）
関東	自然を満喫レジャーツアー	18人	14人		10人	14人	226人
～		～	～	～	～	～	～
	全エリア　合計	660人	634人		607人	618人	10,000人

（旅行申込割合分析表）							
（地方）	（プラン名）	（10代 女）	（10代 男）	～	（80代 女）	（80代 男）	（合計）
関東	自然を満喫レジャーツアー	8.0%	6.2%		4.4%	6.2%	100.0%
～		～	～	～	～	～	～
	全エリア　合計	6.6%	6.3%		6.1%	6.2%	100.0%

(第2図)

処理条件

1．第1図の旅行番号は，次のように構成されている。地方番号は 1～7，プラン番号は 1～10 である。

例　101　→　　1　　01
　　　　　　地方番号　プラン番号

なお，年齢は 10 歳～ 89 歳までであり，性別は 0（女性），1（男性）を表す。

2．配列 Pcode に旅行番号を，配列 Pmei に地方名とプラン名を記憶する。なお，Pcode と Pmei は添字で対応している。また，配列の最後には，全エリアの合計申込者数を表示するための文字列を記憶する。

配列

	Pcode		Pmei	(0)	(1)	(2)
(0)			(0)			
(1)	101		(1)		北海道	ローカル鉄道絶景巡り
～	～		～		～	～
(70)	710		(70)		九州	季節の果物狩りツアー
(71)	999		(71)		全エリア	合計

・　第1図のデータを読み，旅行番号をもとに配列 Pcode を探索し，配列 Hsyu に旅行申込者数を年代・性別ごとに集計する。年代は，10 代～ 80 代とする。なお，Hsyu の 71 行目には年代・性別ごとの旅行申込者数合計を，17 列目には旅行番号ごとの旅行申込者数合計を求める。また，Hsyu の行方向の添字は，Pcode と対応している。

配列

Hsyu	(0)	(1)	(2)	～	(15)	(16)	(17)
(0)				～			
(1)				～			
～	～	～	～	～	～		
(71)				～			(合計)
		(10代女)	(10代男)		(80代女)	(80代男)	(旅行申込者数合計)

・　データを読み終えたあと，配列 Pcode, Pmei, Hsyu を旅行番号ごとの旅行申込者数合計の降順に並べ替える。

・　第2図のように旅行申込者数集計表を表示する。

・　旅行番号ごとの年代別，性別旅行申込者数の割合を次の計算式で求め，配列 Ritu に記憶する。

年代・性別旅行申込者割合（%）　＝　年代・性別旅行申込者数　×　100　÷　年代・性別旅行申込者数合計

配列

Ritu	(0)	(1)	(2)	～	(15)	(16)	(17)
(0)				～			
(1)				～			
～	～	～	～	～	～		
(71)				～			(合計)
		(10代女)	(10代男)		(80代女)	(80代男)	(旅行申込者数合計)

・　第2図のように旅行申込割合分析表を表示する。

3．データにエラーはないものとする。

＜流れ図＞

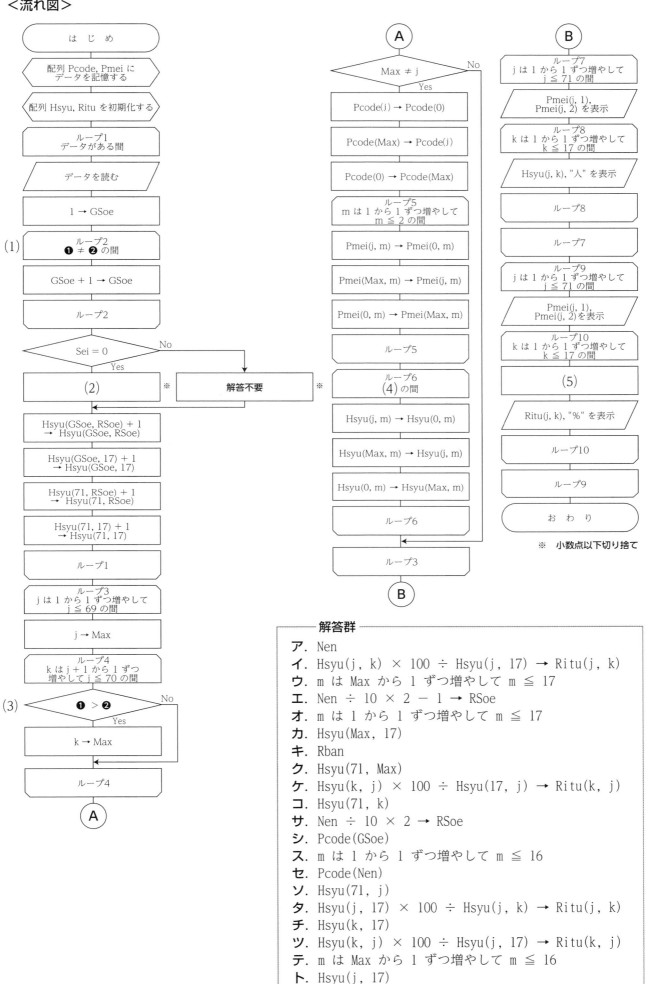

解答群

ア. Nen

イ. Hsyu(j, k) × 100 ÷ Hsyu(j, 17) → Ritu(j, k)

ウ. m は Max から 1 ずつ増やして m ≦ 17

エ. Nen ÷ 10 × 2 − 1 → RSoe

オ. m は 1 から 1 ずつ増やして m ≦ 17

カ. Hsyu(Max, 17)

キ. Rban

ク. Hsyu(71, Max)

ケ. Hsyu(k, j) × 100 ÷ Hsyu(17, j) → Ritu(k, j)

コ. Hsyu(71, k)

サ. Nen ÷ 10 × 2 → RSoe

シ. Pcode(GSoe)

ス. m は 1 から 1 ずつ増やして m ≦ 16

セ. Pcode(Nen)

ソ. Hsyu(71, j)

タ. Hsyu(j, 17) × 100 ÷ Hsyu(j, k) → Ritu(j, k)

チ. Hsyu(k, 17)

ツ. Hsyu(k, j) × 100 ÷ Hsyu(j, 17) → Ritu(k, j)

テ. m は Max から 1 ずつ増やして m ≦ 16

ト. Hsyu(j, 17)

第4回 模擬問題

制限時間：60分　解答 ➡ P.22

【1】　次の説明文に最も適した答えを解答群から選び，記号で答えなさい。

1．プログラムの呼び出しにおいて，一度メモリに格納したプログラムを再び実行しても，正しい結果が得られるプログラムの性質。

2．システム開発の初期段階で試験的なシステムを作成してユーザに評価してもらい，その意見を取り入れながら開発を進めていく開発モデル。

3．ファイルをサーバにアップロードまたはダウンロードする際の通信規約。

4．RAIDの技法の一つで，2つのハードディスクに同じ内容を書き込み，耐障害性を高める方式。

5．システムが次に故障するまでの間隔が長いなど，障害発生のしにくさをあらわす指標。

――― 解答群 ―――
ア．デジタル署名	**イ**．ウォータフォールモデル	**ウ**．リロケータブル
エ．FTP	**オ**．信頼性	**カ**．リユーザブル
キ．ミラーリング	**ク**．ストライピング	**ケ**．MIME
コ．負荷テスト	**サ**．プロトタイピングモデル	**シ**．保守性

【2】　次のA群の語句に最も関係の深い説明文をB群から選び，記号で答えなさい。

＜A群＞　1．NAS　　　2．システムテスト　　　3．浮動小数点形式
　　　　　4．Cookie　　5．AND回路

＜B群＞
ア．すべてのモジュールをつなぎあわせて，システム全体の動作を確認する最終的なテスト。

イ．Webサイトの提供者が，最後にサイトを閲覧した日や閲覧者に関する情報などのデータを，閲覧者のコンピュータに一時的に保存させるしくみ。

ウ．数値を，符号部，整数部，小数部の順に並べ，小数点の位置があらかじめ定められている実数の形式。

エ．2つの入力のうち少なくとも一方が「1」の場合に「1」を出力する論理回路。

オ．ネットワークに直接接続して使用するファイルサーバ。

カ．インターネット上のドメインアドレスをIPアドレスに変換するしくみ。

キ．繰り返しや判定などプログラムが意図した通りに動作しているかを確認するテスト方法。

ク．2つの入力が「1」と「1」の場合のみ「1」を出力する論理回路。

ケ．悪意のある外部のアクセスから組織内部のネットワークを守るために設定するもので，「非武装地帯」の意味がある隔離された区域のこと。

コ．数値を，桁の並びを表す仮数部と小数点の位置を表す指数部に分割して表現する形式。

【3】　次の説明文に最も適した答えをア，イ，ウの中から選び，記号で答えなさい。

1．10進数 38.75 を16進数で表したもの。

　　　ア．9.E　　　　　　　　　　**イ**．16.11　　　　　　　　　**ウ**．26.C

2．値がほぼ等しい数値の差を求めた時に有効数字が大きく減ることによって生じる誤差。

　　　ア．情報落ち　　　　　　　　**イ**．桁落ち　　　　　　　　　**ウ**．丸め誤差

3．プログラムやシステムの一部を変更したときに，他の箇所に不具合が出ていないかを確かめるためのテスト。

　　　ア．回帰テスト　　　　　　　**イ**．トップダウンテスト　　**ウ**．機能テスト

4．RAID機能のように，障害が発生した時に機能を縮小せずに動作を継続させる考え方。

　　　ア．フォールトアボイダンス　**イ**．フェールセーフ　　　　**ウ**．フォールトトレラント

5．4人で開始した仕事が3か月経過した時点で全体の半分まで完了した。残り2か月で完了させるためには何人の増員が必要か。ここで，途中から増員するメンバーの作業効率は最初から作業しているメンバーと同じとし，最初の4人の作業効率は残り2か月も変わらないものとする。

　　　ア．1人追加　　　　　　　　**イ**．2人追加　　　　　　　　**ウ**．3人追加

【4】　次の各問いに答えなさい。

　　問1．プログラムの説明を読んで，プログラムの(1)～(3)にあてはまる答えを解答群から選び，記号で
答えなさい。

＜プログラムの説明＞

処理内容

　　引数で渡された配列に記憶されている数値を並べ替えてディスプレイに表示する。

処理条件

1．配列 Su にはデータが記憶されている。なお，データ件数は n に記憶されている。

　　配列

Su	(0)	(1)	～	(n - 2)	(n - 1)
	123	115	～	101	108

2．配列 Su の数値を昇順に並べ替える。

3．並べ替えが終わったら，配列 Su の内容を表示する。

＜プログラム＞

```
Sub Program1(Su() As Long, n As Long)
    Dim s As Long
    Dim t As Long
    Dim y As Long
    Dim Taihi As Long
    Dim Tmp As Long
    For s = 0 To │    (1)    │
        Taihi = s
        For t = s + 1 To n - 1
            If │    (2)    │ Then
                Taihi = t
            End If
        Next t
        If s <> Taihi Then
            Tmp = Su(s)
            Su(s) = Su(Taihi)
            Su(Taihi) = Tmp
        End If
    Next s
    For y = 0 To n - 1
        MsgBox(│    (3)    │)
    Next y
End Sub
```

```
─── 解答群 ───
ア．n - 2
イ．Su(s) > Su(t)
ウ．n
エ．Su(y)
オ．Su(s)
カ．Su(Taihi) > Su(t)
```

問2. プログラムの説明を読んで，プログラムの(4)～(5)にあてはまる答えを解答群から選び，記号で答えなさい。

＜プログラムの説明＞

処理内容

　引数で渡された配列に記憶されている文字列を探索してメッセージをディスプレイに表示する。

処理条件

1. 配列 Namae にはデータが昇順で記憶されている。ただし，同じ文字列はないものとする。なお，データ件数は n に記憶されている。

　　配列

Namae　　(0)　　(1)　　～　　(n − 2)(n − 1)

Alex	Beth	～	Sophie	Will

2. キーボードから入力した文字列をもとに配列 Namae を探索し，見つかった場合は 該当データあり を，見つからなかった場合は 該当データなし を表示する。

＜プログラム＞

```
Sub Program2(Namae() As String, n As Long)
    Dim Na As String
    Dim Kgen As Long
    Dim Jgen As Long
    Dim Tyu As Long
    Na = InputBox("文字入力")
    Kgen = 0
        (4)
    Tyu = Int((Kgen + Jgen) / 2)
    Do While Namae(Tyu) <> Na
        If Namae(Tyu) < Na Then
            Kgen = Tyu + 1
        Else
            Jgen = Tyu - 1
        End If
        If      (5)      Then
            Exit Do
        End If
        Tyu = Int((Kgen + Jgen) / 2)
    Loop
    If Kgen <= Jgen Then
        MsgBox ("該当データあり")
    Else
        MsgBox ("該当データなし")
    End If
End Sub
```

```
─── 解答群 ───
ア. Kgen = Jgen
イ. Jgen = n − 1
ウ. Kgen > Jgen
エ. Jgen = n − 2
```

【5】 流れ図の説明を読んで，流れ図の(1)～(5)にあてはまる答えを解答群から選び，記号で答えなさい。

＜流れ図の説明＞

処理内容

100 m走の 3 か月間の記録データを読み，月別記録一覧をディスプレイに表示する。

入力データ

日付 (Hiduke) ××××	選手コード (Code) ×	記録 (Kiroku) ××.××

（第1図）

実行結果

（月別記録一覧）				
（選手1）（選手2）（選手3）（選手4）（選手5）				
1月				
（平均値） 12.81	13.14	12.14	12.22	12.72
（最高記録） 10.57	10.35	10.36	10.41	10.94
（最低記録） 14.73	14.35	14.90	14.92	14.93
～				
3月				
（平均値） 12.63	12.81	13.01	12.19	12.56
（最高記録） 10.54	10.76	10.35	10.66	10.71
（最低記録） 14.96	14.76	14.93	14.83	14.70

（第2図）

処理条件

1．第1図のデータは，日付の昇順に記録されている。なお，日付は次の例のように構成されている。また，選手コードは 1 ～ 5 であり，3 か月間毎日，日付ごとにすべての選手のデータがある。

例 0301 → 3 月 1 日

2．第1図の入力データを読み，月がかわるごとに次の処理を行う。

・ 1 行目に月を表示する。

・ 配列 Hei に選手別の記録を集計し，配列 Max に最高記録を，配列 Min に最低記録を求める。なお，Hei，Max，Min の添字は選手コードと対応している。

配列

	Hei		Max		Min
(0)	▨	(0)	▨	(0)	▨
(1)		(1)		(1)	
(2)		(2)		(2)	
～	～	～	～	～	～
(5)		(5)		(5)	

・ 1 か月分の集計が終了したら，配列 Hei に選手別の記録の平均値を求め，第2図のように平均値から最低記録まで表示する。

3．データにエラーはないものとする。

```
── 解答群 ──
ア．Hei(h) ÷ Hhoz → Hei(h)
イ．Max(Code) ＞ Kiroku
ウ．Tuki ≠ Thoz
エ．g は 1 から 1 ずつ増やして g ≦ 5
オ．Hei(h) ÷ Nisu → Hei(h)
カ．1 → Hhoz
キ．g は 0 から 1 ずつ増やして g ≦ 4
ク．Min(Code) ＜ Kiroku
ケ．Tuki ＝ Thoz
コ．Hi → Hhoz
```

第4回

＜流れ図＞

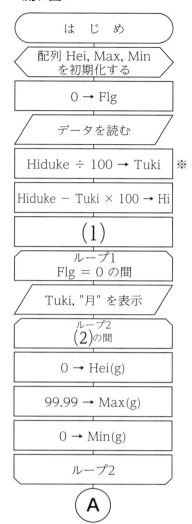

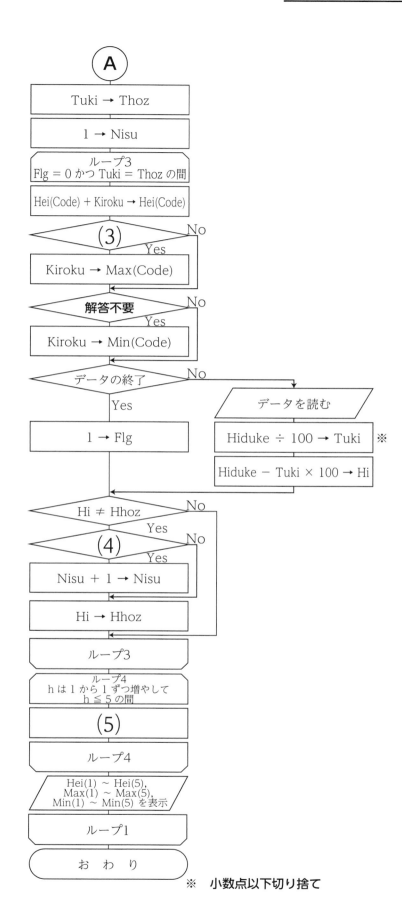

※　小数点以下切り捨て

【6】 流れ図の説明を読んで，流れ図の(1)〜(5)にあてはまる答えを解答群から選び，記号で答えなさい。

＜流れ図の説明＞

処理内容

ある家電量販店の仕入・売上データを読み，売上純利益分析（単位：千円）をディスプレイに表示する。

入力データ

年（西暦） （Nen） ××××	仕入売上区分 （SiU） ×	種別コード （Shu） ×××	金額 （Kin） ××〜××

（第1図）

実行結果

（売上純利益分析（単位：千円））									
			(30〜21年前)		〜		(10〜1年前)		
（種類名）（商品名）		（売上額）	（仕入額）	（売上純利益）	〜	（売上額）	（仕入額）	（売上純利益）	（分析）
照明									
	ピカ	76,301,333	16,326,197	59,975,136	〜	145,383,229	102,517,568	42,865,661	減
	パレック	157,122	636,711	−698,221	〜	1,226,828	736,630	−1,358,974	増
	ルミナル	75,106,802	17,304,496	57,802,306	〜	155,202,140	66,605,512	−672,681	増
〜		〜	〜	〜	〜	〜	〜	〜	〜
エアコン									
	朝ヶ峰	350,735	1,897,040	1,546,305	〜	694,123	2,289,510	−1,595,387	―

（第2図）

処理条件

1．第1図の仕入売上区分は 1（売上）と 2（仕入）である。なお，種別コードは次の例のように構成されており，種類コードは 1（照明）〜8（ゲーム）である。また，各種別 1 件以上の取引があるものとする。

   例 1 2 3 → <u>1</u>   <u>2 3</u>
        種類コード　連番

2．配列 Shumei に種類名を記憶する。なお，Shumei の添字は種類コードと対応している。

配列

Shumei	(0)	(1)	(2)	〜	(7)	(8)
		照明	エアコン	〜	スマホ	ゲーム

3．配列 Scode に種別コードを，配列 Sname に商品名を，種別コードの昇順に記憶する。なお，商品は 60 種類であり，Scode と Sname の添字は対応している。

配列

	Scode		Sname
(0)		(0)	
(1)	101	(1)	ピカ
(2)	102	(2)	パレック
〜	〜	〜	〜
(59)	604	(59)	プレスト
(60)	605	(60)	スウォッチ

4．処理のはじめに，現在の年（西暦 4 桁）をキーボードから入力する。

5．第1図の入力データを読み，次の処理を行う。

　・ 種別コードをもとに配列 Scode を探索し，配列 Kei に過去 30 年分の売上・仕入額（千円）を 10 年分ごとに集計する。なお，Kei の行方向の添字は Scode と対応している。

配列

Kei	(0)	(1)	(2)	(3)	(4)	(5)	(6)
(0)							
(1)							
(2)							
〜	〜	〜	〜	〜	〜	〜	〜
(59)							
(60)							
		（売上額）	（仕入額）	（売上額）	（仕入額）	（売上額）	（仕入額）
		（30〜21年前）		（20〜11年前）		（10〜1年前）	

6．入力データが終了したら，種類がかわるごとに種類名を表示し，商品名から分析までを第2図のように表示する。なお，売上純利益は売上額と仕入額の差を求める。また，分析は増減率（％）を次の計算式で求め，10 以上の場合は 増 を，−10 以下の場合は 減 を，それ以外の場合は ― とする。

　　増減率（％）＝（10〜1年前の売上純利益 − 30〜21年前の売上純利益）× 100 ÷ 30〜21年前の売上純利益の絶対値

7．データにエラーはないものとする。

解答群

ア．Kei(So,Mi) + Kin → Kei(So,Mi)
イ．Str + "減" → Str
ウ．k = 1
エ．Mi − 1 → Jo
オ．60 → Jo

カ．Shu → Jo
キ．Kei(Mi,So) + Kin → Kei(Mi,So)
ク．Str + "増" → Str
ケ．Mi + 1 → Ka
コ．k = 5

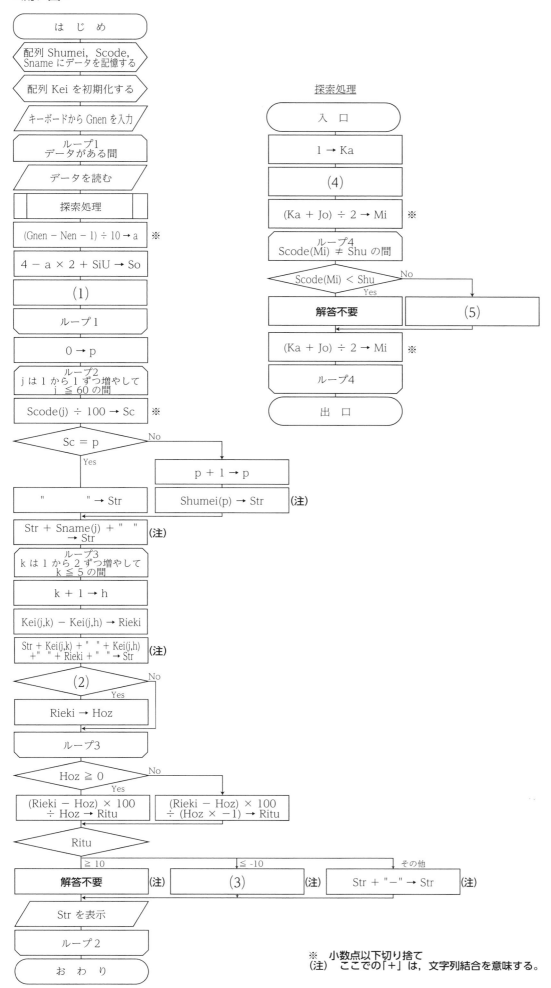

＜流れ図＞

はじめ

配列 Shumei, Scode, Sname にデータを記憶する

配列 Kei を初期化する

キーボードから Gnen を入力

ループ1
データがある間

データを読む

探索処理

(Gnen － Nen － 1) ÷ 10 → a　※

4 － a × 2 + SiU → So

(1)

ループ1

0 → p

ループ2
j は 1 から 1 ずつ増やして
j ≦ 60 の間

Scode(j) ÷ 100 → Sc　※

Sc = p　No

Yes

"　　　" → Str ／ p + 1 → p

Shumei(p) → Str　(注)

Str + Sname(j) + "　" → Str　(注)

ループ3
k は 1 から 2 ずつ増やして
k ≦ 5 の間

k + 1 → h

Kei(j,k) － Kei(j,h) → Rieki

Str + Kei(j,k) + "　" + Kei(j,h) + "　" + Rieki + "　" → Str　(注)

(2)　No

Yes

Rieki → Hoz

ループ3

Hoz ≧ 0　No

Yes

(Rieki － Hoz) × 100 ÷ Hoz → Ritu ／ (Rieki － Hoz) × 100 ÷ (Hoz × －1) → Ritu

Ritu

≧ 10　　　≦ -10　　　その他

解答不要　(注) ／ (3)　(注) ／ Str + "－" → Str　(注)

Str を表示

ループ2

おわり

探索処理

入口

1 → Ka

(4)

(Ka + Jo) ÷ 2 → Mi　※

ループ4
Scode(Mi) ≠ Shu の間

Scode(Mi) < Shu　No

Yes

解答不要 ／ (5)

(Ka + Jo) ÷ 2 → Mi　※

ループ4

出口

※　小数点以下切り捨て
(注)　ここでの「＋」は，文字列結合を意味する。

【7】 流れ図の説明を読んで，流れ図の(1)～(5)にあてはまる答えを解答群から選び，記号で答えなさい。

＜流れ図の説明＞

処理内容

日本の伝統的な色名の投票データを読み，年齢区分別投票結果を表示する。

入力データ

投票データ

受付番号 (Ban)	色名 (Iromei)	応募者名 (Mei)	年齢 (Nenrei)
×××××	×～×	×～×	×××

（第1図）

実行結果

```
                  (年齢区分別投票結果)
(全年齢投票数)10,767
(全年齢1位の色名)                        (得票数)
もえぎいろ                                3,859
(20歳未満)
(投票数)1,091
(順位)    (色名)                         (得票数)
  1位    るりいろ                           104
  2位    あさぎいろ                          72
   ∫        ∫                               ∫
 10位    あかねいろ                          17
(20～39歳)
   ∫        ∫                               ∫
(40～59歳)
   ∫        ∫                               ∫
(60歳以上)
   ∫        ∫                               ∫
```

（第2図）

処理条件

1．第1図の投票データは受付番号の昇順に記録されており，色名の種類は 2,000 以下である。

2．第1図の投票データを読み，次の処理を行う。

・ 年齢をもとに年齢区分を求める。なお，年齢区分は 20 歳未満（年齢区分番号 1 ），40 歳未満（年齢区分番号 2 ），60 歳未満（年齢区分番号 3 ），60 歳以上（年齢区分番号 4 ），全年齢（年齢区分番号 5 ）である。

・ 色名をもとに配列 Iro を探索し，見つからなかった場合は，Iro に色名を記憶する。

配列

	Iro
(0)	
(1)	
(2)	
∫	∫
(2000)	

・ 配列 Hyo に得票数を集計する。なお，0 行目には合計を求める。Hyo の行方向の添字は配列 Iro の添字と，列方向の添字は年齢区分番号と対応している。

配列

Hyo	(0)	(1)	～	(4)	(5)	
(0)			～			(合計)
(1)			～			
(2)			～			
∫	∫	∫	∫	∫	∫	
(2000)			～			
		(20歳未満)	～	(60歳以上)	(全年齢)	

・ データを読み終えたあと，配列 Jun を利用して年齢区分ごとに得票数の降順に順位をつける。なお，得票数が同じ場合は同順位とする。また，Jun と配列 Hyo の添字は対応している。

配列

Jun	(0)	(1)	～	(4)	(5)
(0)			～		
(1)			～		
(2)			～		
∫	∫	∫	∫	∫	∫
(2000)			～		

・ 第2図のように，年齢区分別投票結果として，全年齢投票数，全年齢 1 位の色名，得票数，また，年齢区分別に投票数と，10 位までの順位，色名，得票数を表示する。

3．データにエラーはないものとする。

<流れ図>

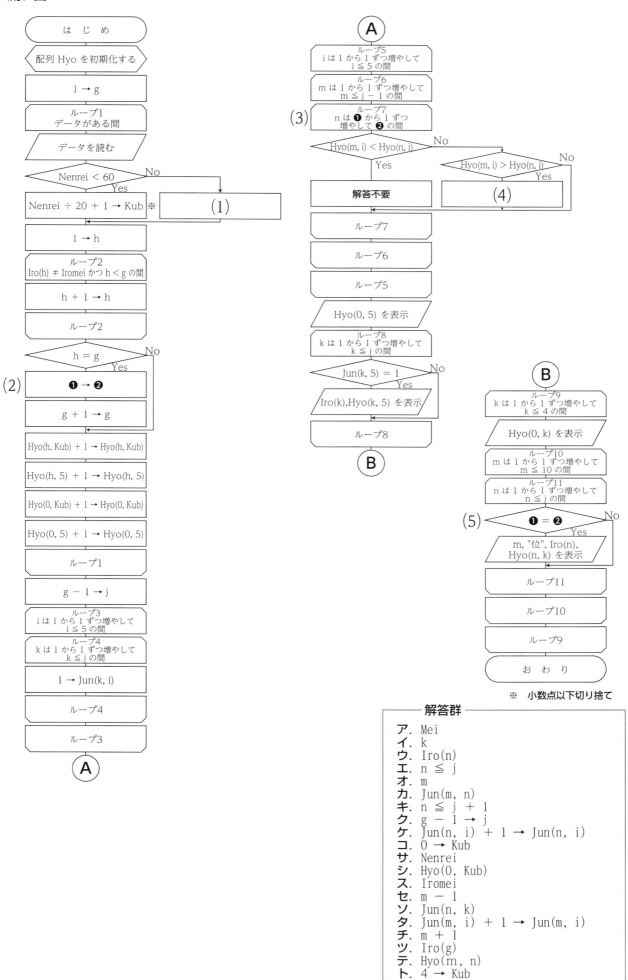

※　小数点以下切り捨て

── 解答群 ──

ア．Mei
イ．k
ウ．Iro(n)
エ．n ≦ j
オ．m
カ．Jun(m, n)
キ．n ≦ j + 1
ク．g － 1 → j
ケ．Jun(n, i) + 1 → Jun(n, i)
コ．0 → Kub
サ．Nenrei
シ．Hyo(0, Kub)
ス．Iromei
セ．m － 1
ソ．Jun(n, k)
タ．Jun(m, i) + 1 → Jun(m, i)
チ．m + 1
ツ．Iro(g)
テ．Hyo(m, n)
ト．4 → Kub

第4回

第5回 **模擬問題**

制限時間：60分　解答 ➡ P.26

【1】　次の説明文に最も適した答えを解答群から選び，記号で答えなさい。

1．システム開発をする際，後戻りせず進める手法。大規模システムの開発に用いられることが多い。

2．ネットワークとネットワークの間に置き，ネットワークどうしを接続する機器。

3．これからどのような障害が起きるかなどを想定し，それに応じた対策を考えること。

4．システム開発工程で，ユーザインタフェースの設計などユーザから見える部分の設計段階のこと。

5．10進数の各桁を2進数の4桁ずつで表現したもの。

解答群

ア．外部設計	**イ**．スパイラルモデル	**ウ**．リスクマネジメント
エ．内部設計	**オ**．ルータ	**カ**．2進化10進数
キ．要件定義	**ク**．リスクアセスメント	**ケ**．固定小数点形式
コ．ウォータフォールモデル	**サ**．ゲートウェイ	**シ**．浮動小数点形式

【2】　次のA群の語句に最も関係の深い説明文をB群から選び，記号で答えなさい。

＜A群＞　1．RAID　　　　2．情報落ち　　　　3．DHCP
　　　　　4．完全性　　　　5．クロスサイトスクリプティング

＜B群＞

ア．ほぼ等しい数値の演算をおこなうと，有効桁数が減少することで計算結果が正しくなくなること。

イ．IPアドレスを自動で設定するプロトコル。

ウ．データに誤りや欠損がないこと。

エ．ハードディスクを複数台使い，高速性や信頼性を高めるシステム。

オ．悪意のあるSQL文が送信されることにより，データベースの改ざんや，不正利用をされてしまう攻撃。

カ．絶対値の差が非常に大きい値どうしの加減算をする時に，小さな値が無視されてしまうこと。

キ．コンピュータプログラムをメモリ上のどこに配置しても実行可能なこと。

ク．悪意を持ったプログラムを標的サイト経由でアクセスした利用者に送り込み，情報を盗み出す攻撃。

ケ．IPアドレスとドメイン名を変換するシステム。

コ．データが機密保護されていること。

【3】 次の説明文に最も適した答えをア，イ，ウの中から選び，記号で答えなさい。なお，5. について
は数値を答えなさい。

1．2進数 10110010 と 01001001 の差を16進数で表したもの。

  ア．39   **イ**．6C   **ウ**．69

2．2つの入力する値が同じ時に0，異なる時に1を出力する回路。

  ア．論理シフト   **イ**．OR回路   **ウ**．XOR回路

3．データの並びをポインタによって決定するデータ構造。

  ア．リスト   **イ**．スタック   **ウ**．カプセル化

4．インターネットの標準プロトコルのこと。

  ア．TCP／IP   **イ**．IMAP   **ウ**．HTTP

5．次の図に示すとおり，装置Bと装置Cを並列に配置したシステムに，装置Aを直列に配置する場
 合，システム全体の稼働率を小数第3位まで求めなさい。ただし，それぞれの装置の稼働率は，装
 置A0.99，装置B0.9，装置C0.85とする。

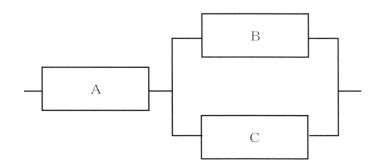

【4】　次の各問いに答えなさい。

問1．プログラムの説明を読んで，プログラムの(1)～(2)にあてはまる答えを解答群から選び，記号で答えなさい。

＜プログラムの説明＞

処理内容

　引数で渡された配列に記憶されている数値に順位をつけてディスプレイに表示する。

処理条件

1．配列 Ki には数値が記憶されている。配列 Ki に記憶する数値は，整数部 2 桁，小数部 1 桁の数値とする。なお，データ件数は n に記憶されている。

配列

Ki	(0)	(1)	(2)	～	(n − 2)	(n − 1)
	63.7	12.9	74.4	～	20.1	96.3

2．配列 Ju を利用し，配列 Ki の数値の昇順に順位をつけて，Ki と Ju の内容を表示する。なお，数値が同じ場合は同順位とする。

配列

Ju	(0)	(1)	(2)	～	(n − 2)	(n − 1)
				～		

＜プログラム＞

```
Sub Program1(Ki() As Double, Ju() As Long n As Long)
    Dim m As Long
    Dim a As Long
    Dim s As Long
    n = n - 1
    For m = 0 To n
            (1)
    Next m
    For m = 0 To n
        For a = 0 To n
            If      (2)      Then
                Ju(m) = Ju(m) + 1
            End If
        Next a
    Next m
    For s = 0 To n
        MsgBox(Ju(s) & "位" & Ki(s))
    Next s
End Sub
```

```
─── 解答群 ───────────────
  ア．Ki(a) < Ki(m)
  イ．Ju(m) = 0
  ウ．Ki(a) > Ki(m)
  エ．Ju(m) = 1
```

問2．プログラムの説明を読んで，プログラムの(3)～(5)にあてはまる答えを解答群から選び，記号で答えなさい。

＜プログラムの説明＞

処理内容

　引数で渡された配列に記憶されている文字列を探索してディスプレイに表示する。

処理条件

1．配列 SCod に商品コードを昇順に記憶する。なお，データ件数は n 件であり，同じ文字列はないものとする。

　配列

SCod	(0)	(1)	～	(n − 2)	(n − 1)
	BC−20	BC−340	～	BC−960	XKI−N11

2．配列 SMei に商品名を記憶する。なお，データ件数は n 件であり，同じ値はないものとする。また，配列 SCod と SMei は添字で対応している。

SMei	(0)	(1)	～	(n − 2)	(n − 1)
	ケース	ポーチ	～	ハードディスク	SDカード

3．キーボードから入力した文字列をもとに配列 SCod を探索し，SMei に記憶されている商品名を表示する。なお，見つからなかった場合には 商品エラー を表示する。

＜プログラム＞

```
Sub Program2(SCod() As String, SMei() As String n As Long)
    Dim Ue As Long
    Dim Shita As Long
    Dim Naka As Long
    Dim atai As String
    atai = InputBox("商品コードを入力")
    Shita = 0
        (3)
    Naka = Int((Ue + Shita) / 2)
    Do While Shita <= Ue
        If        (4)        Then
            If atai < SCod(Naka) Then
                    (5)
            Else
                解答不要
            End If
        Else
            Exit Do
        End If
        Naka = Int((Ue + Shita) / 2)
    Loop
    If Shita <= Ue Then
        MsgBox (SMei(Naka))
    Else
        MsgBox ("商品エラー")
    End If
End Sub
```

解答群

ア．SCod(Naka) <> atai

イ．Ue = Naka − 1

ウ．Ue = n − 1

エ．SCod(Ue) <> atai

オ．Shita = Naka + 1

カ．Ue = n + 1

【5】　流れ図の説明を読んで，流れ図の⑴～⑸にあてはまる答えを解答群から選び，記号で答えなさい。
　＜流れ図の説明＞
処理内容
　　あるコンビニエンスストアの24時間（7時台～翌日6時台）の販売データを読み，時間帯別商品販売一覧表をディスプレイに表示する。
入力データ

日付 (Hiduke) ××××	時刻 (Jikoku) ××××	販売種類 (Shu) ×	金額 (Kin) ××××

（第1図）

実行結果

```
（時間帯別商品販売一覧表）
（時間帯）　（弁当）　（おにぎり）　～　（その他）　（合計）　（日配物割合(%)）
 7時台      1,517      579       ～   1,956     6,999      29.9
 8時台      2,239    1,332       ～     870     5,709      62.6
 9時台      1,453    3,564       ～   1,534     8,888      56.4
  ～          ～        ～       ～     ～         ～        ～
18時台        490    1,445       ～     435     4,337      44.6
  ～          ～        ～       ～     ～         ～        ～
 6時台      1,546    3,368       ～     264     8,679      56.6
（昼　計）  17,825   20,317      ～  14,555    80,032      47.7
（夜　計）  17,706   25,803      ～  24,353   114,543      38.0
（昼夜比(%)）  1.0      0.8       ～     0.6       0.7
```

（第2図）

処理条件
1．第1図のデータは，日付，時刻の昇順に記録されている。なお，販売種類は 1（弁当）～ 5（その他）であり，すべての時間帯ですべての販売種類のデータがある。また，時刻は次の例のように構成されている。
　　例　0814　→　8 時 14 分
2．第1図の入力データを読み，時間帯が変わるごとに次の処理を行う。
・　配列 Hkei に販売種類別の金額合計を求める。なお，Hkei の添字は販売種類と対応している。また，Hkei(6)には全種類の合計を求める。
配列

Hkei	(0)	(1)	(2)	～	(5)	(6)
		（弁当）	（おにぎり）	～	（その他）	（合計）

・　日配物割合（%）を次の計算式で求め，第2図のように表示する。
　　日配物割合（%）＝（弁当 ＋ おにぎり）× 100 ÷ 合計
・　配列 HiYo の 0 行目に 7 時台～ 18 時台の 12 時間分の金額計を販売種類ごとに昼計として求め，1 行目に 19 時台～ 6 時台の 12 時間分の金額計を販売種類ごとに夜計として求める。なお，HiYo の列方向の添字は配列 Hkei の添字と対応している。
配列

HiYo	(0)	(1)	(2)	～	(5)	(6)	
(0)				～			（昼計）
(1)				～			（夜計）

3．入力データが終了したら昼計，夜計，昼夜比（%）を第2図のように表示する。なお，昼夜比は配列 Tyu に次の計算式で求める。また Tyu の添字は配列 Hkei の添字と対応している。
　　昼夜比 ＝ 昼計 ÷ 夜計
配列

Tyu	(0)	(1)	(2)	～	(5)	(6)

4．データにエラーはないものとする。

　解答群
ア．a は 1 から 1 ずつ増やして a ≦ 6 の間　　カ．Wari を表示
イ．Ji ≦ 7 かつ Ji ≧ 18　　キ．sw = 0 かつ Ji = Shu の間
ウ．Ji を表示　　ク．Ji ≧ 7 かつ Ji ≦ 18
エ．Work を表示　　ケ．Tyu(b) を表示
オ．a は 0 から 1 ずつ増やして a ≦ 1 の間　　コ．sw = 0 かつ Ji = Work の間

＜流れ図＞

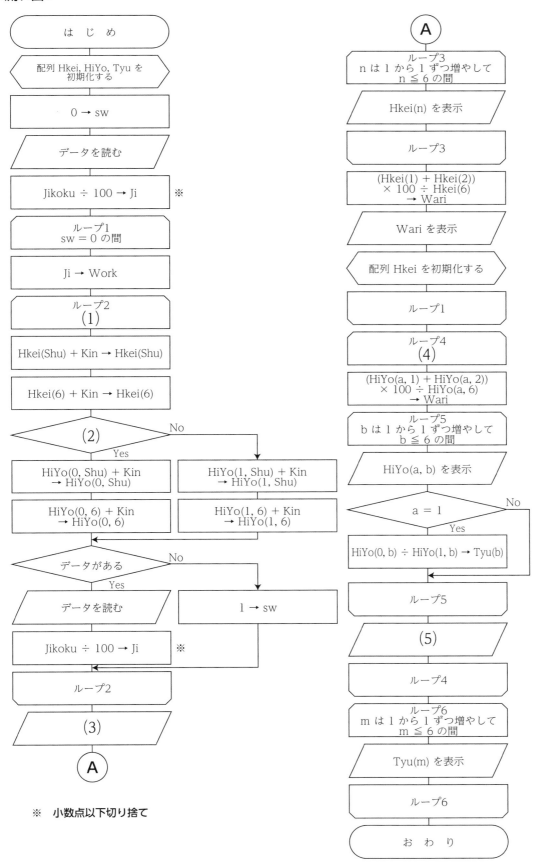

はじめ

配列 Hkei, HiYo, Tyu を
初期化する

0 → sw

データを読む

Jikoku ÷ 100 → Ji　　※

ループ1
sw = 0 の間

Ji → Work

ループ2
(1)

Hkei(Shu) + Kin → Hkei(Shu)

Hkei(6) + Kin → Hkei(6)

(2)　No

Yes

HiYo(0, Shu) + Kin
→ HiYo(0, Shu)

HiYo(1, Shu) + Kin
→ HiYo(1, Shu)

HiYo(0, 6) + Kin
→ HiYo(0, 6)

HiYo(1, 6) + Kin
→ HiYo(1, 6)

データがある　No

Yes

データを読む

1 → sw

Jikoku ÷ 100 → Ji　　※

ループ2

(3)

A

※　小数点以下切り捨て

A

ループ3
n は 1 から 1 ずつ増やして
n ≦ 6 の間

Hkei(n) を表示

ループ3

(Hkei(1) + Hkei(2))
× 100 ÷ Hkei(6)
→ Wari

Wari を表示

配列 Hkei を初期化する

ループ1

ループ4
(4)

(HiYo(a, 1) + HiYo(a, 2))
× 100 ÷ HiYo(a, 6)
→ Wari

ループ5
b は 1 から 1 ずつ増やして
b ≦ 6 の間

HiYo(a, b) を表示

a = 1　No

Yes

HiYo(0, b) ÷ HiYo(1, b) → Tyu(b)

ループ5

(5)

ループ4

ループ6
m は 1 から 1 ずつ増やして
m ≦ 6 の間

Tyu(m) を表示

ループ6

おわり

【6】 流れ図の説明を読んで，流れ図の(1)～(5)にあてはまる答えを解答群から選び，記号で答えなさい。

<流れ図の説明>

処理内容

　ある惣菜店の売上データを読み，売上金額 70 ％以内商品一覧表をディスプレイに表示する。

入力データ

日付 (Hi) ××××	時間帯番号 (Jban) ×	商品番号 (Sban) ××	数量 (Su) ×××

（第1図）

実行結果

（売上金額70%以内商品一覧表）			
9時～11時	12時～14時	15時～17時	18時～20時
おにぎり　8,514	唐揚弁当　34,452	焼き鳥　99,330	焼肉弁当　43,384
～		～	～
お茶　4,290	やきそば　24,288	天ぷら　53,625	カレー　28,710
コーヒー　3,795		コロッケ　20,636	
		サラダ　21,736	

（第2図）

処理条件

1．第1図の時間帯番号は 1（9時～11時）～ 4（18時～20時），商品番号は 1 ～ 20 である。なお，各時間帯 1 件以上の売上があるものとする。

2．配列 Jtai に時間帯を記憶する。なお，Jtai の添字は時間帯番号と対応している。

配列

Jtai	(0)	(1)	(2)	(3)	(4)
		9時～11時	12時～14時	15時～17時	18時～20時

3．配列 Smei に商品名を，配列 Stan に商品単価を記憶する。また，配列 Soe に 1 ～ 20 の値を記憶する。なお，Soe の行方向の添字と Smei，Stan の添字は商品番号と対応し，Soe の列方向の添字は時間帯番号と対応している。

配列

Soe	(0)	(1)	(2)	(3)	(4)
(0)					
(1)					
～	～	～	～	～	～
(20)					

Smei			Stan	
(0)			(0)	
(1)	おにぎり		(1)	180
～	～		～	～
(20)	お茶		(20)	150

4．第1図の入力データを読み，次の処理を行う。

・　配列 Uri に売上金額を集計する。なお，21 行目には合計を求める。また，Uri と配列 Soe の添字は対応している。

　　売上金額 ＝ 数量 × 商品単価

配列

Uri	(0)	(1)	(2)	(3)	(4)
(0)					
(1)					
～	～	～	～	～	～
(20)					
(21)					（合計）

5．入力データが終了したら，時間帯ごとに次の処理を行う。

・　配列 Soe，Uri を売上金額の降順に並べ替えながら，合計に対する割合を求め，割合の累計を配列 Rk に求める。なお。Rk の添字は時間帯番号と対応している。

配列

Rk	(0)	(1)	(2)	(3)	(4)

・　配列 Sw の添字は時間帯番号と対応しており，割合の累計が 70 ％を超えた場合は，Sw の該当する時間帯番号に 1 を記憶し，Sw(0) に 1 を加算する。

配列

Sw	(0)	(1)	(2)	(3)	(4)

・　第2図のように割合の累計が 70 ％以内の商品名と売上金額を売上金額の降順に表示する。なお，売上金額に同じ値はないものとする。

6．データにエラーはないものとする。

解答群

ア．Smei(Soe(p, r))
イ．g → Soe(n, g)
ウ．Uri(Sban, Jban) ＋ Kin → Uri(Sban, Jban)
エ．s は 20 から 1 ずつ減らして s ≧ p
オ．g → Soe(g, n)
カ．Sw(r) ＝ 0
キ．Uri(Stan(Sban), Jban) ＋ Kin → Uri(Stan(Sban), Jban)
ク．Sw(r) ≠ 0
ケ．Soe(p, r)
コ．s は 20 から 1 ずつ減らして s ≧ p ＋ 1

＜流れ図＞

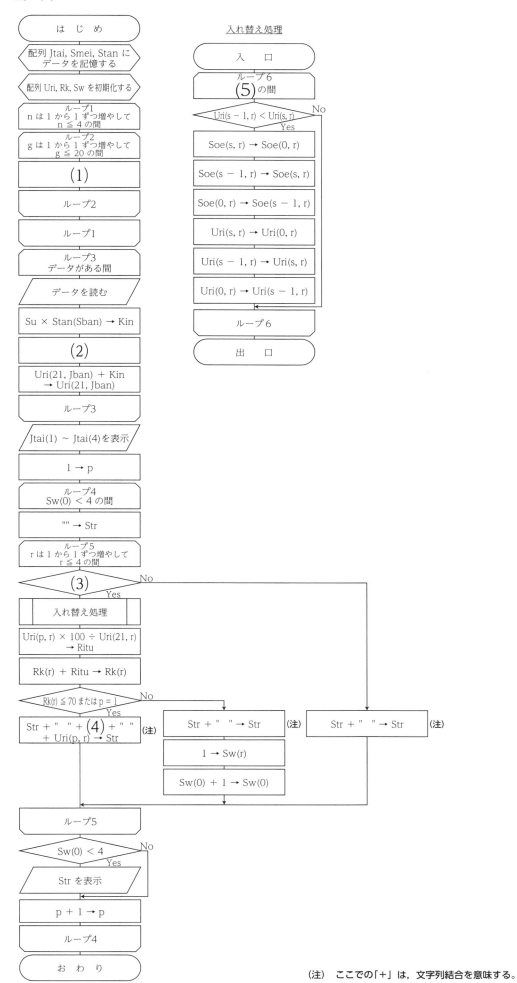

（注）　ここでの「＋」は，文字列結合を意味する。

【7】　流れ図の説明を読んで，流れ図の⑴～⑸にあてはまる答えを解答群から選び，記号で答えなさい。

＜流れ図の説明＞

処理内容

　ある県におけるコンビニエンスストア店舗データを読み，市町村別集計結果をディスプレイに表示する。

入力データ

コンビニコード (Ccode) ×××	市町村コード (Scode) ××	店舗数 (Tsu) ×××	売上金額 (Ukin) ×〜×

（第1図）

実行結果

```
(市町村別集計結果)
(市町村名) (合計店舗数) (1店舗あたり売上金額)            (コンビニ名：店舗数)
  ○○市       189          569,845     ファイブテン：69 ほか12社：120
  □□市       123          491,732     ファイブテン：40 フレンズショップ：40 ほか8社：43
   〜          〜             〜                        〜
  ××市        70          372,102     フレンズショップ：29 ほか6社：41
  △△市        56          415,561     フレッシュマート：26 ほか7社：30
```

（第2図）

処理条件

1．配列 Ccd にコンビニコードを，配列 Cmei にコンビニ名を，コンビニコードの昇順に記憶する。なお，コンビニは 20 社以下であり，Ccd と Cmei の添字は対応している。

　　配列

	Ccd			Cmei
(0)	101		(0)	ファイブテン
〜	〜		〜	〜
(10)	250		(10)	フレンズストア
〜	〜		〜	〜
(19)			(19)	

2．配列 Smei に市町村名を記憶する。なお，Smei の添字は市町村コードと対応している。

　　配列

Smei

(0)	(1)	(2)	〜	(69)	(70)
	○○市	□□市	〜	××市	△△市

3．第1図の入力データを読み，次の処理を行う。

　・　コンビニコードをもとに配列 Ccd を探索し，配列 Tsyu に店舗数を記憶する。なお，20 行目には合計店舗数を求める。また，Tsyu の行方向の添字は Ccd の添字と，列方向の添字は市町村コードと対応している。

　　配列

Tsyu

	(0)	(1)	(2)	〜	(69)	(70)	
(0)				〜			
〜	〜	〜	〜	〜	〜	〜	
(19)				〜			
(20)				〜			(合計店舗数)
(21)				〜			(最大店舗数)

　・　配列 Usyu に売上金額を集計する。なお，Usyu の添字は市町村コードと対応している。

　　配列

Usyu

(0)	(1)	(2)	〜	(69)	(70)
			〜		

4．入力データが終了したら，市町村ごとに配列 Tsyu の 21 行目に最大店舗数を求める。さらに，1 店舗当たり売上金額を求め，第2図のように表示する。なお，コンビニ：店舗数は，最大店舗数のすべてのコンビニ名と店舗数および，そのほかのコンビニ数と店舗数を表示する。

5．データにエラーはないものとする。

＜流れ図＞

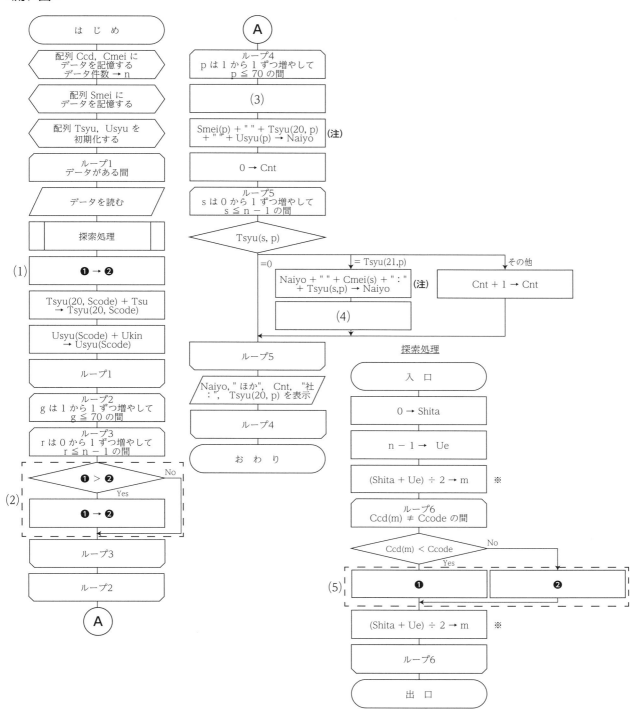

※　小数点以下切り捨て
(注)　ここでの「+」は，文字列結合を意味する。

解答群

ア. 0

イ. 1

ウ. Ccode

エ. m − 1 → Shita

オ. m − 1 → Ue

カ. m + 1 → Shita

キ. m + 1 → Ue

ク. Scode

ケ. Tsu

コ. Tsyu(20, p) − Tsyu(s, p) → Tsyu(20, p)

サ. Tsyu(20, p) ÷ Tsyu(21, p) → Usyu(p)

シ. Tsyu(20, p) ÷ Usyu(p) → Usyu(p)

ス. Tsyu(21, g)

セ. Tsyu(Ccode, Scode)

ソ. Tsyu(Ccode, g)

タ. Tsyu(g, r)

チ. Tsyu(m, Scode)

ツ. Tsyu(r, g)

テ. Tsyu(s, p) − Tsyu(20, p) → Tsyu(20, p)

ト. Usyu(p) ÷ Tsyu(20, p) → Usyu(p)

第6回 模擬問題

制限時間：60分　解答 ➡ P.30

【1】　次の説明文に最も適した答えを解答群から選び，記号で答えなさい。

1．OSI参照モデルのネットワーク層において，ネットワーク上の機器が通信相手を識別するための番号。

2．公開鍵の正当性を確認することができる，デジタル証明書を発行する機関。

3．システムの構成要素の品質を高めることで，故障や障害を回避する設計思想。

4．データ間の階層的な関係を表現する際に用いられるデータ構造で，上位階層から下位階層にかけて枝分かれした状態でデータが配置される。

5．システム開発において，プログラミング言語を用いてソースコードを記述し，コンパイル，テストランを行う工程。

```
── 解答群 ──
ア．ネットワークアドレス     イ．ゲートウェイ        ウ．木構造
エ．プログラミング          オ．リスト              カ．NAT
キ．MIME                    ク．IPアドレス          ケ．プログラム設計
コ．フォールトトレラント     サ．認証局              シ．フォールトアボイダンス
```

【2】　次のA群の語句に最も関係の深い説明文をB群から選び，記号で答えなさい。

＜A群＞　1．カプセル化　　　2．運用・保守　　　3．ポート番号
　　　　　4．ホワイトボックステスト　　5．レスポンスタイム

＜B群＞
ア．ネットワーク上の通信機器が，プロトコルや対象プログラムを識別するための番号。

イ．システムの内部構造に着目し，意図した通りにシステムが動作するかを確認するテスト。

ウ．システムに処理を要求してから，すべての実行結果の出力が終わるまでの時間。

エ．システムの内部構造は考慮せず，システムが仕様のとおり動作するかを確認するテスト。

オ．システムが安定して稼働するように管理したり，システムの不具合を修正したりする工程。

カ．オブジェクト指向プログラミングにおいて，クラスの定義に基づいて生成された実体。

キ．システムに対する処理要求が完了してから，実行結果の出力が始まるまでの時間。

ク．システム開発において，設計書のとおりに動作するかを確認したり，クライアントからの要求を満たしているかを確認したりする工程。

ケ．オブジェクト指向プログラミングにおいて，データとそのデータに対する手続きをひとつにまとめること。

コ．OSI参照モデルのデータリンク層において，ネットワーク上の機器が通信相手を識別するための番号。

【3】　次の説明文に最も適した答えをア，イ，ウの中から選び，記号で答えなさい。なお，5．については数値を答えなさい。

1．2の補数で表された負数 10011010 の絶対値はどれか。

　　　　ア．10011011　　　　　　**イ**．01100101　　　　　　**ウ**．01100110

2．システム開発において，システムに対してクライアントが期待することをヒアリングし，システム化する機能を検討し，設計を行う工程。

　　　　ア．要件定義　　　　　　**イ**．外部設計　　　　　　**ウ**．内部設計

3．先に格納されたデータが先に取り出されるデータ構造。

　　　　ア．スタック　　　　　　**イ**．キュー　　　　　　**ウ**．スタブ

4．システムに大量のデータやアクセスを処理させることで，システムの性能や耐久性などを計測するためのテスト。

　　　　ア．ボトムアップテスト　　　**イ**．回帰テスト　　　　　**ウ**．負荷テスト

5．200Mbpsの通信回線を使用して，1.6GBのデータを転送するのに必要な時間は何秒か。ただし，1GB＝10^9Bとする。なお，伝送効率は40％とし，その他の外部要因は考えないものとする。

【4】　次の各問いに答えなさい。

問１．プログラムの説明を読んで，プログラムの⑴～⑶にあてはまる答えを解答群から選び，記号で答えなさい。

＜プログラムの説明＞

処理内容

　引数で渡された配列に記憶されている数値を並べ替えてディスプレイに表示する。

処理条件

１．配列 Ban にはデータが記憶されている。なお，データ件数は n に記憶されている。

　配列

Ban	(0)	(1)	～	(n − 2)	(n − 1)
	513	107	～	515	403

２．配列 Ban の数値を昇順に並べ替える。

３．並べ替えが終わったら，配列 Ban の内容を表示する。

＜プログラム＞

```
Sub Program1(Ban() As Long, n As Long)
    Dim h As Long
    Dim tmp As Long
    Dim j As Long
    Dim k As Long
    For h = 1 To n - 1
            (1)
        For j = h - 1 To 0 Step -1
            If Ban(j) < tmp Then
                Exit For
            End If
            Ban(j + 1) = Ban(j)
        Next j
        If        (2)        Then
            Ban(j + 1) = tmp
        End If
    Next h
    For        (3)
        MsgBox (Ban(k))
    Next k
End Sub
```

解答群

ア．j <> h + 1

イ．tmp = Ban(h + 1)

ウ．k = 0 To n - 1

エ．tmp = Ban(h)

オ．j <> h - 1

カ．k = 1 To n - 1

問2. プログラムの説明を読んで，プログラムの⑷〜⑸にあてはまる答えを解答群から選び，記号で答えなさい。

＜プログラムの説明＞

処理内容

引数で渡された配列に記憶されている文字列を探索してメッセージをディスプレイに表示する。

処理条件

1. 配列 Fruits にはデータが昇順で記憶されている。なお，データ件数は n に記憶されており，同じ文字列はないものとする。

配列

```
Fruits   (0)     (1)       ～    (n - 2)(n - 1)
       │Apple│Banana│  ～  │Muscat│Peach│
```

2. キーボードから入力した文字列をもとに配列 Fruits を探索し，見つかった場合は 該当データあり を，見つからなかった場合は 該当データなし を表示する。

＜プログラム＞

```
Sub Program2(Fruits() As String, n As Long)
    Dim Dat As String
    Dim Ka As Long
    Dim Jo As Long
    Dim Tyu As Long
    Dat = InputBox("データを入力して下さい")
        │      (4)      │
    Jo = n - 1
    Tyu = Int((Ka + Jo) / 2)
    Do While Fruits(Tyu) <> Dat
        If │      (5)      │ Then
            Ka = Tyu + 1
        Else
            Jo = Tyu - 1
        End If
        Tyu = Int((Ka + Jo) / 2)
        If Ka > Jo Then
            Exit Do
        End If
    Loop
    If Ka <= Jo Then
        MsgBox ("該当データあり")
    Else
        MsgBox ("該当データなし")
    End If
End Sub
```

```
───── 解答群 ─────
ア．Ka = 0
イ．Fruits(Tyu) < Dat
ウ．Ka = 1
エ．Fruits(Tyu) > Dat
```

【5】　流れ図の説明を読んで，流れ図の(1)～(5)にあてはまる答えを解答群から選び，記号で答えなさい。

＜流れ図の説明＞

処理内容

　ある衣料品スーパーマーケットの1年分の商品データを読み，商品在庫状況一覧をディスプレイに表示する。

入力データ

商品番号 (Pban) ×××××	商品名 (Pmei) ×～×	期首在庫数 (Szai) ×××	当期仕入数 (Ssuu) ×××	期末在庫数 (Mzai) ×××

（第1図）

実行結果

```
                        （商品在庫状況一覧）
（カテゴリ）（サブカテゴリ）（商　品　名）（当期売上数）（平均在庫数）（商品回転率）（備考）
レディース
            トップス
                    ブラウスA        386        29      13.3回    ◎
                      ～                          ～        ～
                    ワンピースB      154        17       9.1回    ×
                            （合計）  1,008
                ～
  ～
その他
            寝具
                    枕カバーA        134        17       7.9回    ×
                      ～                          ～        ～        ～
                    布団カバーB      146        12      12.2回    ○
                            （合計）    943
        ～
```

（第2図）

処理条件

1．第1図の入力データは，商品番号の昇順に記録されている。なお，商品番号は次の例のように構成されており，カテゴリ番号は 1～4，サブカテゴリ番号は 1～16 である。

　　例　41505　→　　　4　　　　　15　　　　　05
　　　　　　　　　カテゴリ番号　サブカテゴリ番号　連番

2．配列 Cmei にカテゴリ名を，配列 Smei にサブカテゴリ名を記憶する。なお，Cmei の添字はカテゴリ番号と対応し，Smei の添字はサブカテゴリ番号と対応している。

配列

Cmei	(0)	(1)	(2)	(3)	(4)
		レディース	メンズ	キッズ	その他

Smei	(0)	(1)	(2)	～	(15)	(16)
		トップス	ボトムス	～	寝具	雑貨

3．第1図の入力データを読み，次の処理を行う。

　・　カテゴリがかわるごとにカテゴリ名を，サブカテゴリがかわるごとにサブカテゴリ名を表示する。

　・　当期売上数と平均在庫数，商品回転率を次の式で求める。

　　当期売上数 ＝ 期首在庫数 ＋ 当期仕入数 － 期末在庫数
　　平均在庫数 ＝ （期首在庫数 ＋ 期末在庫数）÷ 2
　　商品回転率 ＝ 当期売上数 ÷ 平均在庫数

　・　商品名から備考までを第2図のように表示する。なお，備考は，商品回転率が13回以上の場合は ◎ を，10回以上の場合は ○ を，10回未満の場合は × を表示する。

4．データにエラーはないものとする。

```
┌─ 解答群 ─
│ ア．Stmp → Sban
│ イ．Cban ＝ Ctmp
│ ウ．Kritu ≧ 10
│ エ．Cmei(Pban)
│ オ．Kritu ＜ 10
│ カ．Mzai ＋ Ssuu － Szai → Usuu
│ キ．Cmei(Cban)
│ ク．Cban ≠ Ctmp
│ ケ．Sban → Stmp
│ コ．Szai ＋ Ssuu － Mzai → Usuu
```

\<流れ図\>

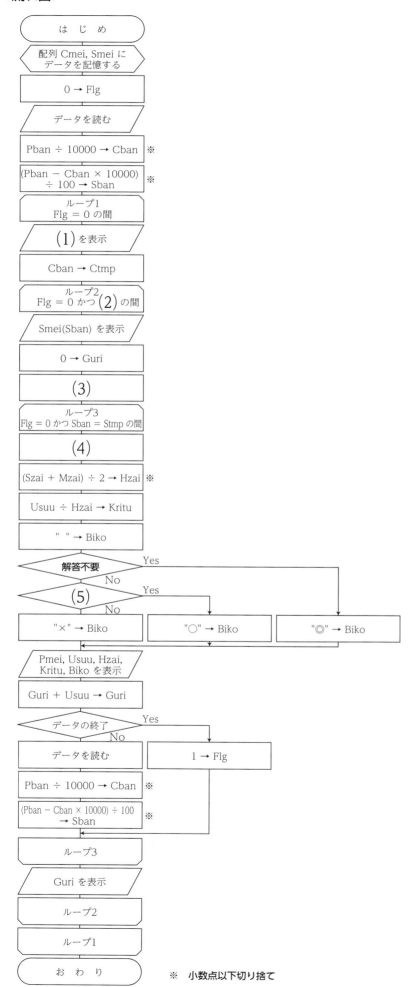

※　小数点以下切り捨て

【6】 流れ図の説明を読んで，流れ図の⑴〜⑸にあてはまる答えを解答群から選び，記号で答えなさい。

＜流れ図の説明＞

処理内容

　米・雑穀販売店の 1 年分の販売データを読み，米・雑穀販売状況一覧をディスプレイに表示する。

入力データ

伝票コード (Dcod) ×〜×	顧客コード (Kcod) ××××	商品コード (Scod) ××	数量(kg) (Sryo) ×〜×

（第1図）

実行結果

```
                    (米・雑穀販売状況一覧)
  (商品名)     (販売金額合計)   (最大販売数量)   (最大販売金額)
ミルキーキング    7,209,120円       184kg          156,400円
                              (該当顧客番号)
                                  B2005

        〜
  (商品名)     (販売金額合計)   (最大販売数量)   (最大販売金額)
健康玄米          826,000円        30kg           16,500円
                              (該当顧客番号)
                                  B2197
                                  B2134
                                  B2144
        〜
```

（第2図）

処理条件

1．第1図の商品コードは 1〜10 である。なお，すべての商品の販売データがある。また，顧客コードの件数は 500 件以下である。

2．配列 Smei に商品名を，配列 Stan に単価を記憶する。なお，Smei ，Stan の添字は商品コードと対応している。

配列

	Smei			Stan	
(0)			(0)		
(1)	ゆめひかり		(1)	850	
〜	〜		〜	〜	
(9)	五穀米		(9)	2450	
(10)	十穀米		(10)	2730	

3．第1図の入力データを読み，顧客コードをもとに配列 HKcod を探索し，次の処理を行う。

・　顧客コードが見つからなかった場合，HKcod に顧客コードを追加する。

・　配列 HSryo に顧客ごとの販売数量を，配列 Hkin に全顧客の販売金額合計を求める。また，HSryo の行方向の添字と Hkin の添字は商品コードと対応し，HKcod の添字と HSryo の列方向の添字は対応している。

配列

HKcod	(0)	(1)	(2)	〜	(499)	(500)
				〜		

HSryo	(0)	(1)	(2)	〜	(499)	(500)
(0)				〜		
(1)				〜		
〜	〜	〜	〜	〜	〜	〜
(10)				〜		

（最大）

Hkin	
(0)	
(1)	
〜	〜
(10)	

（合計）

4．入力データが終了したら，次の処理を行う。

・　商品ごとに最大販売数量を求める。

・　商品ごとの販売金額合計の降順に並べ替える。

・　商品ごとに商品名から最大販売金額，最大販売数量に該当する顧客番号を第2図のように表示する。

5．データにエラーはないものとする。

解答群

ア．HSryo(h, g) ＞ HSryo(h, 0)
イ．h は 1 から 1 ずつ増やして h ≦ Cnt
ウ．Hkin(h) → Tmp
エ．HSryo(Scod, Cnt) + Sryo → HSryo(Scod, Cnt)
オ．HSryo(Tmp, k) → HSryo(h, k)

カ．HSryo(h, k) → HSryo(Tmp, k)
キ．HSryo(Scod, g) + Sryo → HSryo(Scod, g)
ク．h は 1 から 1 ずつ増やして h ≦ 10
ケ．h → Tmp
コ．HSryo(h, g) ＜ HSryo(h, 0)

＜流れ図＞

最大と並替処理

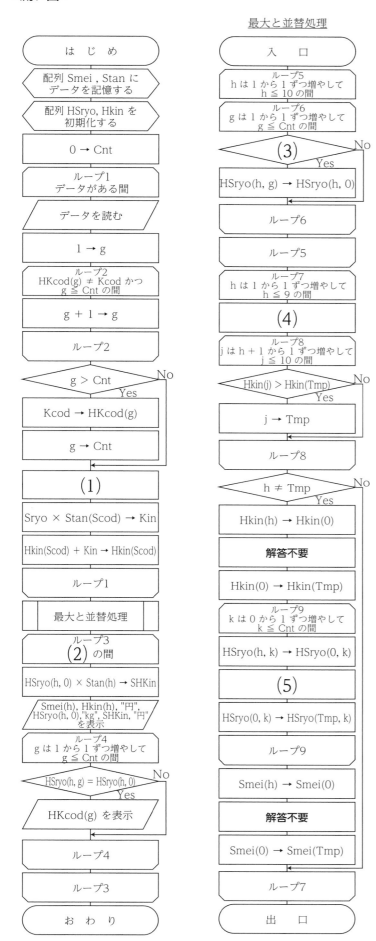

は　じ　め	**入　口**
配列 Smei , Stan にデータを記憶する	ループ5 h は 1 から 1 ずつ増やして h ≦ 10 の間
配列 HSryo, Hkin を初期化する	ループ6 g は 1 から 1 ずつ増やして g ≦ Cnt の間
0 → Cnt	(3)　No／Yes
ループ1 データがある間	HSryo(h, g) → HSryo(h, 0)
データを読む	ループ6
1 → g	ループ5
ループ2 HKcod(g) ≠ Kcod かつ g ≦ Cnt の間	ループ7 h は 1 から 1 ずつ増やして h ≦ 9 の間
g + 1 → g	(4)
ループ2	ループ8 j は h + 1 から 1 ずつ増やして j ≦ 10 の間
g > Cnt　No／Yes	Hkin(j) > Hkin(Tmp)　No／Yes
Kcod → HKcod(g)	j → Tmp
g → Cnt	ループ8
(1)	h ≠ Tmp　No／Yes
Sryo × Stan(Scod) → Kin	Hkin(h) → Hkin(0)
Hkin(Scod) + Kin → Hkin(Scod)	解答不要
ループ1	Hkin(0) → Hkin(Tmp)
最大と並替処理	ループ9 k は 0 から 1 ずつ増やして k ≦ Cnt の間
ループ3 (2) の間	HSryo(h, k) → HSryo(0, k)
HSryo(h, 0) × Stan(h) → SHKin	(5)
Smei(h), Hkin(h), "円", HSryo(h, 0),"kg", SHKin, "円" を表示	HSryo(0, k) → HSryo(Tmp, k)
ループ4 g は 1 から 1 ずつ増やして g ≦ Cnt の間	ループ9
HSryo(h, g) = HSryo(h, 0)　No／Yes	Smei(h) → Smei(0)
HKcod(g) を表示	解答不要
ループ4	Smei(0) → Smei(Tmp)
ループ3	ループ7
お　わ　り	**出　口**

【7】　流れ図の説明を読んで，流れ図の⑴～⑸にあてはまる答えを解答群から選び，記号で答えなさい。

<流れ図の説明>

処理内容

　あるスマートフォンショップで実施したアンケートデータを読み，アンケート結果を表示する。

入力データ

機種コード (Kcod) ××	購入金額 (Ykin(0)) ××××××	満足度 (Ten(0,1)) ××	操作性 (Ten(0,2)) ××	画面 (Ten(0,3)) ××	電池 (Ten(0,4)) ××	カメラ (Ten(0,5)) ××	携帯性 (Ten(0,6)) ××	外観 (Ten(0,7)) ××

（第1図）

実行結果

```
　　　　　　　　　　（アンケート結果）
(機　　種　　名)(最安購入金額)(総合評価点)(総合順位)
Aqua Phone 4　　　28,315円　　　5.44点　　　4位
　　　　　　(項目名)　　　　(グラフ)　　　(評価点)(評価項目別順位)
　　　　　満足度　■■■■■□□□□　　5.53点　　　5位
　　　　　　　　　　　　　　～　　　　　　　　　　　～
　　　　　外　観　■■■■■■□□□　　6.07点　　　6位
　　～
(機　　種　　名)(最安購入金額)(総合評価点)(総合順位)
Aqua Phone 6　　 133,920円　　　3.77点　　　10位
　　　　　　(項目名)　　　　(グラフ)　　　(評価点)(評価項目別順位)
　　　　　満足度　■■■□□□□□□　　2.86点　　　9位
　　　　　　　　　　　　　　～　　　　　　　　　　　～
　　　　　外　観　■■■■■□□□□　　5.14点　　　10位
```

（第2図）

処理条件

1．第1図の機種コードは 1～10 である。なお，満足度から外観までは 1～10 の点数が記録されている。また，すべてのスマートフォンに対するアンケートデータがある。

2．配列 Kmei に機種名を，配列 Hmei に評価項目名を記憶する。なお，Kmei の添字と機種コードは対応している。

配列

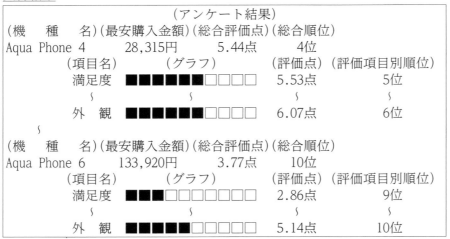

	Kmei
(0)	
(1)	Aqua Phone 4
～	～
(10)	Aqua Phone 6

Hmei	(0)	(1)	(2)	～	(6)	(7)
		満足度	操作性	～	携帯性	外　観

3．第1図のデータを読み，配列 Ykin に最安の購入金額を，配列 Ken にアンケート件数を，配列 Ten に満足度から外観の点数を集計する。なお，Ten の 0 列目に点数の合計を求める。また，Ykin ，Ken ，Ten の行方向の添字は機種コードと，Ten の列方向の添字は配列 Hmei の添字と対応している。

配列

	Ykin		Ken		Ten	(0)	(1)	(2)	～	(6)	(7)
(0)		(0)		(0)					～		
(1)		(1)		(1)					～		
～	～	～	～	～	～	～	～	～	～	～	～
(10)		(10)		(10)					～		
	（最安）		（件数）			（総合）	（満足度）	（操作性）	～	（携帯性）	（外観）

4．データを読み終えたあと，配列 Ten に平均点数を求め，配列 Jun を利用して Ten の評価項目ごとおよび総合の平均点数の降順に順位をつける。なお，平均点数が同じ場合は同順位とする。

配列

Jun	(0)	(1)	(2)	～	(6)	(7)
(0)				～		
(1)				～		
～	～	～	～	～	～	～
(10)				～		
	（総合）	（満足度）	（操作性）		（携帯性）	（外観）

5．第2図のように機種名から評価項目別順位までを表示する。なお，各評価の平均点数を小数点以下四捨五入した値の数だけ ■ を表示し，10から ■ の数を減じた数だけ □ を表示する。

＜流れ図＞

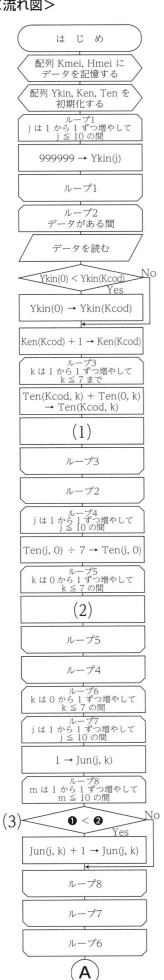

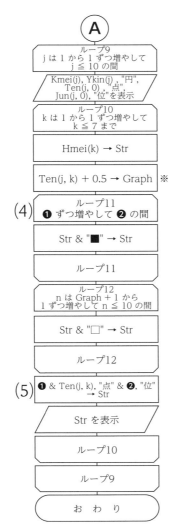

※　小数点以下切り捨て

---解答群---

ア. Jun(k, j)

イ. Ten(0, k) ÷ Ken(0) → Ten(0, k)

ウ. Graph + 1

エ. Ten(0, Kcod) + Ten(k, 0) → Ten(0, Kcod)

オ. m は 0 から 1

カ. m は 1 から 1

キ. Ten(j, k)

ク. Ten(k, m)

ケ. Graph

コ. Ten(Kcod, 0) + Ten(0, k) → Ten(Kcod, 0)

サ. Str

シ. Ten(k, j) ÷ Ken(k) → Ten(k, j)

ス. Ten(k, j)

セ. Ten(m, k)

ソ. Jun(j, k)

タ. Ten(Kcod, k) + Ten(0, k) → Ten(Kcod, k)

チ. m ≦ 10

ツ. m ≦ Graph

テ. Jun(Graph, k)

ト. Ten(j, k) ÷ Ken(j) → Ten(j, k)

第7回 模擬問題　制限時間：60分　解答 ➡ P.34

【1】　次の説明文に最も適した答えを解答群から選び，記号で答えなさい。

1．システム性能の評価指標の一つで，システムが継続して稼働することができる能力を表すもの。稼働率が用いられる。

2．システムが適切に処理できるデータ量の限界や，大量のデータを処理する際にかかる負担に耐えられるか確認するテスト。

3．RAIDOがもつ機能で，データをブロック単位に分け複数のハードディスクに分散して保存する技術。読み書き速度が向上するが信頼性が低下する。

4．システムの利用者が誤った操作をする可能性があることを想定し，誤った操作をしてもシステムに重大な障害が起きないようにする設計思想。

5．クライアント端末には必要最小限の機能しか持たせず，サーバに保存されたデータやソフトウェアを提供してもらい利用するシステム形態。

```
─── 解答群 ───
ア．ストライピング        イ．インシデント        ウ．機能テスト
エ．可用性              オ．フェールソフト      カ．ミラーリング
キ．フェールセーフ        ク．負荷テスト          ケ．保守性
コ．シンクライアント      サ．フールプルーフ      シ．性能テスト
```

【2】　次のA群の語句に最も関係の深い説明文をB群から選び，記号で答えなさい。

<A群>　1．DNS　　　　2．トップダウンテスト　　　3．プロトタイピングモデル
　　　　4．アクセスログ　　5．結合テスト

<B群>

ア．システムが稼働中に起きた出来事を記録したもの。何らかの障害の発生状況やエラー情報などが記録され，システムの改善に役立てる。

イ．試作品を顧客に提示し，システムに対する要求を確認してから開発を始めるシステム開発モデル。

ウ．ドメイン名とIPアドレスを相互に変換するシステム。

エ．全てのモジュールを連結してシステム全体として想定した動作が正しく行えるか確認するテスト。

オ．スタブと呼ばれるテスト用の下位モジュールを利用し，上位モジュールから順にテストを行う手法。

カ．モジュール単体での動作確認が完了したモジュール同士が正しく連携して処理することができるか確認するテスト。

キ．基本設計からテストまでの工程を後戻りすることなく進めていくシステム開発モデル。大規模なシステム開発に向いている。

ク．ドライバと呼ばれるテスト用の上位モジュールを利用し，下位モジュールから順にテストを行う手法。

ケ．システム利用者のログイン情報や操作履歴，外部システムからの処理要求などを時系列に記録したもの。

コ．ネットワークに接続されるコンピュータに対して，IPアドレスを自動的に割り当てるプロトコル。

【3】　次の説明文に最も適した答えをア，イ，ウの中から選び，記号で答えなさい。なお，５．について
は数値を答えなさい。

1．8ビットの2進数 01101001 と 00110101 がある。この２つの数値の和を16進数で表したもの。

　　　　　ア．158　　　　　　　　　　　　**イ**．A8　　　　　　　　　　　**ウ**．9E

2．コンピュータにおいて，数値を，符号部，整数部，小数部の順に並べ，小数点の位置があらかじ
　　め定められている実数の形式。

　　　　　ア．固定小数点形式　　　　　　**イ**．浮動小数点形式　　　　**ウ**．2進化10進数

3．公開鍵暗号方式を応用した認証方式で，なりすましや改ざんなどがなく，送信者の真正性を確保
　　するためのしくみ。

　　　　　ア．認証局　　　　　　　　　　**イ**．SSL/TLS　　　　　　　**ウ**．デジタル署名

4．HTMLで作成されたデータを暗号化せずにブラウザとWebサーバの間で送受信するためのプロトコ
　　ル。

　　　　　ア．HTTP　　　　　　　　　　　**イ**．HTTPS　　　　　　　　**ウ**．SMTP

5．400KB/トラック，50トラック/シリンダ，シリンダ数25,000の磁気ディスク装置の記憶容量は何
　　GBか。ただし，1KB ＝ 10^3B，1GB ＝ 10^9Bとする。

【4】 次の各問いに答えなさい。

問1．プログラムの説明を読んで，プログラムの(1)～(3)にあてはまる答えを解答群から選び，記号で答えなさい。

＜プログラムの説明＞

処理内容

　引数で渡された配列に記憶されている数値を並べ替えてディスプレイに表示する。

処理条件

1．配列 Su にはデータが記憶されている。なお，データ件数は n に記憶されている。

　配列

Su	(0)	(1)	～	(n - 1)	(n)
		30	～	60	28

2．配列 Su の数値を昇順に並べ替える。

3．並べ替えが終わったら，配列 Su の内容を表示する。

＜プログラム＞

```
Sub Program1(Su() As Long, n As Long)
    Dim g As Long
    Dim h As Long
    Dim Min As Long
    For g = 1 To n - 1
        Min = g
        For h = g + 1 To n
            If        (1)        Then
                Min = h
            End If
        Next h
        If       (2)        Then
            Su(0) = Su(g)
                 (3)
            Su(Min) = Su(0)
        End If
    Next g
    For h = 1 To n
        MsgBox (Su(h))
    Next h
End Sub
```

```
─ 解答群 ─
ア．Su(Min) < Su(h)
イ．Min <> g
ウ．Su(g) = Su(Min)
エ．Su(Min) = Su(g)
オ．Su(Min) > Su(h)
カ．Min = g
```

問2．プログラムの説明を読んで，プログラムの⑷〜⑸にあてはまる答えを解答群から選び，記号で
答えなさい。

＜プログラムの説明＞

処理内容

　引数で渡された配列に記憶されている数値に順位をつけて表示する。

処理条件

１．配列 Ten にはデータが記憶されている。なお，データ件数は n に記憶されている。

　配列

Ten	(0)	(1)	〜	(n－1)	(n)
		6	〜	98	48

２．配列 Jun を使って配列 Ten のデータの降順に順位をつける。

　配列

Jun	(0)	(1)	〜	(n－1)	(n)

３．順位付けが終わったら，配列 Ten と配列 Jun の内容を表示する。

＜プログラム＞

```
Sub Program2(Ten() As Long, n As Long)
    Dim Jun(50) As Long
    Dim k As Long
    Dim p As Long
    Dim r As Long
    For k = 1 To n
            (4)
    Next k
    For p = 1 To n - 1
        For r = p + 1 To n
            If       (5)       Then
                Jun(p) = Jun(p) + 1
            ElseIf    解答不要    Then
                Jun(r) = Jun(r) + 1
            End If
        Next r
    Next p
    For k = 1 To n
        MsgBox (Ten(k) & "点:" & Jun(k) & "位")
    Next k
End Sub
```

解答群

ア．Jun(k) = 1

イ．Ten(p) < Ten(r)

ウ．Jun(k) = 0

エ．Ten(p) > Ten(r)

【5】 流れ図の説明を読んで，流れ図の(1)～(5)にあてはまる答えを解答群から選び，記号で答えなさい。

＜流れ図の説明＞

処理内容

　ある企業の売上データを読み，地方別・都道府県別の売上一覧をディスプレイに表示する。

入力データ

販売コード (Hcode) ×××	売上金額 (Hkin) ××～××

（第1図）

実行結果

（地方別・都道府県別の売上一覧）	
（都道府県）	（売上金額）
北海道	4,012,919
北海道地方	4,012,919
～	～
青森県	1,490,308
岩手県	4,362,527
～	～
沖縄県	6,210,576
九州・沖縄地方	30,572,900

（第2図）

処理条件

1．第1図のデータは，販売コードの昇順に記録されている。なお，販売コードは次のように構成されている。

　　例　207　→　　　　2　　　　　　07
　　　　　　　　　　地方コード　都道府県コード

2．配列 Emei に地方名を，配列 Tmei に都道府県名を記憶する。なお，Emei の添字は地方コードと対応し，Tmei の添字は都道府県コードと対応している。

配列

	Emei
(0)	
(1)	北海道地方
～	～
(8)	九州・沖縄地方

	Tmei
(0)	
(1)	北海道
～	～
(47)	沖縄県

3．第1図の入力データを読み，次の処理を行う。

・　都道府県名，地方名ごとに売上金額を求める。

・　都道府県コード，地方コードが変わるごとに都道府県名，地方名，売上金額を第2図のように表示する。

4．データにエラーはないものとする。

解答群

　ア．Emei(Eban)，Ekei

　イ．Emei(Ehoz)，Ekei

　ウ．Eban → Ehoz

　エ．Hcode → Ehoz

　オ．Thoz ≠ Tban

　カ．Thoz ＝ Tban

　キ．0 → Tkei

　ク．Hkin → Tkei

　ケ．Ekei ＋ Hkin → Ekei

　コ．Ekei ＋ Tkei → Ekei

＜流れ図＞

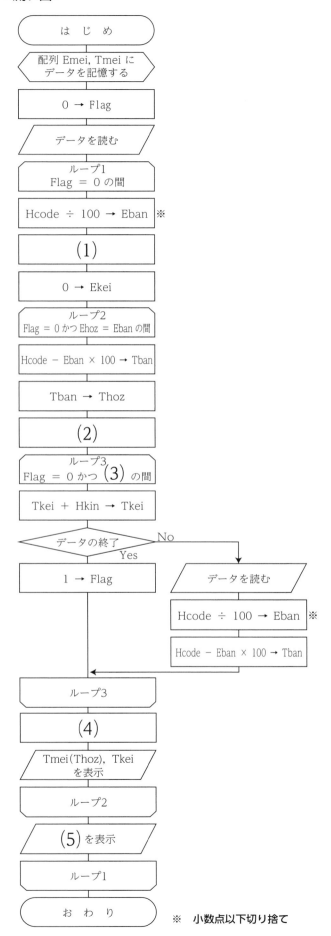

はじめ

配列 Emei, Tmei に
データを記憶する

0 → Flag

データを読む

ループ1
Flag ＝ 0 の間

Hcode ÷ 100 → Eban ※

(1)

0 → Ekei

ループ2
Flag ＝ 0 かつ Ehoz ＝ Eban の間

Hcode － Eban × 100 → Tban

Tban → Thoz

(2)

ループ3
Flag ＝ 0 かつ (3) の間

Tkei ＋ Hkin → Tkei

データの終了 — No

Yes

1 → Flag

データを読む

Hcode ÷ 100 → Eban ※

Hcode － Eban × 100 → Tban

ループ3

(4)

Tmei(Thoz), Tkei
を表示

ループ2

(5) を表示

ループ1

おわり

※　小数点以下切り捨て

【6】　流れ図の説明を読んで，流れ図の(1)〜(5)にあてはまる答えを解答群から選び，記号で答えなさい。

＜流れ図の説明＞

処理内容

　支社の1年分の売上データを読み，月別上位3支社売上分析表をディスプレイに表示する。

入力データ

月 (Tuki) ××	日 (Hi) ××	支社コード (Rcode) ×××	売上金額 (Uri) ×〜×

（第1図）

実行結果

```
（月別上位3支社売上分析表）
（支社名：売上金額：備考）
 1月      第8支社:3,674,387:-    第6支社:3,512,488:-    第9支社:3,321,064:-
 2月      第8支社:3,296,363:    第6支社:3,288,774:    第1支社:3,203,379:◎
                              〜
11月      第4支社:4,274,127:◎  第10支社:4,191,041:◎   第2支社:3,788,295:
12月      第1支社:5,065,223:◎   第3支社:3,650,971:◎   第8支社:2,382,461:◎
```
（第2図）

処理条件

1．第1図の月は1（1月）〜12（12月）である。

2．配列 Ccode に支社コードを，配列 Cmei に支社名を，支社コードの昇順に記憶する。なお，Ccode と Cmei の添字は対応している。

　　配列

```
         Ccode              Cmei
  (0)   [        ]    (0)   [        ]
  (1)   [   101  ]    (1)   [第1支社  ]
   〜   [    〜  ]     〜   [   〜    ]
 (10)   [   110  ]   (10)   [第10支社 ]
```

3．第1図の入力データを読み，次の処理を行う。

・　支社コードをもとに配列 Ccode を探索し，配列 Syu に売上金額計を求める。なお，売上金額計は 99999999 未満とする。また，Syu の行方向の添字は月と対応し，列方向の添字は Ccode と対応している。

　　配列

Syu	(0)	(1)	(2)	〜	(9)	(10)
(0)				〜		
(1)				〜		
〜	〜	〜	〜	〜	〜	〜
(12)				〜		

4．入力データが終了したら，月ごとに次の処理を行う。

・　月を表示する。

・　売上金額計の上位3支社を求め，支社名から備考までを第2図のように表示する。なお，備考は，前月の売上金額計が 0 でない場合は前月比（％）を次の計算式で求め，前月比（％）が 120 を超える場合は ◎ を，80 未満の場合は △ を，それ以外の場合は空白を表示し，前月の売上金額計が 0 の場合は - を表示する。また，売上金額計に同じ値はないものとする。

　　　前月比（％）= 売上金額計 × 100 ÷ 前月の売上金額計

5．データにエラーはないものとする。

```
┌─ 解答群 ─────────────────────────────────────────┐
│ ア．Max → Kijun           カ．Syu(k, i)→ Max                          │
│ イ．Kijun → Max           キ．Syu(h, Tuki) + Uri → Syu(h, Tuki)       │
│ ウ．h − 1 → Jo            ク．Syu(Tuki, h) + Uri → Syu(Tuki, h)       │
│ エ．h + 1 → Ka            ケ．Syu(i, Maxcode) × 100 ÷ Syu(i − 1, Maxcode) → Zenhi │
│ オ．Syu(i, k)→ Max        コ．Syu(i − 1, Maxcode) × 100 ÷ Syu(i, Maxcode) → Zenhi │
└─────────────────────────────────────────────────┘
```

＜流れ図＞

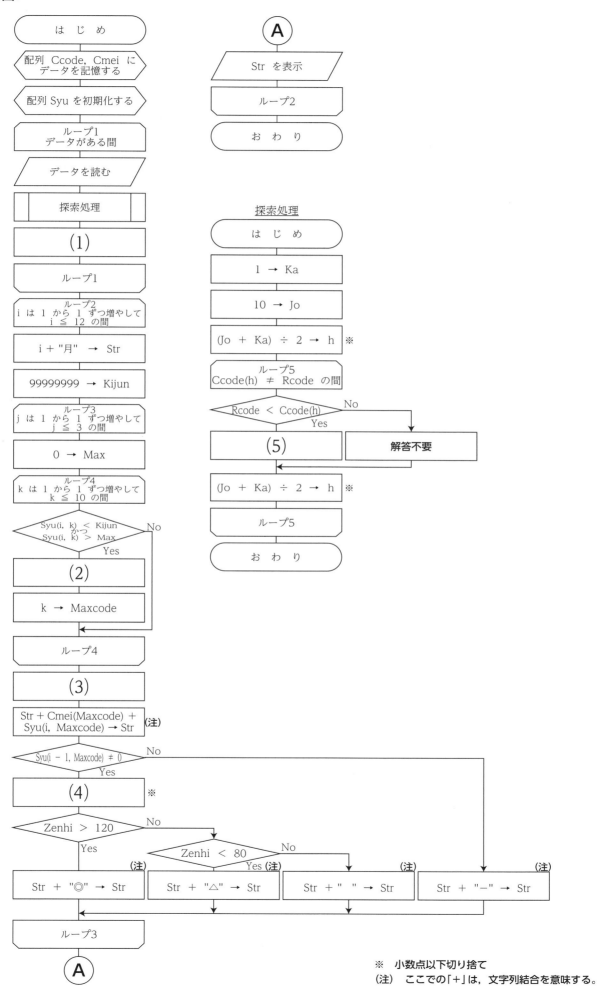

※　小数点以下切り捨て
(注)　ここでの「+」は，文字列結合を意味する。

【7】 流れ図の説明を読んで，流れ図の(1)～(5)にあてはまる答えを解答群から選び，記号で答えなさい。

＜流れ図の説明＞

処理内容

ある映画館の1日の売上データを読み，映画上映成績集計結果と映画上映成績分析結果を表示する。

入力データ

スクリーン (Iscr)	上映タイプ (Typ)	上映開始時間 (Ji)	観客区分 (Ku)
××	××××	××××	×

（第1図）

実行結果

```
(映画上映成績集計結果)
    (中高生)  :  (大学生)  :  (一般)  :  (シニア)  :  (合計)
S1：浪人心剣　最終章
50人79,400円：44人81,600円：47人108,400円：46人81,200円：187人350,600円
S2：New　オミクロン　劇場版
48人69,800円：43人77,400円：52人120,600円：51人96,300円：194人364,100円
                          ～
(観客区分を入力してください。(1=中高生,2=大学生,3=一般,4=シニア)：3)
一般の映画上映成績分析結果
S6：リーユと竜の国　　：上映回数2回：平均観客数26人/回：平均売上金額61,200円/回
S4：シン・ハイパーマン：上映回数2回：平均観客数22人/回：平均売上金額50,300円/回
                          ～
```

（第2図）

処理条件

1．第1図のスクリーンは S1～S10，上映タイプは 1MAX，2D，3D，4D の4種類，上映開始時間は 900 (9:00)～2100 (21:00)，観客区分は，1（中高生）～4（シニア）である。

2．配列 Scr にスクリーンを，配列 Emei に映画名を記憶する。なお，配列 Scr と配列 Emei は添字で対応している。

3．配列 Kumei に観客区分を，配列 Rkin に観覧料金を記憶する。Rkin の行方向の添字は上映タイプと，Rkin の列方向の添字は観客区分と対応している。

配列

	Scr
(0)	
(1)	S1
～	～
(10)	S10

	Emei
(0)	
(1)	浪人心剣　最終章
～	～
(10)	美女と竜

	Kumei
(0)	
(1)	中高生
～	～
(4)	シニア

Rkin	(0)	(1)	～	(4)
(0)			～	
(1)		1400	～	1500
～		～	～	～
(4)		2400	～	2900

4．第1図の入力データを読み，次の処理を行う。

・配列 Rkin から観覧料金を求める。なお，上映開始時間が20時以降の場合，観覧料金を600円割引きする。

・配列 Nsyu にスクリーン，観客区分ごとの人数を，配列 Rsyu にスクリーン，観客区分ごとの売上金額を集計する。なお，Nsyu の0列目，Rsyu の0列目に合計を求める。また，Nsyu，Rsyu の行方向の添字はスクリーンと，列方向の添字は観客区分と対応している。

・配列 Cnt を利用してスクリーンごとの上映回数を求める。なお，0列目には合計を求める。また，各スクリーンの1日の上映回数は，5回以下である。

配列

Nsyu	(0)	(1)	～	(4)
(0)			～	
(1)			～	
～	～	～	～	～
(10)			～	
	(合計)			

Rsyu	(0)	(1)	～	(4)
(0)			～	
(1)			～	
～	～	～	～	～
(10)			～	
	(合計)			

Cnt	(0)	(1)	～	(5)
(0)			～	
(1)			～	
～	～	～	～	～
(10)			～	
	(合計)			

・映画上映成績集計結果を第2図のように表示する。

5．観客区分をキーボードから入力すると次の処理を行う。

・配列 Nhei に平均観客数を，配列 Rhei に平均売上金額をそれぞれ次の計算式で求めて記憶する。

平均観客数 ＝ 分析対象観客区分の観客数合計 ÷ 上映回数

平均売上金額 ＝ 分析対象観客区分の売上金額合計 ÷ 上映回数

・配列 Sagyo に1～10の数字を記憶し，平均売上金額の降順に並べ替える。また，Sagyo の値をもとに各配列を参照し，第2図のように映画上映成績分析結果を表示する。

配列

	Nhei
(0)	
(1)	
～	～
(10)	

	Rhei
(0)	
(1)	
～	～
(10)	

	Sagyo
(0)	
(1)	1
～	～
(10)	10

6．データにエラーはないものとする。

＜流れ図＞

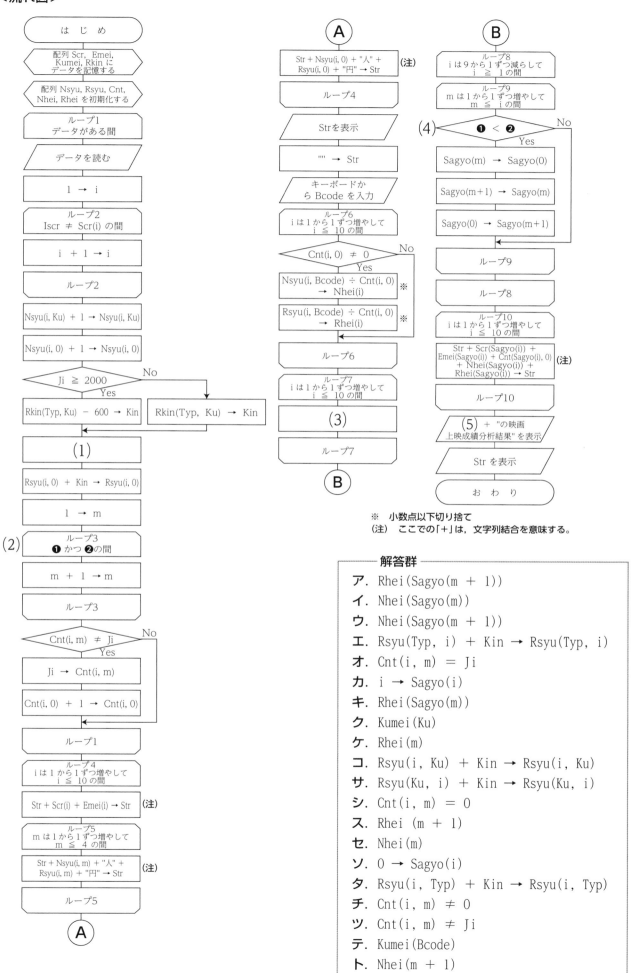

※　小数点以下切り捨て
(注)　ここでの「＋」は，文字列結合を意味する。

── 解答群 ──

ア．Rhei(Sagyo(m + 1))

イ．Nhei(Sagyo(m))

ウ．Nhei(Sagyo(m + 1))

エ．Rsyu(Typ, i) + Kin → Rsyu(Typ, i)

オ．Cnt(i, m) = Ji

カ．i → Sagyo(i)

キ．Rhei(Sagyo(m))

ク．Kumei(Ku)

ケ．Rhei(m)

コ．Rsyu(i, Ku) + Kin → Rsyu(i, Ku)

サ．Rsyu(Ku, i) + Kin → Rsyu(Ku, i)

シ．Cnt(i, m) = 0

ス．Rhei (m + 1)

セ．Nhei(m)

ソ．0 → Sagyo(i)

タ．Rsyu(i, Typ) + Kin → Rsyu(i, Typ)

チ．Cnt(i, m) ≠ 0

ツ．Cnt(i, m) ≠ Ji

テ．Kumei(Bcode)

ト．Nhei(m + 1)

第8回 模擬問題　　制限時間：60分　解答 ➡ P.38　

【1】　次の説明文に最も適した答えを解答群から選び，記号で答えなさい。

1．Webサイトの提供者が，最後にサイトを閲覧した日や閲覧者に関する情報などのデータを，閲覧者のコンピュータに一時的に保存させるしくみ。

2．コンピュータやネットワークの性能を表す指標。単位時間あたりに処理できる件数や伝送できる量。

3．オブジェクト指向において，データと手続きが一緒になったオブジェクトの設計図に相当するもの。

4．電子文書がいつ誰によって作成されたものかを証明し，その文書の改ざんを防止するための技術。

5．モジュールが，設計したとおりに動作するか検証する方法。

```
── 解答群 ──
ア．インスタンス        イ．RASIS          ウ．MIPS
エ．単体テスト          オ．Cookie         カ．TCP/IP
キ．スループット        ク．クラス          ケ．共通鍵暗号方式
コ．結合テスト          サ．レスポンスタイム  シ．電子署名
```

【2】　次のA群の語句に最も関係の深い説明文をB群から選び，記号で答えなさい。

＜A群＞　1．スタブ　　　　　　2．MACアドレス　　　　3．VoIP
　　　　　4．システムテスト　　5．オブジェクト指向

＜B群＞
ア．大人数でのプロジェクトなどで，不具合の原因を特定しやすく，仕様変更にも対応しやすいように，「もの（オブジェクト）」単位でプログラムを効率よく設計・開発する考え方。

イ．ネットワーク上の機器に付けられている12桁の16進数で表記されたもの。

ウ．ボトムアップテストを実施する際に，未完成の上位モジュールの代替となるもの。

エ．プログラムやシステムの一部を変更したときに，他の箇所に不具合が出ていないかを確かめるためのテスト。

オ．主記憶上のどこのアドレスに配置しても，正しく実行することができるプログラムの性質。

カ．トップダウンテストを実施する際に，未完成の下位モジュールの代替となるもの。

キ．IPアドレスにおいて，あるネットワークに属する任意のコンピュータを識別する部分。

ク．電子メールで，ASCIIコードの英数字以外のデータ（添付ファイルなど）を取り扱うことができるようにする仕様。

ケ．開発したシステム全体が，発注者が要求した機能や性能を満たしているか検証するテスト。

コ．ネットワーク上で音声通話を実現する技術。音声信号を一定の時間ごとに区切ってパケット化し送受信する。

【3】 次の説明文に最も適した答えをア，イ，ウの中から選び，記号で答えなさい。なお，5．については数値を答えなさい。

1．2進数 1001 と 101 がある。この2つの数値の積を16進数で表したもの。

　　ア．2D　　　　　　　　　　イ．5C　　　　　　　　　　ウ．9E

2．ファイルをサーバにアップロードまたはダウンロードする際の通信規約。

　　ア．CIDR　　　　　　　　　イ．DHCP　　　　　　　　ウ．FTP

3．システム開発において，作成された仕様書や処理の手順に基づきプログラム単位に分割し，動作をフローチャートで記述するなどの工程。

　　ア．要件定義　　　　　　　イ．プログラム設計　　　ウ．外部設計

4．平均修復時間ともいい，保守性を表す指標となるもので，システムが故障してから稼働を再開するまでの平均時間。

　　ア．MTTR　　　　　　　　　イ．MTBF　　　　　　　　ウ．NAT

5．BさんとCさんの2人で作業すると8日掛かる作業がある。これをAさんとCさんで担当した場合の作業日数は何日か。なお，Cさんの生産性は，Aさんの2分の1，Bさんの2倍とする。

【4】　次の各問いに答えなさい。

問1．プログラムの説明を読んで，プログラムの(1)〜(3)にあてはまる答えを解答群から選び，記号で答えなさい。

＜プログラムの説明＞

処理内容

引数で渡された配列に記憶されている数値を並べ替えてディスプレイに表示する。

処理条件

1．配列 Ten にはデータが記憶されている。なお，データ件数は n に記憶されている。

配列

Ten	(0)	(1)	〜	(n - 2)	(n - 1)
	90	65	〜	36	58

2．配列 Ten の数値を降順に並べ替える。

3．並べ替えが終わったら，配列 Ten の内容を表示する。

＜プログラム＞

```
Sub Program1(Ten() As Long, n As Long)
    Dim g As Long
    Dim h As Long
    Dim k As Long
    Dim Work As Long
    For g =      (1)      To 1 Step -1
        For h = 0 To g - 1
            If Ten(h) < Ten(h + 1) Then
                Work = Ten(h)
                Ten(h) =      (2)
                Ten(h + 1) = Work
            End If
        Next h
    Next g
    For k = 0 To n - 1
        MsgBox(      (3)      )
    Next k
End Sub
```

---解答群---

ア．Ten(h + 1)

イ．n

ウ．Work

エ．n - 1

オ．Ten(k)

カ．Ten(h - 1)

問２．プログラムの説明を読んで，プログラムの⑷～⑸にあてはまる答えを解答群から選び，記号で答えなさい。

＜プログラムの説明＞

処理内容

　引数で渡された配列に記憶されている文字列を探索してメッセージをディスプレイに表示する。

処理条件

１．配列 Dat にはデータが昇順で記憶されている。ただし，同じ文字列はないものとする。なお，データ件数は n に記憶されている。

　配列

Dat　　(0)　　　(1)　　　～　　(n - 2)(n - 1)

A102	A106	～	D259	D367

２．キーボードから入力した文字列をもとに配列 Dat を探索し，見つかった場合は 該当データあり を，見つからなかった場合は 該当データなし を表示する。

＜プログラム＞

```
Sub Program2(Dat() As String, n As Long)
    Dim Na As String
    Dim Ka As Long
    Dim Jo As Long
    Dim Tyu As Long
    Na = InputBox("文字入力")
    Ka = 0
    Jo = n - 1
    Tyu = Int((Ka + Jo) / 2)
    Do While Dat(Tyu) <> Na
        If [    (4)    ] Then
            Ka = Tyu + 1
        Else
            Jo = Tyu - 1
        End If
        If [    (5)    ] Then
            Exit Do
        End If
        Tyu = Int((Ka + Jo) / 2)
    Loop
    If Ka <= Jo Then
        MsgBox ("該当データあり")
    Else
        MsgBox ("該当データなし")
    End If
End Sub
```

――― 解答群 ―――

ア．Dat(Tyu) > Na

イ．Ka > Jo

ウ．Ka < Jo

エ．Dat(Tyu) < Na

【5】 流れ図の説明を読んで，流れ図の(1)～(5)にあてはまる答えを解答群から選び，記号で答えなさい。

<流れ図の説明>

処理内容

あるホテルチェーンの客室アンケートデータを読み，アンケート集計結果をディスプレイに表示する。

入力データ

調査番号 (Ban) ××××	ホテル番号 (Hban) ××	部屋区分 (Heyaku) ×××	評価点 (Hten) ×

(第1図)

実行結果

（アンケート集計結果）

大通公園	（満足）	（やや満足）	（普通）	（やや不満）	（不満）
（シングル）	32.2%	25.8%	22.6%	19.4%	0.0%
（ツイン）	31.3%	34.4%	21.9%	12.3%	0.1%
（グループ）	42.3%	26.9%	23.1%	7.7%	0.0%
（平均評価点）	3.9				

仙台駅前
～

(第2図)

処理条件

1．第1図のデータは，ホテル番号，部屋区分の昇順に記録されている。なお，ホテル番号は 1（大通公園）～ 10（国際通り），部屋区分は 1（シングル）～ 3（グループ），評価点は 1（不満）～ 5（満足）である。また，すべてのホテルですべての部屋区分のデータがある。

2．配列 Hmei にホテル名を記憶する。なお，Hmei の添字はホテル番号と対応している。

配列

Hmei	(0)	(1)	～	(10)
		大通公園	～	国際通り

3．第1図の入力データを読み，次の処理を行う。

・ ホテルがかわるごとにホテル名を表示する。

・ 配列 Kekka に評価別の件数を集計する。なお，Kekka(0) には件数計を求める。また，Kekka の添字は評価点と対応している。

配列

Kekka	(0)	(1)	(2)	(3)	(4)	(5)
	（計）	（不満）	（やや不満）	（普通）	（やや満足）	（満足）

・ 部屋区分がかわるごとに合計評価点と合計件数を求める。さらに，各評価の割合を次の計算式で求め，満足から不満までを第2図のように表示する。

各評価の割合 ＝ 各評価の件数 × 100 ÷ 件数計

・ ホテルがかわるごとに平均評価点を次の計算式で求め，第2図のように表示する。

平均評価点 ＝ 合計評価点 ÷ 合計件数

4．データにエラーはないものとする。

解答群

ア．Kekka(0) ÷ p
イ．Hban = Hhzn
ウ．Kekka(Hten) + 1 → Kekka(Hten)
エ．Tmp = 0 かつ Hban = Hhzn
オ．p は 5 から 1 ずつ減らして p ≧ 1

カ．Hmei(Hhzn)
キ．Teng ÷ Keng
ク．Hmei(Hban)
ケ．p は 0 から 1 ずつ増やして p ≦ 5
コ．Kekka(Heyaku) + 1 → Kekka(Heyaku)

＜流れ図＞

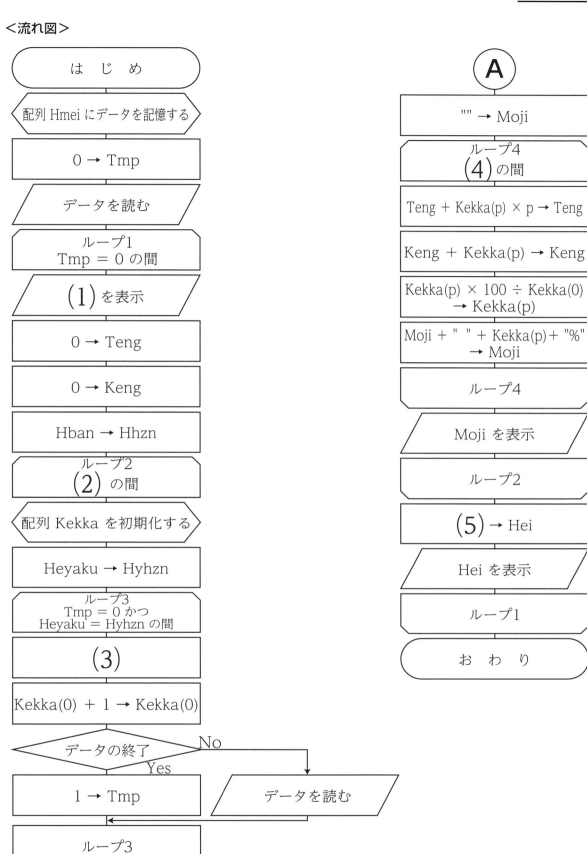

（注）　ここでの「＋」は，文字列結合を意味する。

【6】 流れ図の説明を読んで，流れ図の(1)～(5)にあてはまる答えを解答群から選び，記号で答えなさい。

＜流れ図の説明＞

処理内容

ある大型の商業施設の 1 年分の売り上げデータを読み，分類別売上金額計およびカテゴリー別売上分析をディスプレイに表示する。

入力データ

月番号 (Tuki) ××	売上金額 (Kin) ×～×	カテゴリー番号 (Cod) ×××

（第1図）

実行結果

```
(分類別売上金額計およびカテゴリー別売上分析)
家電量販店      966,564,800
 AV家電        144,450,600
 (売上上位70%以内の月)  3月:37,383,400  12月:14,066,200  ～  8月: 9,515,400   11月: 9,376,800   7月: 9,374,400
 (その他の月)      4月: 8,983,800  9月: 8,773,200   ～  5月: 7,743,800
      〳          〳        〳        〳
ドラッグストア   479,938,400
 調剤医薬品     31,781,600
      〳          〳        〳        〳        〳
```

（第2図）

処理条件

1．商業施設は家電量販店，ドラッグストア，ホームセンターの 3 つに分類されており，第1図のカテゴリー番号は次の例のように構成されている。分類番号は 1（家電量販店）～ 3（ホームセンター）である。

例　208 → 　　　2　　　　　08
　　　　　　　　分類番号　分類内番号

2．配列 Bmei に分類名を記憶する。なお Bmei の添字は分類番号と対応している。

配列

Bmei	(0)	(1)	(2)	(3)
		家電量販店	ドラッグストア	ホームセンター

3．配列 Tmei に月名を記憶する。なお，Tmei の添字は月番号と対応している。

配列

Tmei	(0)	(1)	(2)	～	(11)	(12)
		1月	2月	～	11月	12月

4．配列 Cat にカテゴリー番号を，配列 Cmei にカテゴリー名を，カテゴリー番号の昇順に記憶する。なお，カテゴリーは 24 種類であり，Cat と Cmei の添字は対応している。

配列

Cat	(0)	(1)	(2)	～	(23)	(24)
		101	102	～	308	309

Cmei	(0)	(1)	(2)	～	(23)	(24)
		AV家電	情報家電	～	オフィス	アウトドア

5．第1図の入力データを読み，次の処理を行う。

・ カテゴリー番号をもとに配列 Cat を探索し，配列 Kei に売上金額計を求める。なお，Kei の 13 列目には合計を求める。また，Kei の行方向の添字は Cat の添字と対応し，列方向の添字は月番号と対応している。

配列

Kei	(0)	(1)	(2)	～	(11)	(12)	(13)
(0)				～			
(1)				～			
～	〳	〳	〳	〳	〳	〳	〳
(23)				～			
(24)				～			

(合計)

・ 配列 Bkei に分類ごとに売上金額計を求める。なお，Bkei の添字は分類番号と対応している。

配列

Bkei	(0)	(1)	(2)	(3)

6．入力データが終了したら，次の処理を行う。

・ 分類がかわるごとに分類別売上金額計を第2図のように表示する。

・ 配列 Tmp を利用して，カテゴリーごとに月別売上金額計の降順に並べ替える。

配列

Tmp	(0)	(1)	(2)	～	(11)	(12)
				～		

・ カテゴリー別売上金額計と売上上位 70 ％以内の「月：売上金額計」を第2図のように表示する。なお，売上上位 70 ％以内の「月：売上金額計」は，カテゴリー別売上金額計に対する割合とその累計を求め，累計が 70 ％以内のものについて売上金額計の降順に表示する。

・ その他の月：売上金額計を第2図のように売上金額計の降順に表示する。なお，売上金額計が 0 の場合，表示しない。

7．データにエラーはないものとする。

解答群

ア．Kei(g, Cod) + Kin → Kei(g, Cod)
イ．Bkei(s) + Wari → Bkei(s)
ウ．Kei(g, Tuki) + Kin → Kei(g, Tuki)
エ．s → t
オ．Kei(k, r) > Kei(k, 0)

カ．Bu ≠ Sw
キ．k ≠ Sw
ク．Rui + Wari → Rui
ケ．Kei(k, r) < Kei(k, 0)
コ．s － 1 → t

<流れ図>

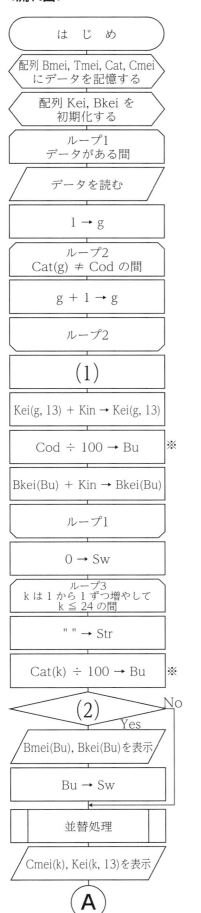

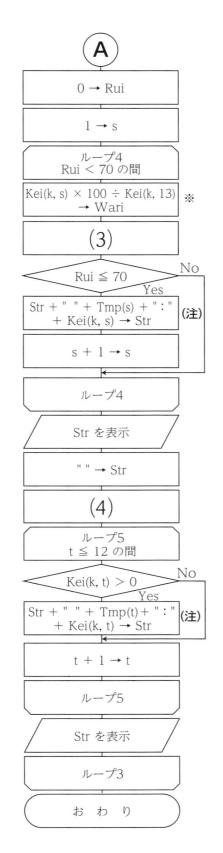

並替処理

| 入 口 |

| ループ6
p は 1 から 1 ずつ増やして
p ≦ 12 の間 |

| Tmei(p) → Tmp(p) |

| ループ6 |

| ループ7
j は 2 から 1 ずつ増やして
j ≦ 12 の間 |

| Kei(k, j) → Kei(k, 0) |

| Tmp(j) → Tmp(0) |

| j - 1 → r |

| ループ8
(5) の間 |

| Kei(k, r) → Kei(k, r + 1) |

| Tmp(r) → Tmp(r + 1) |

| r - 1 → r |

| ループ8 |

| Kei(k, 0) → Kei(k, r + 1) |

| Tmp(0) → Tmp(r + 1) |

| ループ7 |

| 出 口 |

※ 小数点以下切り捨て
（注）ここでの「＋」は，文字列結合を意味する。

【7】 流れ図の説明を読んで，流れ図の(1)～(5)にあてはまる答えを解答群から選び，記号で答えなさい。

＜流れ図の説明＞

処理内容

あるビジネス支援会社の１か月分の営業データを読み，対応区分別集計結果とスタッフ別一覧，支援別一覧を表示する。

入力データ

スタッフデータ

スタッフ番号 (Stf)	氏名 (Simei)	支援区分 (Sien)
×××	×～×	××

（第1図）

営業データ

日付 (Hiduke)	スタッフ番号 (Stf)	対応区分 (Tku)	業務時間 (Jikan)
×××	×××	××	××

（第2図）

実行結果

```
        （対応区分別集計結果表）
（料金の合計）   2,365,000
（訪問）         1,144,000
        （スタッフ別一覧）
（順位）  （スタッフ氏名） （料金計）
 1 位      小野田　幸子     144,000
 ∫            ∫                ∫
 7 位      浅田　洋一        64,000
 ∫            ∫                ∫
        （支援別一覧）
 （支援名）       （料金計）   （比率）
 DX               164,000      14.3%
 契約              84,000       7.3%
 ∫                  ∫            ∫
 韓国語通訳       144,000      12.6%
（ネット会議）    489,000
 ∫
```

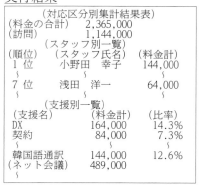

（第3図）

処理条件

1．第1図のスタッフデータはスタッフ番号の昇順に記録されている。なお，スタッフ番号は 1 からの連番であり，スタッフは 100 人以下である。また，支援区分は 1（DX）～ 9（韓国語通訳）である。

2．第2図の対応区分は 1（訪問）～ 4（チャット）である。

3．配列 Smei に支援名を，配列 Kkin に基本料金を記憶する。なお，基本料金は業務時間が 2 時間までの料金である。また，Smei の添字は支援区分と，Kkin の添字は対応区分と対応している。

配列

	Smei
(0)	
(1)	DX
(2)	契約
∫	∫
(9)	韓国語通訳

Kkin	(0)	(1)	(2)	(3)	(4)
		20,000	15,000	10,000	5,000
		(訪問)	(ネット会議)	(電話)	(チャット)

4．第1図のスタッフデータを読み，配列 Staff に氏名を，配列 Sku に支援区分を記憶する。なお，Staff，Sku の添字はスタッフ番号と対応している。

配列

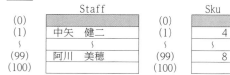

	Staff		Sku
(0)		(0)	
(1)	中矢　健二	(1)	4
∫	∫	∫	∫
(99)	阿川　美穂	(99)	8
(100)		(100)	

5．第2図の営業データを読み，次の処理を行う。

・ 基本料金から料金を求める。なお業務時間が 2 時間を超えた場合，次の計算式で，延長時間 1 時間あたり基本料金の 20 %を追加する。

料金 ＝ 基本料金 ＋（業務時間 － 2）×（基本料金 × 0.2）

・ 配列 Stfg にスタッフごとに，配列 Sieg に支援ごとに料金計を求める。なお，Stfg の 0 列目，Sieg の 0 行目と 0 列目には合計を求める。

Stfg の行方向の添字はスタッフ番号と Sieg の行方向の添字は支援区分と対応し，Stfg，Sieg の列方向の添字は対応区分と対応している。

配列

Stfg	(0)	(1)	～	(4)
(0)			～	
(1)			～	
∫	∫	∫	∫	∫
(99)			～	
(100)			～	
	(合計)	(訪問)	～	(チャット)

Sieg	(0)	(1)	～	(4)	
(0)			～		(合計)
(1)			～		
∫	∫	∫	∫	∫	
(9)			～		
	(合計)	(訪問)	～	(チャット)	

・ データを読み終えたあと，配列 Jun を利用して対応区分ごとに料金計の降順に順位をつける。なお，料金計が同じ場合は同順位とする。

また，Jun と配列 Stfg の添字は対応している。

配列

Jun	(0)	(1)	～	(4)
(0)			～	
(1)			～	
∫	∫	∫	∫	∫
(99)			～	
(100)			～	
	(合計)	(訪問)	～	(チャット)

・ 料金の合計を表示する。

6．最後に，順位順にスタッフ別一覧を表示する。なお，料金が 0 の場合表示しない。また，支援別料金計の比率（%）を次の計算式で求め，支援別一覧を表示する。

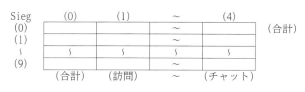

支援別料金計の比率（%）＝ 支援別料金計 × 100 ÷ 支援別料金計の合計

7．データにエラーはないものとする。

＜流れ図＞

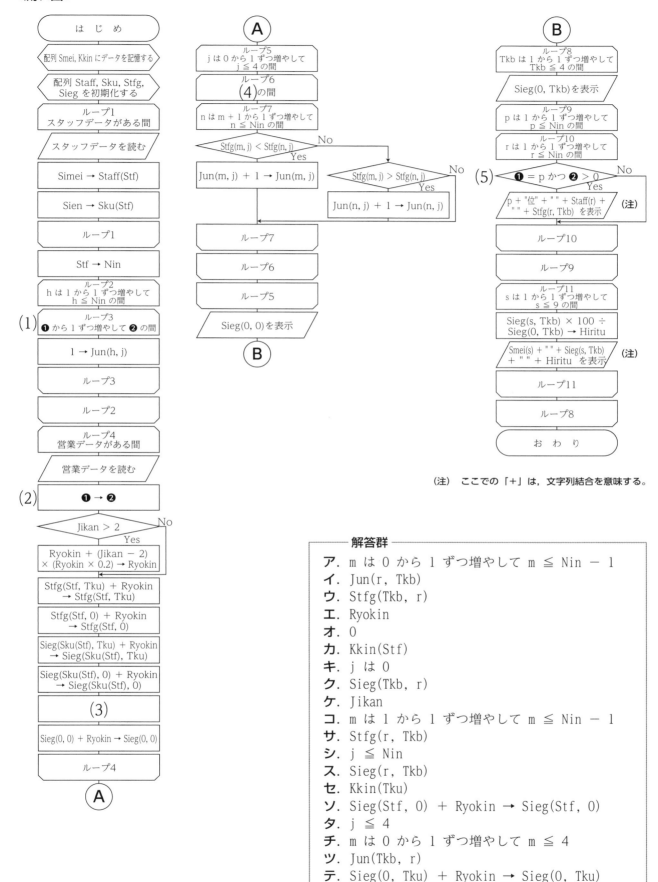

はじめ

配列 Smei, Kkin にデータを記憶する

配列 Staff, Sku, Stfg, Sieg を初期化する

ループ1
スタッフデータがある間

スタッフデータを読む

Simei → Staff(Stf)

Sien → Sku(Stf)

ループ1

Stf → Nin

ループ2
h は 1 から 1 ずつ増やして
h ≦ Nin の間

(1) ループ3
❶ から 1 ずつ増やして ❷ の間

1 → Jun(h, j)

ループ3

ループ2

ループ4
営業データがある間

営業データを読む

(2) ❶ → ❷

Jikan > 2　No
Yes

Ryokin + (Jikan − 2)
× (Ryokin × 0.2) → Ryokin

Stfg(Stf, Tku) + Ryokin
→ Stfg(Stf, Tku)

Stfg(Stf, 0) + Ryokin
→ Stfg(Stf, 0)

Sieg(Sku(Stf), Tku) + Ryokin
→ Sieg(Sku(Stf), Tku)

Sieg(Sku(Stf), 0) + Ryokin
→ Sieg(Sku(Stf), 0)

(3)

Sieg(0, 0) + Ryokin → Sieg(0, 0)

ループ4

Ⓐ

Ⓐ

ループ5
j は 0 から 1 ずつ増やして
j ≦ 4 の間

ループ6
(4) の間

ループ7
n は m + 1 から 1 ずつ増やして
n ≦ Nin の間

Stfg(m, j) < Stfg(n, j)　No
Yes

Jun(m, j) + 1 → Jun(m, j)

Stfg(m, j) > Stfg(n, j)　No
Yes

Jun(n, j) + 1 → Jun(n, j)

ループ7

ループ6

ループ5

Sieg(0, 0) を表示

Ⓑ

Ⓑ

ループ8
Tkb は 1 から 1 ずつ増やして
Tkb ≦ 4 の間

Sieg(0, Tkb) を表示

ループ9
p は 1 から 1 ずつ増やして
p ≦ Nin の間

ループ10
r は 1 から 1 ずつ増やして
r ≦ Nin の間

(5) ❶ = p かつ ❷ > 0　No
Yes

p + "位" + " " + Staff(r) +
" " + Stfg(r, Tkb) を表示　(注)

ループ10

ループ9

ループ11
s は 1 から 1 ずつ増やして
s ≦ 9 の間

Sieg(s, Tkb) × 100 ÷
Sieg(0, Tkb) → Hiritu

Smei(s) + " " + Sieg(s, Tkb)
+ " " + Hiritu を表示　(注)

ループ11

ループ8

おわり

(注)　ここでの「+」は，文字列結合を意味する。

- 解答群 -

ア．m は 0 から 1 ずつ増やして m ≦ Nin − 1

イ．Jun(r, Tkb)

ウ．Stfg(Tkb, r)

エ．Ryokin

オ．0

カ．Kkin(Stf)

キ．j は 0

ク．Sieg(Tkb, r)

ケ．Jikan

コ．m は 1 から 1 ずつ増やして m ≦ Nin − 1

サ．Stfg(r, Tkb)

シ．j ≦ Nin

ス．Sieg(r, Tkb)

セ．Kkin(Tku)

ソ．Sieg(Stf, 0) + Ryokin → Sieg(Stf, 0)

タ．j ≦ 4

チ．m は 0 から 1 ずつ増やして m ≦ 4

ツ．Jun(Tkb, r)

テ．Sieg(0, Tku) + Ryokin → Sieg(0, Tku)

ト．j は 1

第9回 模擬問題

制限時間：60分　解答 ➡ P.42

【1】　次の説明文に最も適した答えを解答群から選び，記号で答えなさい。

1．要素を入ってきた順に一列に並べる先入れ先出しのデータ構造。

2．システムが停止したときに，どれだけ早く復旧できるかを表す指標。

3．電子メールを送信するために使われるプロトコル。

4．障害が発生した場合に安全を優先して動作させるしくみ。例えば，ガスコンロが過熱しすぎた場合に自動的にガスを止めるシステムなどがある。

5．突発的に発生する事故や障害のこと。障害からの復旧を最優先にして，根本原因の特定や対策は復旧後に行う。

```
─ 解答群 ─
ア．フェールセーフ        イ．スタック          ウ．SMTP
エ．内部設計             オ．保守性            カ．インシデント
キ．HTTP                ク．フールプルーフ      ケ．リスクマネジメント
コ．キュー               サ．POP              シ．可用性
```

【2】　次のA群の語句に最も関係の深い説明文をB群から選び，記号で答えなさい。

＜A群＞　1．公開鍵暗号方式　　　2．スパイラルモデル　　　3．OR回路
　　　　　4．プライベートIPアドレス　　5．外部設計

＜B群＞
ア．入力する値が両方とも1のときだけ，1を返す。

イ．システム開発の手法で，要件定義からテストまで順におこない，原則前の工程に戻らない。大規模な開発に向いている。

ウ．LAN内で使われるネットワーク機器を識別する数字。

エ．暗号化する鍵と復号する鍵が同じでなく，複数の人と1組の鍵でやりとりすることができる暗号方式。

オ．どのようなシステムを開発するかを，依頼主の要望をよく聞いて文書化する開発工程。

カ．システム開発の手法で，ユーザに確認を取りながら設計・実装・試験・評価といった一連のプロセスを何度も繰り返し，次第に完成度を高めていく方式。

キ．世界中に張り巡らされたネットワークに接続された機器を識別する数字。

ク．ユーザが操作する画面などを設計する開発工程。

ケ．入力する値が両方とも0のときだけ，0を返す。

コ．暗号化する鍵と復号する鍵が同じで，やりとりする人と常に新しい鍵を使う暗号方式。

【3】　次の説明文に最も適した答えをア，イ，ウの中から選び，記号で答えなさい。なお，5．については数値を答えなさい。

1．8ビットの2進数 10110010 を2の補数で表したもの。

　　　ア．01001101　　　　　　　　イ．10110100　　　　　　　ウ．01001110

2．プログラムの中身は考えず，入力した値と出力される値を確認するテスト。

　　　ア．ホワイトボックステスト　　イ．結合テスト　　　　　　ウ．ブラックボックステスト

3．LAN内のIPアドレスで，そのコンピュータを識別するための数値。

　　　ア．ホストアドレス　　　　　　イ．ネットワークアドレス　ウ．サブネットマスク

4．システムの処理速度や処理可能データ量が仕様書のとおりか確認すること。

　　　ア．性能テスト　　　　　　　　イ．負荷テスト　　　　　　ウ．回帰テスト

5．11001100 を 2 ビット右へ算術シフトした値を答えなさい。

【4】　次の各問いに答えなさい。

問1．プログラムの説明を読んで，プログラムの⑴～⑵にあてはまる答えを解答群から選び，記号で答えなさい。

＜プログラムの説明＞

処理内容

　引数で渡された配列に記憶されている数値に順位をつけてディスプレイに表示する。

処理条件

1．配列 Su には数値が記憶されている。配列 Su に記憶する数値は整数部 2 桁，小数部 1 桁の数値とする。なお，データ件数は n 件である。

配列

Su	(0)	(1)	(2)	～	(n - 2)	(n - 1)
	12.5	34.8	51.9	～	51.9	21.8

2．配列 Ra を利用し，配列 Su の数値の昇順に順位をつけて，Su と Ra の内容を表示する。なお，数値が同じ場合は同順位とする。

配列

Ra	(0)	(1)	(2)	～	(n - 2)	(n - 1)

＜プログラム＞

```
Sub Program1(Su() As Double, Ra() As Long n As Long)
    Dim m As Long
    Dim a As Double
    Dim i As Long
    For m = 0 To n - 1
            (1)
    Next m
    For m = 0 To n - 2
        For a =      (2)      To n - 1
            If Su(m) > Su(a) Then
                Ra(m) = Ra(m) + 1
            ElseIf Su(m) < Su(a) Then
                Ra(a) = Ra(a) + 1
            End If
        Next a
    Next m
    For i = 0 To n - 1
        MsgBox(Su(i) & ":" & Ra(i) & "位")
    Next i
End Sub
```

```
── 解答群 ────────────────
  ア. m + 1
  イ. Ra(m) = 1
  ウ. 0
  エ. Su(m) = 1
```

問2．プログラムの説明を読んで，プログラムの(3)〜(5)にあてはまる答えを解答群から選び，記号で答えなさい。

＜プログラムの説明＞

処理内容

　引数で渡された配列に記憶されている数値を並べ替えてディスプレイに表示する。

処理条件

1．配列 Chi にはデータが記憶されている。なお，データ件数は n 件である。

　配列

Chi	(0)	(1)	〜	(n - 1)
	285	340	〜	326

2．配列 Chi の数値を降順に並べ替える。

3．並べ替えが終わったら，配列 Chi の内容を表示する。

＜プログラム＞

```
Sub Program2(Chi() As Long, n As Long)
    Dim m As Long
    Dim W As Long
    Dim a As Long
    Dim k As Long
    For m = 1 To n - 1
            (3)
        For a =       (4)
            If Chi(a) < W Then
                    (5)
            Else
                Exit For
            End If
        Next a
        Chi(a + 1) = W
    Next m
    For k = 0 To n - 1
        MsgBox(Chi(k))
    Next k
End Sub
```

```
解答群
ア. m - 1 To 0 Step - 1
イ. Chi(a + 1) = Chi(a)
ウ. W = Chi(m)
エ. Chi(a) = Chi(a + 1)
オ. m + 1 To n - 1
カ. W = Chi(n)
```

【5】 流れ図の説明を読んで，流れ図の(1)～(5)にあてはまる答えを解答群から選び，記号で答えなさい。

<u>＜流れ図の説明＞</u>

<u>処理内容</u>

ある文化祭の来場者データを読み，来場者集計一覧表をディスプレイに表示する。

<u>入力データ</u>

種類番号 (Sban)	クラス番号 (Cls)	来場時間 (Ji)	来場人数 (Nin)
×	××	××	××

（第1図）

<u>実行結果</u>

```
（来場者集計一覧表）
（種類名）（クラス名）（開始時間）（開催時間）（来場者数）（平均来場者数）
演劇
          1年A組        9        7        818        116
            〜         〜        〜         〜         〜
          3年J組        9        7       1,067        152
（種類別来場者数） 19,906   （種類別平均来場者数） 104
  〜
 屋台
          1年A組        9        7        415         59
            〜         〜        〜         〜         〜
          3年J組       10        6       1,120        186
（種類別来場者数） 21,038   （種類別平均来場者数） 109
```

（第2図）

<u>処理条件</u>

1．第1図のデータは，種類番号，クラス番号，来場時間の昇順に記録されている。なお，種類番号は 1 ～ 5 であり，クラス番号は 1 ～ 30 であり，来場時間は時刻で 9 ～ 15 の値が入っている。

2．配列 Bmei に種類名を，配列 Cmei にクラス名を記憶する。なお，Bmei の添字は種類番号と対応し，Cmei の添字はクラス番号と対応している。

配列

Bmei	(0)	(1)	(2)	〜	(5)
		演劇	合唱	〜	屋台

配列

Cmei	(0)	(1)	(2)	〜	(30)
		1年A組	1年B組	〜	3年J組

3．第1図の入力データを読み，次の処理を行う。

・ 種類番号が変わるごとに種類名を表示する。

・ クラスごとの来場者数を集計する。

・ 来場時間が変わるごとに開催時間をカウントする。

・ クラス番号が変わるごとに種類別来場者数と種類別開催時間の計を求める。なお，1 時間あたりの平均来場者数を次の式で求め，クラス名から平均来場者数を第2図のように表示する。

　　平均来場者数 ＝ 来場者数 ÷ 開催時間

・ 種類番号が変わるごとに 1 時間あたりの種類別平均来場者数を次の計算式で求め，種類別来場者数とともに，第2図のように表示する。

　　種類別平均来場者数 ＝ 種類別来場者数 ÷ 開催時間の計

4．データにエラーはないものとする。

解答群

ア．Cmei(Cls)，HJ，CCnt，Ckei，CHei を表示

イ．Ji → HJ

ウ．Sban → WC

エ．1 → sw

オ．Cmei(Sban) を表示

カ．Cmei(WC)，HJ，CCnt，Ckei，CHei を表示

キ．Bmei(Sban) を表示

ク．Ji → WJ

ケ．Sban → WS

コ．0 → CCnt

＜流れ図＞

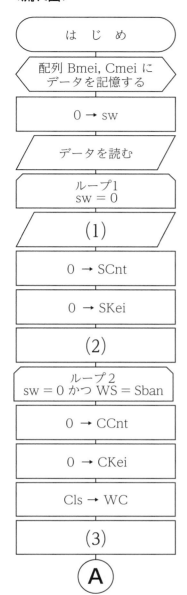

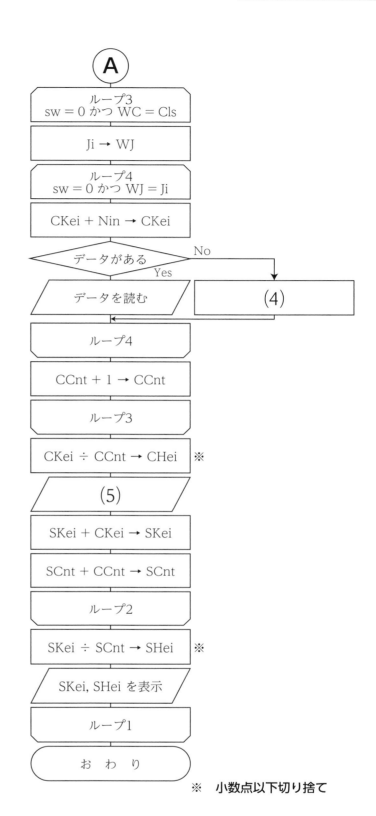

※　小数点以下切り捨て

【6】　流れ図の説明を読んで，流れ図の⑴～⑸にあてはまる答えを解答群から選び，記号で答えなさい。

＜流れ図の説明＞

処理内容

公共体育館の利用状況データを読み，体育館利用回数一覧をディスプレイに表示する。

入力データ

日付 (hi) ××××	体育館コード (Ta) ×	種目コード (Shu) ××

（第1図）

実行結果

```
                               (体育館利用回数一覧)
 (種目名)        (合計)      (中央)    (西部)    (東部)    (北部)    (南部)
バスケットボール   27          9         5         5         5         3
ハンドボール      35          7         6         6         9         7
    〜           〜          〜        〜        〜        〜        〜
新体操           38          8         7        13         4         6
利用なし        相撲       ボディービル

(各体育館でよく利用される種目ベスト 3)
    (体育館コード)  2     (体育館名)  西部
        (利用回数)  (種目名)
           17      体操
           11      ストリートダンス
           10      チアリーディング
           〜       〜
```

（第2図）

処理条件

1. 第1図の体育館コードは 1 ～ 5 のように構成されており，全ての施設のデータがある。
2. 配列 Tmei に体育館名を記憶する。なお，Tmei の添字は体育館コードと対応している。

配列

Tmei	(0)	(1)	(2)	(3)	(4)	(5)
		中央	西部	東部	北部	南部

3. 配列 Sc の 0 列目に種目コード，1 列目に初期値として 0 を記憶する。また，配列 Smei に種目名を種目コードの昇順に記憶する。なお，種目は 30 種目以下であり，Sc と Smei の行方向の添字は対応している。

配列　Sc	(0)	(1)
(0)		
(1)	11	0
(2)	12	0
〜	〜	〜
(30)		

Smei	
(0)	
(1)	バスケットボール
(2)	ハンドボール
〜	〜
(30)	

4. 第1図の入力データを読み，種目コードをもとに配列 Sc を探索し，施設別種目別に配列 Syu に利用回数を求める。なお 0 列目には合計を求める。Syu の行方向の添字は Sc の行方向の添字と対応し，列方向の添字は体育館コードと対応している。

配列　Syu	(0)	(1)	(2)	(3)	(4)	(5)
(0)						
(1)						
〜	〜	〜	〜	〜	〜	〜
(30)						
	(合計)					

5. 入力データが終了したら，次の処理を行う。
   - データを読み終えた後，種目名と各施設の利用回数を，第2図のように表示する。なお，利用回数の合計が 0 の場合は表示しないため，Sc の 1 列目の値を 1 にする。
   - 利用回数の合計が 0 の種目名を，第2図のように表示する。
   - 体育館コードをキーボードから入力すると，最大の利用回数から 3 番目の利用回数までを配列 MaxCnt に，それぞれの利用回数に対応する種目の配列 Smei の添字の値を配列 MaxMei に求め，利用回数と種目名を第2図のように表示する。なお，同じ利用回数は複数ないものとする。また，配列 MaxCnt と MaxMei の添字は対応している。

配列　MaxCnt	(0)	(1)	(2)	(3)

配列　MaxMei	(0)	(1)	(2)	(3)

   - キーボードから体育館コードとして 0 が入力されたら処理を終了する。
6. データにエラーはないものとする。

解答群

ア. Na ＋ 1 → Si
イ. MaxCnt(k － 1) ＞ MaxCnt(k)
ウ. j は 1 から 1 ずつ増やして j ≦ 3 の間
エ. Na － 1 → Ue
オ. m → MaxMei(0)

カ. Syu(Ta, Na)＋ 1 → Syu(Ta, Na)
キ. j は 3 から 1 ずつ減らして j ≧ 1 の間
ク. Syu(Na, Ta)＋ 1 → Syu(Na, Ta)
ケ. MaxCnt(k － 1) ＜ MaxCnt(k)
コ. Sc(m, 0) → MaxMei(0)

第9回

＜流れ図＞

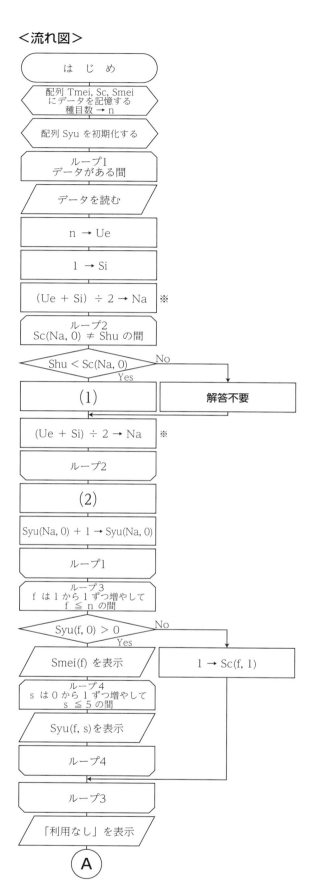

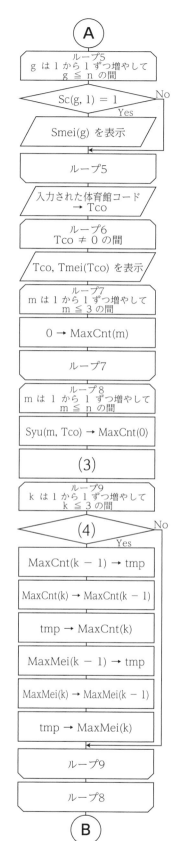

※　小数点以下切り捨て

【7】 流れ図の説明を読んで，流れ図の(1)～(5)にあてはまる答えを解答群から選び，記号で答えなさい。

＜流れ図の説明＞

処理内容

　ある球団のグッズ売上データと観客動員数データを読み，球団別売上高とグッズ別集計結果を表示する。

入力データ

観客動員数データ

球団番号 (Kyu) ××	観客数 (Kyaku) ×××××

（第1図）

売上データ

日付 (hi) ××××	球団番号 (Kyu) ××	商品コード (Shu) ××	販売区分 (HK) ×	数量 (Su) ×××

（第2図）

実行結果

	（球団別売上高）	
（球団名）	（観客数）	（一人あたりの売上高）
巨大	35,662	4,835
中目	16,008	8,989
～	～	～
白犬	15,882	8,689
若鷹	14,511	6,418

（グッズ別集計結果）				
（球団名：）中目		（販売区分：）球場内		
（グッズ名）	（売上金額計）	（売上比率）	（売上比率累計）	（分析）
ブロックス	52,096,000	51.7%	51.7%	A
長袖Tシャツ	6,943,200	6.9%	58.6%	A
～	～	～	～	～
クリアファイル	86,000	0.10%	99.9%	C
キーホルダー	78,600	0.10%	100.0%	C

（第3図）

処理条件

1. 商品コードは 1 からの連番であり，配列 SMei に商品名を，配列 STanka に単価を記憶する。なお，商品は 30 種類以下であり，SMei と STanka の添字は商品コードに対応している。

配列

	SMei
(0)	
(1)	タオル
(2)	メガホン
～	～
(30)	シール

	STanka
(0)	
(1)	1000
(2)	2000
～	～
(30)	800

2. 球団番号は 1(巨大) ～ 12(若鷹) であり，配列 KMei に球団名を記憶する。なお，KMei の添字は球団番号と対応している。

配列

KMei	(0)	(1)	(2)	～	(11)	(12)
		巨大	中目	～	白犬	若鷹

3. 配列 KSu に各球団の観客数を記憶する。なお，KSu の添字は球団番号と対応している。

配列

KSu	(0)	(1)	(2)	～	(11)	(12)
				～		

4. 第2図の売上データを読み，球団・販売区分ごとに配列 Syu に売上額を集計する。なお，Syu の 0 行目には球団・区分ごとの合計を求める。Syu の行方向の添字は商品コードと対応している。販売区分は，1 が球場内，2 が球場外である。

配列

Syu	(0)	(1)	(2)	～	(12)	(13)	(14)	～	(24)	
(0)				～				～		(合計)
(1)				～				～		
～		～	～	～	～	～	～	～	～	
(30)				～				～		
		(巨大)	(中目)	～	(若鷹)	(巨大)	(中目)		(若鷹)	
				(球場内)				(球場外)		

5. データが終了したら次の処理を行う。
   - 球団ごとに観客 1 人あたりの売上高を次の計算式で求め，第3図のように表示する。
     1人あたりの売上高 ＝ （球場内の売上高の合計 ＋ 球場外の売上高の合計） ÷ 観客数計
   - 配列 Work を利用して，球団・販売区分ごとに売上金額計の降順に並べる。

配列

Work	(0)	(1)	(2)	～	(12)	(13)	(14)	～	(24)
(0)				～				～	
(1)				～				～	
～		～	～	～	～	～	～	～	～
(30)				～				～	
		(巨大)	(中目)	～	(若鷹)	(巨大)	(中目)		(若鷹)
				(球場内)				(球場外)	

6. キーボードより，球団番号と販売区分を入力すると次の処理を行う。
   - 球団名と販売区分を表示する。
   - 売上高が 0 のグッズは表示しない。
   - 入力した球団番号と販売区分について，売上比率を次の計算式で求めてグッズ別集計結果を表示する。
     売上比率 ＝ 球団・販売区分ごとの売上金額計 × 100 ÷ 球団・販売区分ごとの売上金額計の合計
   - ABC 分析を行う。売上比率累計が 70%以下を A，90%以下を B，それ以外を C と表示する。

7. データにエラーはないものとする。

＜流れ図＞

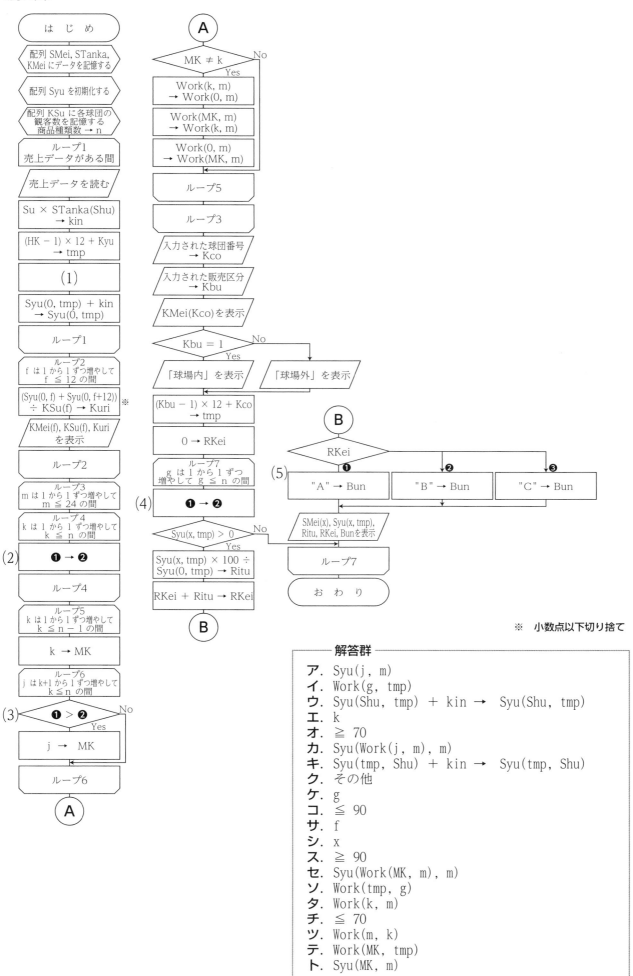

※　小数点以下切り捨て

──解答群──

ア．Syu(j, m)

イ．Work(g, tmp)

ウ．Syu(Shu, tmp) + kin → Syu(Shu, tmp)

エ．k

オ．≧ 70

カ．Syu(Work(j, m), m)

キ．Syu(tmp, Shu) + kin → Syu(tmp, Shu)

ク．その他

ケ．g

コ．≦ 90

サ．f

シ．x

ス．≧ 90

セ．Syu(Work(MK, m), m)

ソ．Work(tmp, g)

タ．Work(k, m)

チ．≦ 70

ツ．Work(m, k)

テ．Work(MK, tmp)

ト．Syu(MK, m)

第10回　模擬問題　　制限時間：60分　解答 ➡ P.46

【1】　次の説明文に最も適した答えを解答群から選び，記号で答えなさい。

1．システムに処理を要求してから，処理が完了するまでの時間。

2．インターネット上で送受信するデータを暗号化し，第三者による盗聴を防ぐ技術。

3．システムの開発工程のうち，システムに実装する機能や求められる性能などを明確にしていく工程。

4．通信機器が持つ機能の一つで，設定された基準により，受信したデータを通過させるか破棄するかを判断する機能。

5．下位のモジュールから順に結合しながら正しく動作するか確認するテスト。

　　┌─ 解答群 ─────────────────────────────┐
　　│　**ア**．パケットフィルタリング　**イ**．ブラックボックステスト　**ウ**．内部設計　│
　　│　**エ**．レスポンスタイム　　　　**オ**．SSL（TLS）　　　　　　**カ**．RASIS　　│
　　│　**キ**．要件定義　　　　　　　　**ク**．シンクライアント　　　　**ケ**．ボトムアップテスト　│
　　│　**コ**．トップダウンテスト　　　**サ**．ターンアラウンドタイム　**シ**．SQLインジェクション　│
　　└───────────────────────────────────┘

【2】　次のA群の語句に最も関係の深い説明文をB群から選び，記号で答えなさい。

＜A群＞　1．ウォータフォールモデル　2．ドライバ　　　　　　3．サブネットマスク
　　　　　　4．プログラミング　　　　　5．TCP/IP

＜B群＞

ア．要件定義からテストまでの工程を順に進め，前の工程に戻らないことを前提としているシステム開発の手法。

イ．ネットワークに接続された機器を一意に識別するために用いられる，製造時に割り振られるアドレス。

ウ．プログラム設計をもとに，プログラム言語を用いてコーディングからテストランまでを行う工程。

エ．受信したメールをサーバ上で管理し，手元のメーラにサーバからダウンロードしてメールの閲覧を行う形式の通信規約。

オ．IPアドレスにおけるネットワーク部とホスト部を識別するために使用する数値。

カ．トップダウンテストにおいて，未完成の下位モジュールの代替となるモジュール。

キ．環境が異なるコンピュータ間でも通信を可能とする，インターネットで標準的に利用される通信規約。

ク．要件定義で決定した内容をもとに，画面や帳票などのユーザインタフェースを設計する工程。

ケ．開発するシステムを機能ごとに分割し，サブシステムごとに設計，プログラミング，テストを繰り返しながら完成させていくシステム開発の手法。

コ．ボトムアップテストにおいて，未完成の上位モジュールの代替となるモジュール。

【3】　次の説明文に最も適した答えをア，イ，ウの中から選び，記号で答えなさい。なお，５．について
は数値を答えなさい。

１．10進数の 0.375 を2進数で表したもの。

　　ア．0.001　　　　　　　　　**イ**．0.011　　　　　　　　　**ウ**．0.111

２．コンピュータが扱える桁数で数値を表現するために，端数処理を行った結果が本来の計算結果と
は異なってしまう現象。

　　ア．情報落ち　　　　　　　　**イ**．桁落ち　　　　　　　　**ウ**．丸め誤差

３．LANに接続されたコンピュータからインターネットに接続する際，プライベートIPアドレスをグ
ローバルIPアドレスに変換する機能。

　　ア．NAT　　　　　　　　　　**イ**．DMZ　　　　　　　　　**ウ**．VPN

４．複数のハードディスク装置をひとつの装置のように扱い，冗長性を持たせることで信頼性を向上
させたり，分散して書き込むことにより，データの保存を高速化させたりすることができる技術。

　　ア．NAS　　　　　　　　　　**イ**．RAID　　　　　　　　　**ウ**．MTTR

５．1.0Gbpsの通信回線を使用してあるデータを送信した際，転送時間は320秒であった。回線の伝送
効率が40％の場合，送信したデータは何GBか。

【4】 次の各問いに答えなさい。

問1．プログラムの説明を読んで，プログラムの(1)～(3)にあてはまる答えを解答群から選び，記号で答えなさい。

＜プログラムの説明＞

処理内容

　引数で渡された配列に記憶されている数値を並べ替えてディスプレイに表示する。

処理条件

1．配列 Juryo にはデータが記憶されている。なお，データ件数は n に記憶されている。

　　配列

Juryo 　(0) 　(1) 　～ 　(n − 1) 　(n)

	5.7	～	8.1	7.3

2．配列 Juryo の数値を昇順に並べ替える。

3．並べ替えが終わったら，配列 Juryo の内容を表示する。

＜プログラム＞

```
Sub Programl(Juryo() As Double, n As Long)
    Dim f As Long
    Dim Hoz As Long
    Dim g As Long
    Dim Temp As Double
    Dim i As Long
    For f = 1 To n − 1
            (1)
        For g = f + 1 To n
            If Juryo(g) < Juryo(Hoz) Then
                Hoz = g
            End If
        Next g
        If f <> Hoz Then
                (2)
            Juryo(f) = Juryo(Hoz)
            Juryo(Hoz) = Temp
        End If
    Next f
    For       (3)
        MsgBox (Juryo(i))
    Next i
End Sub
```

―― 解答群 ――

ア．Temp = Juryo(f)

イ．Hoz = n

ウ．i = 1 To Hoz

エ．Hoz = f

オ．Temp = Juryo(n)

カ．i = 1 To n

問2． プログラムの説明を読んで，プログラムの(4)～(5)にあてはまる答えを解答群から選び，記号で答えなさい。

＜プログラムの説明＞

処理内容

　引数で渡された配列に記憶されている文字列を探索してメッセージをディスプレイに表示する。

処理条件

1．配列 Menu にはデータが昇順で記憶されている。なお，データ件数は n に記憶されており，同じ文字列はないものとする。

　配列

Menu　　　(0)　　　(1)　　　～　　　(n－1)　　(n)

	Beef	～	Seafood	Vegitable

2．キーボードから入力した文字列をもとに配列 Menu を探索し，見つかった場合は 該当データあり を，見つからなかった場合は 該当データなし を表示する。

＜プログラム＞

```
Sub Program2(Menu() As String, n As Long)
    Dim Dat As String
    Dim Low As Long
    Dim High As Long
    Dim Mid As Long
    Dat = InputBox("データを入力して下さい")
    Low = 0
    High = n + 1
    Mid = Int((Low + High) / 2)
    Do While |    (4)    | And Menu(Mid) <> Dat
        If Menu(Mid) < Dat Then
            |    (5)    |
        Else
            | 解答不要 |
        End If
        Mid = Int((Low + High) / 2)
    Loop
    If Low + 1 < High Then
        MsgBox ("該当データあり")
    Else
        MsgBox ("該当データなし")
    End If
End Sub
```

─── 解答群 ───
- **ア．** Low + 1 = High
- **イ．** Low = Mid
- **ウ．** Low + 1 < High
- **エ．** High = Mid

【5】 流れ図の説明を読んで，流れ図の⑴～⑸にあてはまる答えを解答群から選び，記号で答えなさい。

<流れ図の説明>

処理内容

スポーツ施設の利用データを読み，スポーツ施設利用状況一覧をディスプレイに表示する。

入力データ

日付 (Hiduke) ××××	施設区分 (Sku) ×	年齢区分 (Nku) ×	利用時間 (Rji) ××	割引券 (Wari) ×

（第1図）

実行結果

```
（スポーツ施設利用状況一覧）
（月）（日）      （人数計）        （料金計）
 10
      1          158          112,200
      ～          ～            ～
     31          189          139,900
                       10月計 3,814,300
 ～
 12
      1          174          122,200
      ～          ～            ～
     28          158          105,000
                       12月計 3,390,700
  （施設名）   （人数合計）    （料金合計）
 体育館         4,667        4,035,400
      ～          ～            ～
 トレーニング室  3,093        2,333,100
                     （総計）10,748,200
```

（第2図）

処理条件

1．第1図のデータは，日付の昇順に記録されている。なお，日付は次の例のように構成されている。また，施設区分は 1 ～ 4，年齢区分は 1 （大人）と 2 （小人），割引券は 0 （無し）と 1 （有り）である。

　　　例　1107　→　11 月 7 日

2．配列 Smei に施設名を，配列 Rkin に 1 時間あたりの料金を記憶する。なお，Smei と Rkin の添字は施設区分と対応している。

配列

Smei	(0)	(1)	(2)	(3)	(4)
		体育館	武道場	プール	トレーニング室

Rkin	(0)	(1)	(2)	(3)	(4)
		300	200	500	600

3．第1図の入力データを読み，次の処理を行う。
   - 月がかわるごとに月を表示する。
   - 日ごとに人数計を集計する。さらに，料金を次の計算式で求め，日ごとに料金計を集計する。なお，配列 NGkei に施設区分ごとの人数合計を，配列 RGkei に施設区分ごとの料金合計を集計する。また，NGkei の添字と RGkei の添字は施設区分と対応している。

　　料金 ＝ 利用時間 × 1 時間あたりの料金 ÷ 年齢区分 － 100 × 割引券 ÷ 年齢区分

配列

NGkei	(0)	(1)	(2)	(3)	(4)

RGkei	(0)	(1)	(2)	(3)	(4)

（総計）

   - 日がかわるごとに日から料金計までを第2図のように表示し，月計を求める。
   - 月がかわるごとに月計を第2図のように表示する。

4．入力データが終了したら次の処理を行う。
   - 施設名から料金合計までを第2図のように表示する。
   - 総計を第2図のように表示する。

5．データにエラーはないものとする。

解答群

ア．Hiduke － Tuki × 100 → Hi

イ．Hi, Nkei, Rkei

ウ．Tuki ＝ Thoz かつ Hi ＝ Hhoz

エ．Hiduke － Tuki → Hi

オ．Hhoz, Nkei, Rkei

カ．1 → Rkei

キ．Tuki ＝ Thoz または Hi ＝ Hhoz

ク．0 → Rkei

ケ．RGkei(Sku) ＋ Rkei → RGkei(Sku)

コ．RGkei(Sku) ＋ Kin → RGkei(Sku)

＜流れ図＞

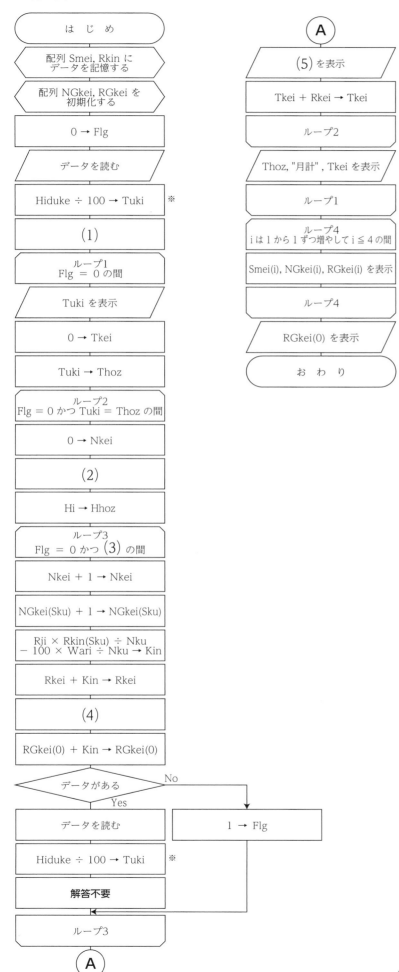

| はじめ |

配列 Smei, Rkin に
データを記憶する

配列 NGkei, RGkei を
初期化する

0 → Flg

データを読む

Hiduke ÷ 100 → Tuki　※

(1)

ループ1
Flg ＝ 0 の間

Tuki を表示

0 → Tkei

Tuki → Thoz

ループ2
Flg ＝ 0 かつ Tuki ＝ Thoz の間

0 → Nkei

(2)

Hi → Hhoz

ループ3
Flg ＝ 0 かつ (3) の間

Nkei ＋ 1 → Nkei

NGkei(Sku) ＋ 1 → NGkei(Sku)

Rji × Rkin(Sku) ÷ Nku
－ 100 × Wari ÷ Nku → Kin

Rkei ＋ Kin → Rkei

(4)

RGkei(0) ＋ Kin → RGkei(0)

データがある　No / Yes

データを読む　　　1 → Flg

Hiduke ÷ 100 → Tuki　※

解答不要

ループ3

A

A

(5) を表示

Tkei ＋ Rkei → Tkei

ループ2

Thoz, "月計" , Tkei を表示

ループ1

ループ4
i は 1 から 1 ずつ増やして i ≦ 4 の間

Smei(i), NGkei(i), RGkei(i) を表示

ループ4

RGkei(0) を表示

おわり

※　小数点以下切り捨て

【6】 流れ図の説明を読んで，流れ図の⑴～⑸にあてはまる答えを解答群から選び，記号で答えなさい。

<流れ図の説明>

処理内容

　企業の財務諸表データを読み，財務諸表分析一覧をディスプレイに表示する。

入力データ

会社コード (Kcod)	会社名 (Kmei)	総資本 (Ssihon)	自己資本 (Zsihon)	売上高 (Uriage)	純利益 (Rieki)	
×××××	×～×	×～×	×～×	×～×	×～×	（第1図）

実行結果

```
（財務諸表分析一覧）
　（自己資本比率(%)）　　　　　　（総資本利益率(%)）　　　　　　（総資本回転期間(年)）
　　　　　　（平均）　52.02　　　　　　（平均）　　0.37　　　　　　　（平均）　　1.41
（順位）　（会社名）　　　　　（順位）　（会社名）　　　　　（順位）　（会社名）
　1位　　AFF株式会社　91.39　　　1位　CNN株式会社　25.44　　　1位　ABD株式会社　0.31
　2位　　BKE株式会社　90.83　　　2位　CKB株式会社　20.63　　　2位　CDC株式会社　0.33
　3位　　AKA株式会社　90.14　　　3位　BNH株式会社　19.54　　　3位　CKA株式会社　0.34
　　～　　　　　～　　　　　　　　　～　　　　～　　　　　　　　　～　　　　～
308位　　DBD株式会社　20.13　　308位　CNF株式会社 −17.88　　308位　CAD株式会社　3.31
309位　　ANN株式会社　18.89　　309位　ACH株式会社 −18.41　　309位　DBD株式会社　3.44
310位　　AFA株式会社　18.80　　310位　CND株式会社 −18.71　　310位　CGG株式会社　3.45
　　～　　　　～　　　　　　　　　～　　　　～　　　　　　　　　～　　　　～
```
（第2図）

処理条件

1．第1図のデータは，会社コードの昇順に記録されており，500 件以下である。

2．配列 Flg に順序種別を記憶する。なお，順序種別は −1（昇順），1（降順）である。

配列

Flg	(0)	(1)	(2)
	1	1	−1

3．第1図のデータを読み，次の処理を行う。

　・　自己資本比率（%），総資本利益率（%），総資本回転期間（年）の 3 つの指標を次の計算式で求め，配列 Wbunseki に記憶し，配列 Wkmei に会社名を記憶する。なお，Wkmei と Wbunseki の行方向の添字は対応し，列方向の添字は配列 Flg の添字と対応している。また，Wbunseki の 0 行名には合計を求める。

　　自己資本比率（%）＝ 自己資本 ÷ 総資本 × 100
　　総資本利益率（%）＝ 純利益 ÷ 総資本 × 100
　　総資本回転期間（年）＝ 総資本 ÷ 売上高

配列

Wkmei	(0)	(1)	(2)		Wbunseki	(0)	(1)	(2)	
(0)					(0)				（合計）
(1)					(1)				
(2)					(2)				
～	～	～	～		～	～	～	～	
(500)					(500)				

（自己資本比率(%)）　（総資本利益率(%)）　（総資本回転期間(年)）

4．入力データが終了したら，次の処理を行う。

　・　3 つの指標をもとに，配列 Wkmei，Wbunseki を指標ごとに並べ替える。なお，並べ替えの基準は順序種別とする。

　・　平均を第2図のように表示する。

　・　配列 Jtmp，Jun を利用し，指標ごとに順位をつける。なお，Jtmp と Jun の添字は配列 Wbunseki の列方向の添字と対応している。また，値が同じ場合，同順位とする。

配列

Jtmp	(0)	(1)	(2)		Jun	(0)	(1)	(2)

　・　指標ごとに順位，会社名，指標を第2図のように表示する。

5．データにエラーはないものとする。

解答群

ア．Wbunseki(0, h) ÷ Kensu → Hei

イ．Jun(h) + 1 → Jun(h)

ウ．Wbunseki(j, h) < Wbunseki(j + 1, h)

エ．h は 1 から 1 ずつ増やして h ≦ Kensu

オ．Wbunseki(0, h) + Wbunseki(g, h) → Wbunseki(0, h)

カ．Wbunseki(p, h) × Flg(h) < Wbunseki(p + 1, h) × Flg(h)

キ．Wbunseki(0, 0) + Wbunseki(g, h) → Wbunseki(0, 0)

ク．h は 0 から 1 ずつ増やして h ≦ 2

ケ．Wbunseki(0, 0) ÷ Kensu → Hei

コ．g → Jun(h)

＜流れ図＞

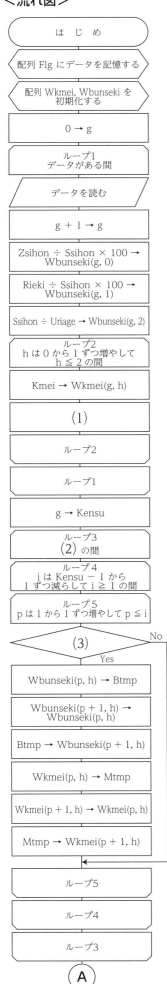

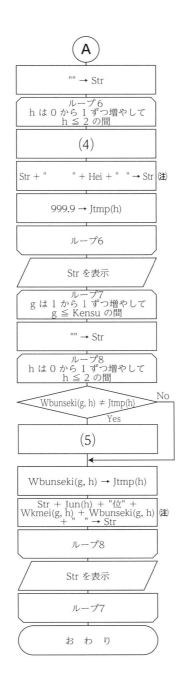

（注）　ここでの「＋」は，文字列結合を意味する。

【7】 流れ図の説明を読んで，流れ図の⑴〜⑸にあてはまる答えを解答群から選び，記号で答えなさい。

＜流れ図の説明＞

処理内容

　あるメーカの従業員データと 1 年分の売上データを読み，店舗別製品別営業成績一覧表を表示する。

入力データ

従業員データ

従業員コード （Cod） ×××	氏名 （Mei） ×〜×	（第1図）

売上データ

売上日 （Ubi） ××××	従業員コード （Ujcod） ×××	製品コード （Uscod） ×	売上数 （Usuu） ×××	（第2図）

実行結果

```
（店舗別製品別営業成績一覧表）
（店舗名）（店舗売上数合計）（順位）（製品名）（売上数計）（最高売上数と従業員氏名）
東京店      7,421
                        5位  製品A      876     79   藤本  沙織      中野  洋
                        2位  製品B    1,270     89   平松  太郎
                        〜                       〜          〜            〜
                        4位  製品F      961     86   藤澤  浩二
                        5位  製品G      876     77   竹田  裕之
      〜
埼玉店      2,154
                        7位  製品A      126     48   三上  秀雄      及川  紘子   〜
                        5位  製品B      257     77   石黒  圭介
                        〜                       〜          〜            〜
                        2位  製品F      428     75   堀井  理紗子
                        3位  製品G      313    132   岸本  真希子
```
（第3図）

処理条件

1．第1図の従業員データは従業員コードの昇順に記録されている。なお，従業員コードは次の例のように構成されており，従業員は 200 名以下である。また，店舗コードは 1（東京店）〜 4（埼玉店），店舗内連番は 1 からの連番であり，すべての店舗に対する従業員データがある。

　　　例　239　→　　　　　2　　　　　　39
　　　　　　　　　　　店舗コード　店舗内連番

2．第2図の売上データは売上日の昇順に記録されている。なお，製品コードは 1（製品A）〜 7（製品G）である。

3．配列 Tmei に店舗名，配列 Smei に製品名を記憶する。なお，Tmei の添字は店舗コードと対応し，Smei の添字は製品コードと対応している。

配列

	(0)	(1)	〜	(4)
Tmei		東京店	〜	埼玉店

	(0)	(1)	〜	(7)
Smei		製品A	〜	製品G

4．第1図の従業員データを読み，配列 Jcod に従業員コードを，配列 Jmei に氏名を記憶する。なお，Jcod と Jmei の添字は対応している。

配列

	Jcod
(0)	
(1)	
〜	〜
(200)	

	Jmei
(0)	
(1)	
〜	〜
(200)	

5．第2図の売上データを読み，配列 Jkei に従業員ごとの製品別売上数を，配列 Tkei に店舗ごとの製品別売上数を集計する。なお，Tkei の 0 列目には合計を求める。また，Jkei の行方向の添字は配列 Jcod と，Tkei の行方向の添字は Tmei と，Jkei と Tkei の列方向の添字は配列 Smei と対応している。

配列

Jkei	(0)	(1)	〜	(7)
(0)			〜	
(1)			〜	
(2)			〜	
〜	〜	〜	〜	〜
(200)			〜	

Tkei	(0)	(1)	〜	(7)
(0)			〜	
(1)			〜	
〜	〜	〜	〜	〜
(4)			〜	
（合計）				

6．データを読み終えたあと，配列 Tmax を利用して店舗ごとに製品別最高売上数を求める。さらに，配列 Tjun を利用して店舗ごとに売上数計の降順に順位をつけ，店舗別製品別営業成績一覧表を第3図のように表示する。なお，売上数計が同じ場合は同順位とする。また Tmax と Tjun の添字は配列 Tkei と対応している。

配列

Tmax	(0)	(1)	〜	(7)
(0)			〜	
(1)			〜	
〜	〜	〜	〜	〜
(4)			〜	

Tjun	(0)	(1)	〜	(7)
(0)			〜	
(1)			〜	
〜	〜	〜	〜	〜
(4)			〜	

7．データにエラーはないものとする。

<流れ図>

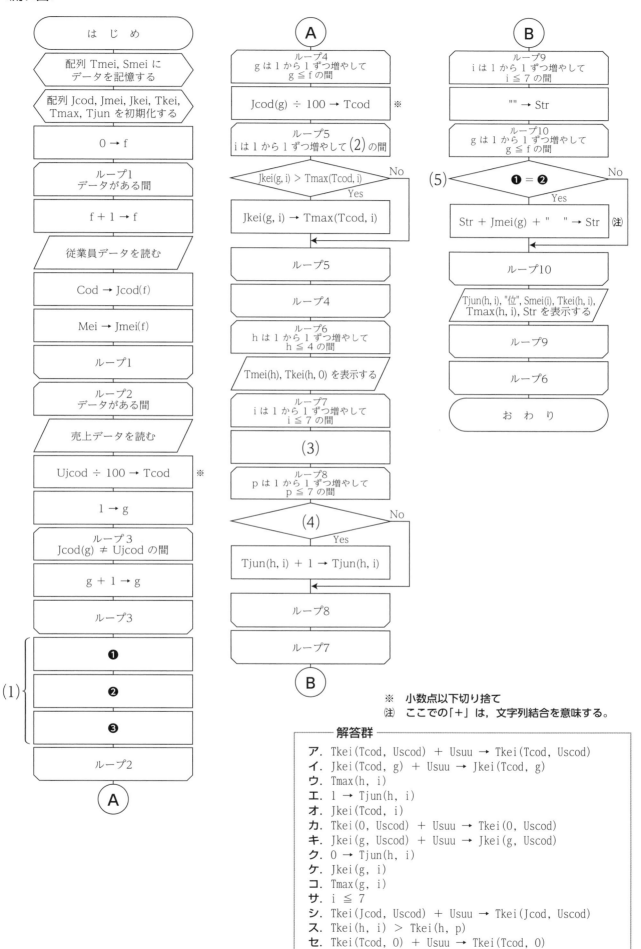

※　小数点以下切り捨て

(注)　ここでの「+」は，文字列結合を意味する。

―解答群―

ア．Tkei(Tcod, Uscod) + Usuu → Tkei(Tcod, Uscod)

イ．Jkei(Tcod, g) + Usuu → Jkei(Tcod, g)

ウ．Tmax(h, i)

エ．1 → Tjun(h, i)

オ．Jkei(Tcod, i)

カ．Tkei(0, Uscod) + Usuu → Tkei(0, Uscod)

キ．Jkei(g, Uscod) + Usuu → Jkei(g, Uscod)

ク．0 → Tjun(h, i)

ケ．Jkei(g, i)

コ．Tmax(g, i)

サ．i ≦ 7

シ．Tkei(Jcod, Uscod) + Usuu → Tkei(Jcod, Uscod)

ス．Tkei(h, i) > Tkei(h, p)

セ．Tkei(Tcod, 0) + Usuu → Tkei(Tcod, 0)

ソ．i ≦ f

タ．Tkei(h, i) < Tkei(h, p)

第11回 模擬問題

制限時間：60分　解答 ➡ P.50

【1】　次の説明文に最も適した答えを解答群から選び，記号で答えなさい。

1．コンピュータ同士がネットワークを介してデータをやり取りするための通信規約。

2．システムの5つの評価指標である「信頼性」「可用性」「保守性」「完全性」「安全性」の頭文字をとったもの。

3．システムが要件定義で定められた処理速度や，一度に処理可能なデータ量などの性能に関する要求を満たしているか確認するテスト。

4．コンピュータの評価指標の一つであり，1秒間に何百万回の命令を実行できるかを表したもの。

5．プログラムが主記憶装置のどのアドレス番地に配置されても実行できる性質のこと。

解答群

ア．OSI参照モデル　　　イ．RAID　　　　　　ウ．MIPS

エ．RASIS　　　　　　　オ．機能テスト　　　　カ．リエントラント

キ．スループット　　　　ク．プロトコル　　　　ケ．負荷テスト

コ．リユーザブル　　　　サ．性能テスト　　　　シ．リロケータブル

【2】　次のA群の語句に最も関係の深い説明文をB群から選び，記号で答えなさい。

＜A群＞　1．ミラーリング　　　2．ハブ　　　　　3．リスクマネジメント
　　　　　4．リスト　　　　　　5．フォールトトレラント

＜B群＞

ア．複数のハードディスク装置にデータブロック単位で分割して書き込むことで読み込みや書き込みの処理速度を向上させる技術。一方で信頼性が低下する。

イ．LANなどのネットワークを構築する際，LANケーブルを中継してコンピュータ同士を接続する役割りを果たす集線措置。

ウ．企業が抱えるリスクの存在の有無や，リスクの影響範囲，影響の度合いなどを評価する活動。

エ．データと前後のデータの位置情報を表すポインタで構成されるデータ構造。整列済みのデータに対して，新たなデータを追加したり，削除したりする処理を効率的に行える。

オ．システムに障害が発生しないよう，システムを構成する装置の信頼性を高めたり，予防保守を行ったりする障害対策。

カ．システムに障害が発生した際，予備のシステムに処理を移行することで性能を落とすことなく運転を継続する障害対策。

キ．一つの要素から下位に位置する複数のデータに枝分かれした状態でデータを管理する階層型のデータ構造。

ク．企業が抱えるリスクを評価して，具体的な対応策を検討し，実行する活動のこと。影響が深刻だと判断されれば，影響を小さくしたり，事象が発生しないようにしたりするなどの対策をとる。

ケ．プロトコルが同じネットワーク同士を相互に接続する通信機器。経路選択機能を持ち，データを適切な経路で中継する役割りを果たす。

コ．複数のハードディスク装置に同じデータをブロック単位で書き込むことで信頼性を向上させる技術。保存できる記憶容量は，全記憶容量の半分となる。

【3】　次の説明文に最も適した答えをア，イ，ウの中から選び，記号で答えなさい。なお，5．については数値を答えなさい。

1．2進数の 11010111 と 101011 の差を16進数で表したものはどれか。

　　　ア．172　　　　　　　　　　　イ．AB　　　　　　　　　　　ウ．AC

2．インターネットに接続するコンピュータに割り当てられるアドレス。インターネット上の住所に相当するもので，世界で一意となるように設定される。

　　　ア．プライベートIPアドレス　　イ．グローバルIPアドレス　　ウ．MACアドレス

3．システム開発において，システムを開発者側の観点で機能単位のモジュールに分割し，モジュール間のインタフェースなどを設計する開発工程。

　　　ア．内部設計　　　　　　　　　イ．外部設計　　　　　　　　ウ．プログラム設計

4．コンピュータの演算で利用される小数の表示形式のうち，符号部，指数部，仮数部で構成された小数点形式。有効桁数を無駄なく利用することでより正確な小数の計算ができる。

　　　ア．2進化10進数　　　　　　　イ．固定小数点形式　　　　　ウ．浮動小数点形式

5．解像度が500dpiで24ビットカラーの画像を取り込むスキャナーを使って，縦35cm，横20cmの写真を85％に圧縮してデジタルデータとして保存する。1GBのフラッシュメモリに保存可能な写真の枚数を求めなさい。ただし，1インチ＝2.5cm，1GB＝10^9Bとする。

【4】 次の各問いに答えなさい。

問1．プログラムの説明を読んで，プログラムの⑴〜⑵にあてはまる答えを解答群から選び，記号で答えなさい。

＜プログラムの説明＞

処理内容

　　引数で渡された配列に記憶されている数値に順位をつけてディスプレイに表示する。

処理条件

1．配列 Ten には数値が記憶されている。なお，データ件数は n 件である。

　　配列

Ten	(0)	(1)	〜	(n − 2)	(n − 1)
	80	50	〜	60	45

2．配列 Jun を利用し，配列 Ten の数値の降順に順位をつけて Ten と Jun の内容を表示する。なお，数値が同じ場合は同順位とする。

　　配列

Jun	(0)	(1)	〜	(n − 2)	(n − 1)
			〜		

＜プログラム＞

```
Sub Program1(Ten() As Long, Jun() As Long n As Long)
    Dim h As Long
    Dim k As Long
    Dim p As Long
    For h = 0 To n − 1
        Jun(h) = 1
    Next h
    For        (1)
        For p = k + 1 To n − 1
            If Ten(k) < Ten(p) Then
                    (2)
            ElseIf Ten(k) > Ten(p) Then
                解答不要
            End If
        Next p
    Next k
    For h = 0 To n − 1
        MsgBox (Jun(h) & "位" & Ten(h))
    Next h
End Sub
```

解答群

ア．k = 0 To n − 2

イ．Jun(k) = Jun(k) + 1

ウ．Jun(p) = Jun(p) + 1

エ．k = 1 To n − 1

問2． プログラムの説明を読んで，プログラムの(3)～(5)にあてはまる答えを解答群から選び，記号で答えなさい。

＜プログラムの説明＞

処理内容

　引数で渡された配列に記憶されている文字列を並べ替えてディスプレイに表示する。

処理条件

1．配列 Word には文字列が記憶されている。なお，データ件数は n 件である。

　　配列

Word	(0)	(1)	～	(n－1)	(n)
		i	～	be	right

2．配列 Word の文字列を昇順に並べ替える。

3．並べ替えが終わったら，配列 Word の内容を表示する。

＜プログラム＞

```
Sub Program2(Word() As String, n As Long)
    Dim h As Long
    Dim j As Long
    For [     (3)     ]
        For j = 1 To h
            If Word(j) > Word(j + 1) Then
                Word(0) = Word(j)
                [     (4)     ]
                Word(j + 1) = Word(0)
            End If
        Next j
    Next h
    For h = 1 To n
        MsgBox ([     (5)     ])
    Next h
End Sub
```

―― 解答群 ――

ア．h = 1 To n － 1

イ．Word(h)

ウ．h = n － 1 To 1 Step －1

エ．Word(j + 1) = Word(j)

オ．Word(j) = Word(j + 1)

カ．Word(j)

【5】 流れ図の説明を読んで，流れ図の(1)～(5)にあてはまる答えを解答群から選び，記号で答えなさい。

＜流れ図の説明＞

処理内容

　コンビニエンスストアの売上データを読み込み，売上集計表をディスプレイに表示する。

入力データ

売上データ

商品コード (Scode) ××××	販売時刻 (Ji) ××××	数量 (Su) ××××

（第1図）

実行結果

```
（売上集計表）
        （食料品）  （日用品）  （書籍）   （医薬品）  （その他）（時間合計）
 0時台   67,010    71,710   150,720   118,960    3,300    411,700
                              ～
23時台   25,050    28,170    54,320    39,960    2,260    149,760
商品合計 636,560   636,430 1,810,640 1,253,280  118,800  4,455,710
```

（第2図）

処理条件

1. 第1図の商品コードは次の例のように構成されている。なお，分類コードは 1（食料品）～ 5（その他）である。

　　例　1102　→　　<u>1</u>　　　<u>102</u>

　　　　　　　　　　 分類コード　 連番

2. 第1図の販売時刻は次の例のように構成されている。なお，時間帯は，0（0 時台）～ 23（23 時台），分は 00 ～ 59 である。

　　例　1325　→　　<u>13</u>　　<u>25</u>

　　　　　　　　　　時間帯　　分

3. 配列 Shohin に商品コード，単価を商品コードの昇順に記憶する。なお，商品の種類は 1000 種類以内である。

配列

Shohin	(0)	(1)
(0)	1001	480
(1)	1002	440
～	～	～
(999)		
	（商品コード）	（単　価）

4. 第1図の売上データを読み，次の処理を行う。

　・ 商品コードをもとに配列 Shohin を探索し，売上金額を次の計算式で求め，配列 Ukei に集計する。なお，24 行目には分類計を，6 列目には時間帯計を，24 行目，6 列目には総合計を求める。また，Ukei の行方向の添字は時間帯と，列方向の添字は分類コードとそれぞれ対応している。

　　　　売上金額 ＝ 単価 × 数量

配列

Ukei	(0)	(1)	～	(5)	(6)	
(0)			～			（0時台）
(1)			～			（1時台）
～	～	～	～	～	～	
(24)			～			（分類計）
	（食料品）	～		（その他）	(時間帯計)	

5. データにエラーはないものとする。

解答群

ア．n → Hi

イ．Ukei(Bco, Hour) + Uri→ Ukei(Bco, Hour)

ウ．Shohin(Mi, 0) × Su → Uri

エ．n － 1 → Hi

オ．h ＜ 24

カ．Mi － 1 → Hi

キ．h ＞ 24

ク．Shohin(Mi, 1) × Su → Uri

ケ．Mi ＋ 1 → Lo

コ．Ukei(Hour, Bco) + Uri → Ukei(Hour, Bco)

<流れ図>

```
            ┌─────────────────────┐
            │     は　じ　め      │
            └─────────────────────┘
            ╱ 配列 Shohin          ╲
           ╱  にデータを記憶する    ╲
            ╲─────────────────────╱
            ╱ 配列 Ukei を初期化する ╲
            ╲─────────────────────╱
            │  データ件数 → n       │
            ├─────────────────────┤
            │  ループ1             │
            │  データがある間       │
            ╱  データを読む         ╱
            │  0 → Lo              │
            ├─────────────────────┤
            │       (1)            │
            ├─────────────────────┤
            │ (Lo + Hi) ÷ 2 → Mi   │ ※
            ├─────────────────────┤
            │  ループ2             │
            │  Scode ≠ Shohin(Mi, 0)│
            │  かつ Lo < Hi の間    │
            ◇ Scode < Shohin(Mi, 0) ◇── No ──┐
                     │ Yes                     │
            ┌──────────────┐   ┌──────────────┐
            │   解答不要    │   │     (2)      │
            └──────────────┘   └──────────────┘
                     │◄───────────────┘
            │ (Lo + Hi) ÷ 2 → Mi   │ ※
            ├─────────────────────┤
            │  ループ2             │
            ├─────────────────────┤
            │ Ji ÷ 100 → Hour      │ ※
            ├─────────────────────┤
            │ Scode ÷ 1000 → Bco   │ ※
            ├─────────────────────┤
            │       (3)            │
            ├─────────────────────┤
            │       (4)            │
            ├─────────────────────┤
            │ Ukei(Hour, 6) + Uri  │
            │ → Ukei(Hour, 6)      │
            ├─────────────────────┤
            │ Ukei(24, Bco) + Uri  │
            │ → Ukei(24, Bco)      │
            ├─────────────────────┤
            │ Ukei(24, 6) + Uri    │
            │ → Ukei(24, 6)        │
            ├─────────────────────┤
            │  ループ1             │
            └─────────────────────┘
                     (A)
```

```
                     (A)
            ┌─────────────────────┐
            │  ループ3             │
            │  h は 0 から 1 ずつ増やして │
            │  h ≦ 24 の間         │
            ◇        (5)          ◇── No ──┐
                     │ Yes                  │
            ╱ h, "時台" を表示 ╱   ╱ "商品合計" を表示 ╱
                     │◄───────────────────┘
            │  ループ4             │
            │  j は 1 から 1 ずつ増やして │
            │  j ≦ 6 の間          │
            ╱  Ukei(h, j) を表示   ╱
            │  ループ4             │
            ├─────────────────────┤
            │  ループ3             │
            └─────────────────────┘
            │     お　わ　り      │
            └─────────────────────┘
```

※　小数点以下切り捨て

【6】　流れ図の説明を読んで，流れ図の(1)〜(5)にあてはまる答えを解答群から選び，記号で答えなさい。

＜流れ図の説明＞

処理内容

　アンケートデータを読み，アンケート集計結果と年代別最大回答数をディスプレイに表示する。

入力データ

年齢 (Nen) ××	質問番号 (Qes) ×	回答番号 (Ans) ×

（第1図）

実行結果

```
（アンケート集計結果）
10代    （回答1）      （回答2）      （回答3）      （回答4）      （回答5）
問1     9件：（14%）   13件：（20%）  14件：（21%）  16件：（25%）  12件：（18%）
問2    15件：（23%）   12件：（19%）  16件：（25%）  10件：（15%）  10件：（15%）
問3     9件：（11%）   11件：（13%）  21件：（26%）  18件：（22%）  21件：（26%）
問4    18件：（27%）   10件：（15%）  11件：（16%）  15件：（23%）  11件：（16%）
問5    13件：（19%）   10件：（14%）  12件：（17%）  17件：（25%）  16件：（23%）
                                    〜
（年代別最大回答数）
10代：問3回答3  20代：問3回答5  30代：問1回答2
40代：問4回答4  50代：問5回答3  60代：問2回答3
```

（第2図）

処理条件

1．第1図のアンケートデータは，年齢，質問番号の昇順に記憶されている。なお，年齢は，10 〜 69，質問番号は，1 〜 5，回答番号は，1（まったくあてはまらない）〜 5（とてもあてはまる）である。

2．入力データを読み，次の処理を行う。

　・　年齢から年代を求める。

　・　配列 Kei に年代の質問番号，回答番号ごとの件数を集計する。なお，Kei の 0 列目には合計を求める。また，Kei の行方向の添字は質問番号と，列方向の添字は回答番号とそれぞれ対応している。

配列

```
Kei          (0)    (1)    〜    (5)
      (0) ┌──────┬──────┬──────┬──────┐
          │▒▒▒▒▒▒│▒▒▒▒▒▒│  〜  │▒▒▒▒▒▒│
      (1) ├──────┼──────┼──────┼──────┤
          │      │      │  〜  │      │
       〜 ├──────┼──────┼──────┼──────┤
          │  〜  │  〜  │  〜  │  〜  │
      (5) ├──────┼──────┼──────┼──────┤
          │      │      │  〜  │      │
          └──────┴──────┴──────┴──────┘
          （合計）
```

　・　質問番号と回答番号ごとの割合を計算する。回答数が 0 件の質問は，割合を 0 ％とする。

　・　年代が変わるごとに質問番号と回答番号ごとの回答件数と割合を第2図のように表示する。

3．入力データが終了したら，配列 Analysis に年代ごとの最大回答数である質問番号と回答番号を記憶して，第2図のように表示する。

配列

```
Analysis    (0)    (1)    (2)    (3)    (4)    (5)    (6)
          ┌──────┬──────┬──────┬──────┬──────┬──────┬──────┐
          │▒▒▒▒▒▒│      │      │      │      │      │      │
          └──────┴──────┴──────┴──────┴──────┴──────┴──────┘
               （10代）（20代）（30代）（40代）（50代）（60代）
```

4．データにエラーはないものとする。

```
─── 解答群 ───
ア．Kei(Qes, Ans) ＋ 1 → Kei(Qes, Ans)
イ．Kei(h, j) ＜ Max
ウ．"問", Qes, "回答", Ans → Analysis(Soe)
エ．Age → Hnen
オ．999 → Kei(j, h)
カ．Kei(Ans, Qes) ＋ 1 → Kei(Ans, Qes)
キ．Kei(h, j) ＞ Max
ク．Nen → Hnen
ケ．0 → Kei(h, j)
コ．"問", MaxQes, "回答", MaxAns → Analysis(Soe)
```

＜流れ図＞

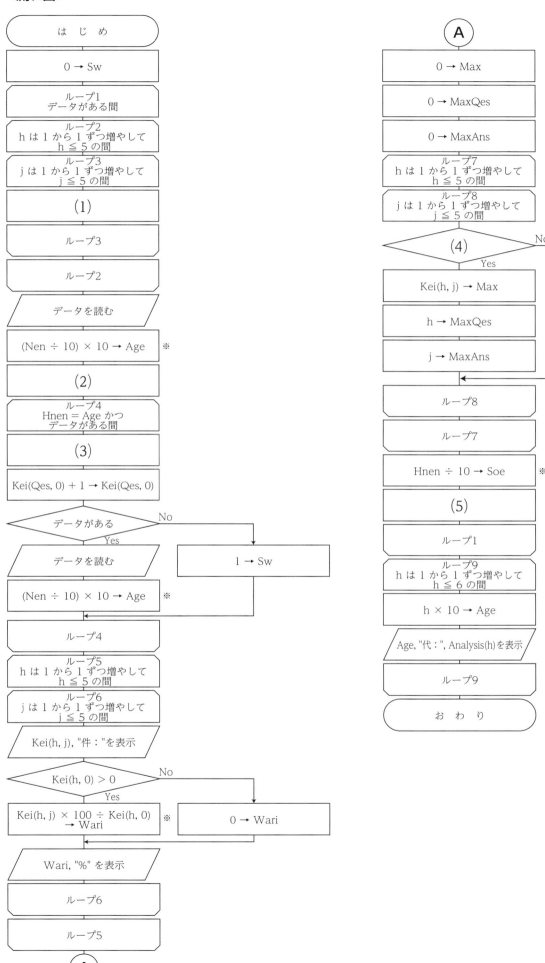

※ 小数点以下切り捨て

【7】 流れ図の説明を読んで，流れ図の(1)～(5)にあてはまる答えを解答群から選び，記号で答えなさい。

＜流れ図の説明＞

処理内容

　校内陸上大会のデータを読み，校内陸上大会決勝進出者一覧とクラス別得点一覧をディスプレイに表示する。

入力データ

競技番号 (Ecode)	生徒番号 (Sban)	記録 (Rec)
××	××××	×～×.××

（第1図）

実行結果

```
(校内陸上大会決勝進出者一覧)
男子100m    生徒番号    1114    2311    3333    3327    3308    3319    2135    2205
            予選記録   12.01   12.02   12.04   12.10   12.13   12.14   12.28   12.28
女子100m    生徒番号    2316    2129    1101    1320    2309    2129    1122    3334
            予選記録   13.01   13.02   13.23   13.36   13.48   13.61   13.63   13.65
  〜           〜        〜      〜      〜      〜      〜      〜      〜      〜
女子4×100mR 生徒番号    3105 *  2213    2312    3101    2332    1307    3126    3325
            予選記録   53.00   53.22   53.71   53.87   54.00   54.07   54.46   54.52

(クラス別得点一覧)
1年1組：    61      1年2組：    38      1年3組：    44
2年1組：    52      2年2組：    57      2年3組：    79
3年1組：    50      3年2組：    75      3年3組：    48
```

（第2図）

処理条件

1．第1図の競技番号は，1（男子 100m）～ 14（女子 4 × 100mR）までである。

2．生徒番号は，次の例のように構成されている。なお，出席番号は，1 ～ 40 番までである。

　　　　例　1101　→　　　1　　1　　01
　　　　　　　　　　　学年　組　出席番号

3．記録は，秒を単位として 100 分の 1 秒まで記録されている。

4．配列 Eno に競技番号を，Emei に競技名を，NewRec に競技ごとの大会記録をそれぞれ記憶する。なお，各配列の添字は，それぞれ対応している。

配列

Eno		Emei		NewRec	
(0)		(0)		(0)	
(1)	M100	(1)	男子100m	(1)	11.51
(2)	W100	(2)	女子100m	(2)	12.46
〜		〜		〜	
(14)	W100R	(14)	女子4×100mR	(14)	53.10

5．第1図の入力データを読み，次の処理を行う。

　・ 競技ごとに決勝に進出する上位 8 位までの生徒番号を配列 Finalist に，記録を配列 Record にそれぞれ記憶する。なお，8 位以下の記録が同記録の場合，先に記憶されているデータを決勝進出者とする。また，各配列の行方向の添字は競技番号と対応している。

配列

Finalist	(0)	(1)	〜	(8)
(0)			〜	
(1)			〜	
〜	〜	〜	〜	〜
(14)			〜	
	(1位)	〜	(8位)	

Record	(0)	(1)	〜	(8)
(0)			〜	
(1)			〜	
〜	〜	〜	〜	〜
(14)			〜	
	(1位)	〜	(8位)	

　・ 競技番号ごとに記録の昇順に生徒番号と記録を並べ替える。

　・ 配列 Syukei に決勝進出者の学年，組ごとの得点を集計する。得点は，次のように計算する。

配列

Syukei	(0)	(1)	(2)	(3)	
(0)					
(1)					(1年)
(2)					(2年)
(3)					(3年)
	(1組)	(2組)	(3組)		

順位	1位	2位	3位	4位	5位	6位	7位	8位
得点	8点	7点	6点	5点	4点	3点	2点	1点

6．入力データが終了したら第2図のように校内陸上大会決勝進出者一覧を次のとおり表示する。

　・ 決勝進出者の記録が大会記録より速い場合，生徒番号の隣に ＊ を表示する。

　・ 記録が 60 秒以上の場合，分単位に変換して，次の例のように表示する。

　　　　例　63.52　→　1.03.52

7．第2図のようにクラス別得点一覧表を表示する。

8．データにエラーはないものとする。

＜流れ図＞

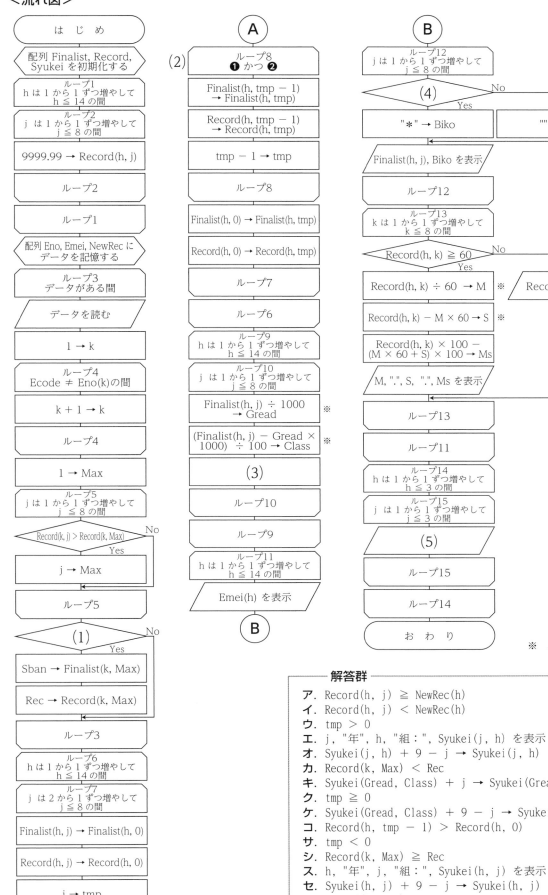

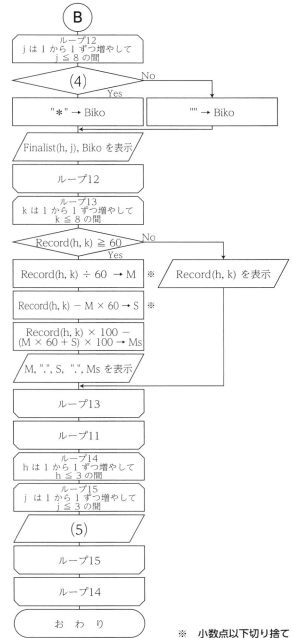

※　小数点以下切り捨て

解答群

ア．Record(h, j) ≧ NewRec(h)

イ．Record(h, j) ＜ NewRec(h)

ウ．tmp ＞ 0

エ．j, "年", h, "組：", Syukei(j, h) を表示

オ．Syukei(j, h) ＋ 9 － j → Syukei(j, h)

カ．Record(k, Max) ＜ Rec

キ．Syukei(Gread, Class) ＋ j → Syukei(Gread, Class)

ク．tmp ≧ 0

ケ．Syukei(Gread, Class) ＋ 9 － j → Syukei(Gread, Class)

コ．Record(h, tmp － 1) ＞ Record(h, 0)

サ．tmp ＜ 0

シ．Record(k, Max) ≧ Rec

ス．h, "年", j, "組：", Syukei(h, j) を表示

セ．Syukei(h, j) ＋ 9 － j → Syukei(h, j)

ソ．Record(k, Max) ≦ Rec

タ．Record(k, Max) ＞ Rec

チ．Record(h, tmp － 1) ＜ Record(h, 0)

ツ．Record(h, j) ＞ NewRec(h)

テ．Record(h, j) ≦ NewRec(h)

ト．tmp ≦ 0

第12回 **模擬問題**　　制限時間：60分　解答 ➡ P.54

【1】　次の説明文に最も適した答えを解答群から選び，記号で答えなさい。

1．パスワードなどの秘密情報を，情報通信技術を使用せず，人間の心理的な隙や行動のミスにつけ込み盗み出す方法。

2．RAIDの技法の一つで，それぞれのハードディスクにデータを分散して書き込む方法。

3．モジュール単位で開発されたプログラムをつなぎ合わせ，モジュール同士で正しくデータが受け渡され，機能するかを調べるテスト。

4．同一ネットワーク上にあるすべての機器に対して通信を行う場合に宛先として使用することができるアドレス。

5．プログラミングで，関数などの処理内容の記述の中に，自身の呼び出しが含まれること。

```
── 解答群 ──
ア．ストライピング      イ．リロケータブル      ウ．ソーシャルエンジニアリング
エ．リエントラント      オ．リカーシブ         カ．ミラーリング
キ．結合テスト         ク．システムテスト      ケ．クロスサイトスクリプティング
コ．サブネットマスク     サ．回帰テスト         シ．ブロードキャストアドレス
```

【2】　次のA群の語句に最も関係の深い説明文をB群から選び，記号で答えなさい。

＜A群＞　1．NAT　　　　　　2．フェールソフト　　　　3．論理シフト
　　　　　4．プログラム設計　5．ポインタ

＜B群＞

ア．リスト構造において，変数などが置かれたメモリ上の番地などを格納する変数。

イ．コンピュータ内部の演算において，2進数のビット列を左や右にずらす際に，符号を考慮しない計算方法。

ウ．システム開発において要件定義をもとに入出力画面や出力帳票を設計する工程。

エ．LANとインターネットを接続する際に，プライベートIPアドレスと外部ネットワークで使用するグローバルIPアドレスを自動的に変換する機能。

オ．コンピュータ内部の演算において，2進数のビット列を左や右にずらす際に，符号を考慮する計算方法。

カ．インターネット上で，電子メールを保存しているサーバからメールを受信するためのプロトコル。

キ．人間はミスをするということを前提として，ユーザが誤った操作をしても危険な状況にならないように配慮して設計すること。

ク．システム全体を止めることなく残りの部分で運転を継続するため，問題の個所を切り離すなどして被害の拡大を防ぐ考え方。

ケ．システム開発における内部設計の後工程として，作成された仕様書や処理の手順に基づきプログラム単位に分割し，動作をフローチャートで記述するなどの工程。

コ．先に格納したデータが先に取り出されるデータ構造。

【3】　次の説明文に最も適した答えをア，イ，ウの中から選び，記号で答えなさい。

１．16進数の 1F.B がある。この数値を10進数で表したもの。

　　　　ア．31.1011　　　　　　　　**イ**．31.6875　　　　　　　　**ウ**．115.13

２．IPネットワーク上でパケットに変換した音声データを送受信し，電話として利用する技術。

　　　　ア．VoIP　　　　　　　　　　**イ**．IMAP　　　　　　　　　**ウ**．Cookie

３．入力が「0」のとき「1」を出力し，入力が「1」のとき「0」を出力する論理回路。

　　　　ア．XOR回路　　　　　　　　**イ**．AND回路　　　　　　　　**ウ**．NOT回路

４．後に格納したデータが先に取り出されるデータ構造。

　　　　ア．スタック　　　　　　　　**イ**．キュー　　　　　　　　　**ウ**．木構造

５．2進数 00001100 を4倍したい。次のどの操作をすればよいか。ただし，符号は考慮しない。

　　　　ア．4ビット左へシフト　　　**イ**．2ビット左へシフト　　　**ウ**．2ビット右へシフト

【4】　次の各問いに答えなさい。

問1．プログラムの説明を読んで，プログラムの(1)～(2)にあてはまる答えを解答群から選び，記号で答えなさい。

＜プログラムの説明＞

処理内容

　引数で渡された配列に記憶されている数値を探索してメッセージをディスプレイに表示する。

処理条件

1．配列 Ary にはデータが昇順で記憶されている。ただし，同じ数値はないものとする。

　　なお，データ件数は k に記憶されている。

　　配列

Ary	(0)	(1)	～	(k - 2)	(k - 1)
	135	143	～	183	194

2．キーボードから入力した数値をもとに配列 Ary を探索し，見つかった場合は 検索結果あり を，見つからなかった場合は 検索結果なし を表示する。

＜プログラム＞

```
Sub Program1(Ary() As Long, k As Long)
    Dim Su As Long
    Dim Hj As Long
    Dim Ow As Long
    Dim Md As Long
    Su = InputBox("数値入力")
    Hj = 0
    ┌─────(1)─────┐
    Do While Hj <= Ow
        Md = Int((Hj + Ow) / 2)
        If Ary(Md) = Su Then
            Exit Do
        Else
            If Ary(Md) < Su Then
                ┌───(2)───┐
            Else
                │ 解答不要 │
            End If
        End If
    Loop
    If Ary(Md) = Su Then
        MsgBox ("検索結果あり")
    Else
        MsgBox ("検索結果なし")
    End If
End Sub
```

┌─ 解答群 ─────────────────┐
ア．Ow = k - 2

イ．Ow = Md - 1

ウ．Ow = k - 1

エ．Hj = Md + 1
└─────────────────────────┘

問2． プログラムの説明を読んで，プログラムの(3)～(5)にあてはまる答えを解答群から選び，記号で答えなさい。

＜プログラムの説明＞

処理内容

引数で渡された配列に記憶されている数値を並べ替えてディスプレイに表示する。

処理条件

1．配列 Suji にはデータが記憶されている。なお，データ件数は n に記憶されている。

配列

Suji	(0)	(1)	～	(n－2)	(n－1)
	86	－54	～	－13	72

2．配列 Suji の数値を昇順に並べ替える。

3．並べ替えが終わったら，配列 Suji の内容を表示する。

＜プログラム＞

```
Sub Program2(Suji() As Long, n As Long)
    Dim j As Long
    Dim p As Long
    Dim r As Long
    Dim Tmp As Long
    p = 1
    Do While      (3)
        Tmp = Suji(p)
        r = p - 1
        Do While r >= 0
            If      (4)      Then
                Suji(r + 1) = Suji(r)
                r = r - 1
            Else
                Exit Do
            End If
        Loop
            (5)
        p = p + 1
    Loop
    For j = 0 To n - 1
        MsgBox (Suji(j))
    Next j
End Sub
```

───　解答群　───

ア． p < n

イ． Suji(r) = Tmp

ウ． Suji(r + 1) = Tmp

エ． p <= n

オ． Suji(r + 1) > Tmp

カ． Suji(r) > Tmp

【5】 流れ図の説明を読んで，流れ図の(1)～(5)にあてはまる答えを解答群から選び，記号で答えなさい。

＜流れ図の説明＞

処理内容

　　ある衣料品店のセール売上金額データを読み，時間帯別売上集計表をディスプレイに表示する。

入力データ

セール日 (Hi)	時間帯 (Ji)	部門コード (Bcod)	商品コード (Scod)	売上金額 (Uri)
×	××	×	××××	×××××

（第1図）

実行結果

（時間帯別売上集計表）				
(日)(時間帯)	(婦人)	(紳士)～	(雑貨)	(計)
1(日目)				
10	54,980	29,785～	12,632	181,367
～	～	～	～	～
17	64,892	37,563～	21,659	193,541
(日計)	538,295	396,127～	159,245	1,843,454
2(日目)				
10	79,326	31,723～	9,356	201,891
～	～	～	～	～
17	88,320	30,330～	8,765	193,541
(日計)	678,109	400,382～	98,566	1,992,336
(前日比%)	126.0	101.1	61.9	108.1
3(日目)				
～				

（第2図）

処理条件

1．第1図のデータはセール日，時間帯の昇順に記録されている。なお，セール日は 1（日目）～5（日目），時間帯は 10（時台）～17（時台），部門コードは 1（婦人）～5（雑貨）である。また，すべてのセール日と時間帯で売上金額データがある。

2．第1図の入力データを読み，次の処理を行う。

　・　セール日がかわるごとにセール日を表示する。

　・　時間帯ごとに配列 Jsyu に売上金額を集計する。なお，Jsyu(0) に計を求める。また，Jsyu の添字は部門コードと対応している。

　配列

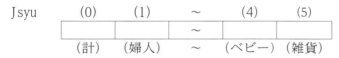

Jsyu 　　　(0)　　(1)　　～　　(4)　　(5)
　　　　　（計）（婦人）　～　（ベビー）（雑貨）

　・　時間帯がかわるごとに時間帯から計までを第2図のように表示し，配列 Hsyu にセール日計を求める。なお，Hsyu の添字は配列 Jsyu の添字と対応している。

　配列

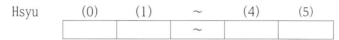

Hsyu 　　　(0)　　(1)　　～　　(4)　　(5)

　・　セール日がかわるごとにセール日計を第2図のように表示する。

　・　2日目以降について，配列 Zhi に前日比％を次の計算式で求め，第2図のように表示する。なお，配列 Zsyu に前日のセール日計を記憶する。また，Zsyu と Zhi の添字は配列 Jsyu の添字と対応している。

　　　前日比（％）＝ 当該日のセール日計 × 100 ÷ 前日のセール日計

　配列

Zsyu 　　(0)　　(1)　　～　　(4)　　(5)　　　Zhi 　　(0)　　(1)　　～　　(4)　　(5)

3．データにエラーはないものとする。

解答群

ア．Jsyu(p) → Zsyu(p)
イ．Jhzn
ウ．Jsyu(Scod) ＋ Uri → Jsyu(Scod)
エ．Hsyu(p) → Zsyu(p)
オ．Jsyu(Bcod) ＋ Uri → Jsyu(Bcod)

カ．Bcod → Hhzn
キ．Ji
ク．Hsyu(p) ＋ Jsyu(p) → Hsyu(p)
ケ．Zsyu(p) ＋ Jsyu(p) → Zsyu(p)
コ．Hi → Hhzn

<流れ図>

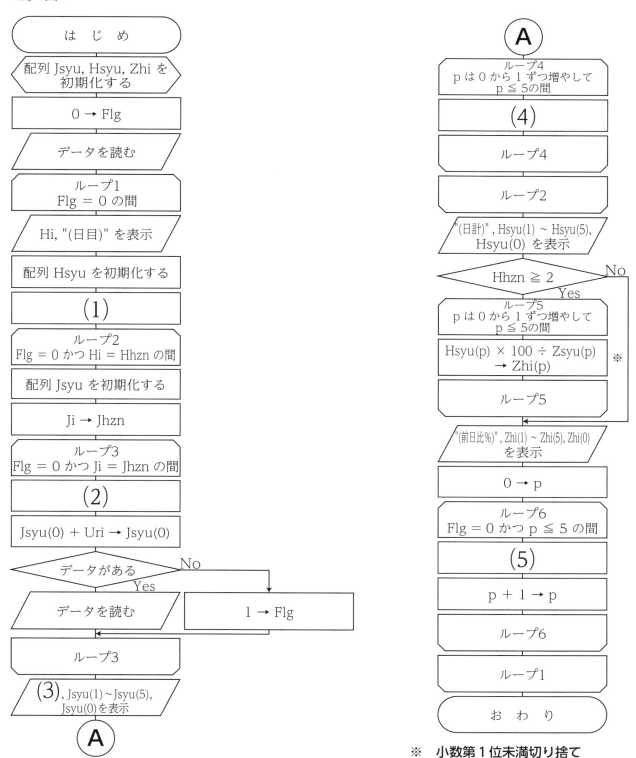

はじめ

配列 Jsyu, Hsyu, Zhi を初期化する

0 → Flg

データを読む

ループ1
Flg = 0 の間

Hi, "(日目)" を表示

配列 Hsyu を初期化する

(1)

ループ2
Flg = 0 かつ Hi = Hhzn の間

配列 Jsyu を初期化する

Ji → Jhzn

ループ3
Flg = 0 かつ Ji = Jhzn の間

(2)

Jsyu(0) + Uri → Jsyu(0)

データがある → No → 1 → Flg
↓ Yes

データを読む

ループ3

(3), Jsyu(1)～Jsyu(5), Jsyu(0)を表示

A

A

ループ4
p は 0 から 1 ずつ増やして
p ≦ 5の間

(4)

ループ4

ループ2

"(日計)", Hsyu(1) ～ Hsyu(5), Hsyu(0) を表示

Hhzn ≧ 2 → No
↓ Yes

ループ5
p は 0 から 1 ずつ増やして
p ≦ 5の間

Hsyu(p) × 100 ÷ Zsyu(p) → Zhi(p) ※

ループ5

"(前日比%)", Zhi(1) ～ Zhi(5), Zhi(0) を表示

0 → p

ループ6
Flg = 0 かつ p ≦ 5 の間

(5)

p + 1 → p

ループ6

ループ1

おわり

※ 小数第 1 位未満切り捨て

【6】 流れ図の説明を読んで，流れ図の(1)～(5)にあてはまる答えを解答群から選び，記号で答えなさい。

<流れ図の説明>

処理内容

　ある食堂のランチ時間における 1 か月分の売上データを読み，売上集計表をディスプレイに表示する。なお，来客者は追加（無料）を一つ選択する。

入力データ

日付 (Hiduke) ×	店番号 (Mno) ×	種類番号 (Sno) ×	メニュー番号 (Mcod) ××	追加番号 (Tno) ×

（第1図）

実行結果

```
                                    (売上集計表)
(種類名)(売上金額)(メニュー名)(合計数)  (集計区分名)  (売上数)  ～   (集計区分名)   (売上数)
ラーメン   585,000
                    みそ     382   国道店：大盛り   102  ～  駅前店：ドリンク付  12
                    しょうゆ  368   駅前店：大盛り   123  ～  駅前店：サラダ付    13
そば      1,251,500
                    ひやし    412   駅前店：豚汁付   181  ～  国道店：大盛り     57
 ～
(総売上) 2,784,690
```

（第2図）

処理条件

1．第1図の店番号は 1 （駅前店）と 2 （国道店），種類番号は 1 （ラーメン）～4 （どんぶり），追加番号は 1 （ドリンク付）～4 （大盛り）である。

2．次の各配列にデータを記憶する。

　・ 配列 Sban に種類番号を，配列 Mco にメニュー番号を，配列 Menu にはメニュー名を，配列 Mkin にメニュー単価を，それぞれ種類番号の昇順に記憶する。
　　　なお，メニュー数は 9 種類以内であり，Sban，Mco，Menu，Mkin の添字は対応している。

　・ 配列 Mmei に店名を，配列 Smei に種類名を，配列 Tmei に追加名を記憶する。なお，Mmei の添字は店番号と，Smei の添字は種類番号と，Tmei の添字は追加番号と対応している。

配列

```
      Sban         Mco          Menu          Mkin      Mmei   (0)    (1)    (2)
(0)  ░░░░    (0)  ░░░░    (0)  ░░░░░    (0)  ░░░░            ░░░  駅前店   国道店
(1)    1     (1)   r1     (1)  みそ     (1)   780     Smei   (0)    (1)    (2)    (3)    (4)
(2)    1     (2)   r2     (2)  しょうゆ  (2)   780            ░░░  ラーメン そば   カレー どんぶり
 ～    ～     ～    ～     ～    ～      ～    ～       Tmei   (0)    (1)    (2)    (3)    (4)
(9)  ░░░░    (9)  ░░░░    (9)  ░░░░░    (9)  ░░░░            ░░░  ドリンク付 サラダ付 豚汁付 大盛り
```

3．第1図の入力データを読み，次の処理を行う。

　・ メニュー番号をもとに配列 Mco を探索し，店番号・追加番号ごとに配列 Skei に売上数を求める。なお，0 列目には合計数を求める。また，Skei の行方向の添字は Mco の添字と対応している。

配列

```
Skei      (0)       (1)      ～      (4)       (5)      ～      (8)
(0)  ░░░░░░░░░░░░░░░░░░░░░░░░░░░░░░░░░░░░░░░░░░░░░░░░░░░░░░░
(1)                           ～                          ～
(2)                           ～                          ～
 ～    ～        ～       ～       ～         ～       ～       ～
(9)                           ～                          ～
      (合計)    (ドリンク付)  ～   (大盛り)  (ドリンク付)  ～   (大盛り)
                └──────駅前店──────┘        └──────国道店──────┘
```

　・ 配列 Mkei に種類番号ごとに売上金額を集計する。また，Mkei(0) には総売上を求める。なお，Mkei の添字は種類番号と対応している。

配列

```
Mkei     (0)       (1)       (2)       (3)       (4)
     ┌─────────┬─────────┬─────────┬─────────┬─────────┐
     └─────────┴─────────┴─────────┴─────────┴─────────┘
       (総売上)  (ラーメン)  (そば)   (カレー)  (どんぶり)
```

4．入力データが終了したら，次の処理を行う。

　・ 種類番号ごとに，種類名と売上金額を第2図のように表示する。

　・ 店名と追加名を例のように結合し集計区分名として配列 Temp に記憶する。なお，Temp の添字は配列 Skei の列方向の添字と対応している。

　　　例　駅前店　サラダ付　→　駅前店：サラダ付
　　　　　（店名）（追加名）　　　（集計区分名）

配列

```
Temp    (0)    (1)    ～    (4)    (5)    ～    (8)
     ┌─────┬─────┬─────┬─────┬─────┬─────┬─────┐
     └─────┴─────┴──～──┴─────┴─────┴──～──┴─────┘
```

　・ 配列 Temp を利用し，メニューごとに配列 Skei を売上数の降順に並べ替え，メニュー名から売上数までを第2図のように表示する。

　・ 総売上を第2図のように表示する。

5．データにエラーはないものとする。

解答群

ア．Sban(h) → Sw　　　　　カ．Sno － 1 → Mno
イ．Menu(Sw)，Skei(Sw, 0)　キ．Skei(h, s) ＞ Skei(h, m)
ウ．1 → h　　　　　　　　　ク．Sw + 1 → Sw
エ．0 → h　　　　　　　　　ケ．Mno － 1 → Mno
オ．Menu(h)，Skei(h, 0)　　コ．Skei(h, s) ＜ Skei(h, m)

＜流れ図＞

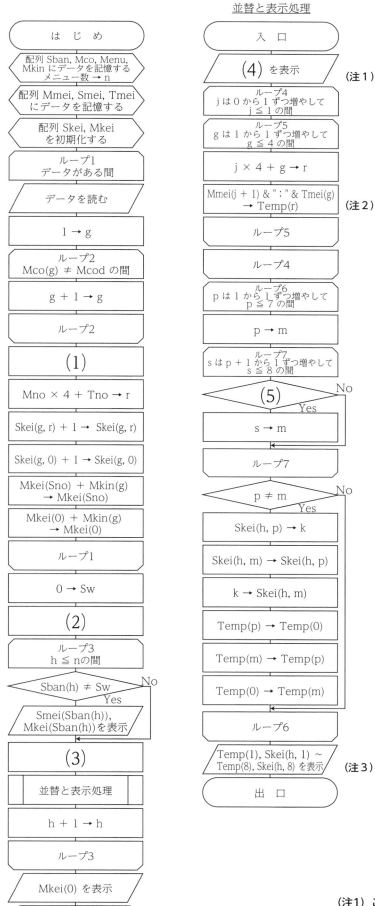

並替と表示処理

```
      入　口
```

（4）を表示　（注1）

```
ループ4
j は 0 から 1 ずつ増やして
j ≦ 1 の間
```

```
ループ5
g は 1 から 1 ずつ増やして
g ≦ 4 の間
```

j × 4 + g → r

Mmei(j + 1) & " : " & Tmei(g)
→ Temp(r)　（注2）

ループ5

ループ4

```
ループ6
p は 1 から 1 ずつ増やして
p ≦ 7 の間
```

p → m

```
ループ7
s は p + 1 から 1 ずつ増やして
s ≦ 8 の間
```

（5）　No　Yes

s → m

ループ7

p ≠ m　No　Yes

Skei(h, p) → k

Skei(h, m) → Skei(h, p)

k → Skei(h, m)

Temp(p) → Temp(0)

Temp(m) → Temp(p)

Temp(0) → Temp(m)

ループ6

Temp(1), Skei(h, 1) ～
Temp(8), Skei(h, 8) を表示　（注3）

```
      出　口
```

（注1）ここでの表示は，改行しない。
（注2）ここでの「&」は，文字列結合を意味する。
（注3）ここでの表示は，改行する。

【7】　流れ図の説明を読んで，流れ図の(1)～(5)にあてはまる答えを解答群から選び，記号で答えなさい。

＜流れ図の説明＞

処理内容

　ある映画館のグッズ販売コーナーにおける 1 週間分のグッズ販売データを読み，映画別分析表とグッズ別分析表を表示する。

入力データ

グッズ販売データ

伝票番号 (Dban)	映画番号 (Tban)	グッズコード (Gco)	会員 (Kai)
××××	×	×××	×

（第1図）

実行結果

```
                       （映画別分析表）
(映画タイトル) (売上金額) (売上数)
真実の告白        212,320    173
    ～
合計           1,049,399    893
              （グッズ別分析表）
(映画タイトル)真実の告白
(分類名)衣料品
    (順位)(グッズ名)(売上数)(会員売上数)(売上金額)
     1位　帽子      29      15      49,500
     2位　Ｔシャツ   21      12      49,500
     2位　うちわ     21      12      15,840
     4位　タオル     13       8      15,860
(分類名)文房具
    ～
```

（第2図）

処理条件

1．第1図のグッズ販売データは伝票番号の昇順に記録されている。映画番号は 1～4 である。また，グッズコードは次の例のように構成されており，グッズは 12 種類である。

　　　例　　205　　→　　2　　　05

　　　　　グッズコード　分類番号　内訳番号

　なお，分類番号は 1（衣料品）～3（お菓子），内訳番号は 1 からの連番，会員は 0（一般）と 1（会員）であり，会員は単価から 10 ％引きを行う。

2．配列 Tmei の添字は映画番号と対応している。なお，Tmei(0) は合計を記憶する。配列 Bmei の添字は分類番号と対応している。

3．配列 Gcod, Gmei, Tan の添字は対応している。

配列

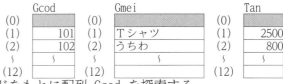

Tmei	(0)	(1)	～	(4)
	合計	真実の告白	～	ジョージアの嵐

Bmei	(0)	(1)	(2)	(3)
		衣料品	文房具	お菓子

	Gcod
(0)	
(1)	101
(2)	102
～	～
(12)	

	Gmei
(0)	
(1)	Ｔシャツ
(2)	うちわ
～	～
(12)	

	Tan
(0)	
(1)	2500
(2)	800
～	～
(12)	

・　第1図のグッズ販売データを読み，グッズコードをもとに配列 Gcod を探索する。

・　配列 Hkei に売上数を，配列 Kkei に売上金額を集計する。なお，Hkei と Kkei の 0 行目には合計を求め，0 列目には全映画の合計を求める。また，Hkei と Kkei の行方向の添字は配列 Gcod の添字と対応し，列方向の添字は映画番号と対応している。

配列

Hkei	(0)	(1)	～	(4)	
(0)			～		(合計)
(1)			～		
(2)			～		
～	～	～	～	～	
(12)			～		

Kkei	(0)	(1)	～	(4)	
(0)			～		(合計)
(1)			～		
(2)			～		
～	～	～	～	～	
(12)			～		

・　配列 Ckei に会員売上数を求める。なお，Ckei の 0 列目には全映画の会員売上数を求める。また，Ckei の添字は配列 Hkei の添字と対応している。

配列

Ckei	(0)	(1)	～	(4)
(0)			～	
(1)			～	
(2)			～	
～	～	～	～	～
(12)			～	

4．データを読み終えたあと，第2図のように映画別分析表を表示する。

5．映画別および分類別に，次の処理を行う。

・　配列 Jun を利用してグッズの売上数の降順に順位をつける。なお，売上数が同じ場合，会員売上数の降順に順位をつけ，売上数と会員売上数が同じ場合は同順位とする。また，Jun の添字は配列 Hkei の行方向の添字と対応している。

配列

	Jun
(0)	
(1)	
(2)	
～	～
(12)	

・　第2図のようにグッズ別分析表として，分類ごとに順位順に順位から売上金額までを表示する。なお，同順位の場合，グッズコード順とする。また，売上数が 0 の場合，表示しない。

6．データにエラーはないものとする。

第12回

＜流れ図＞

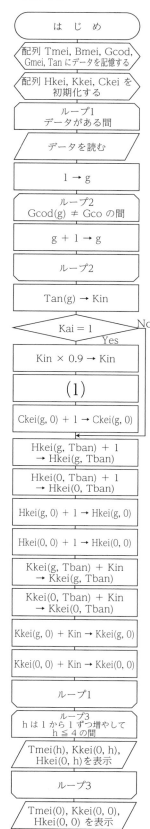

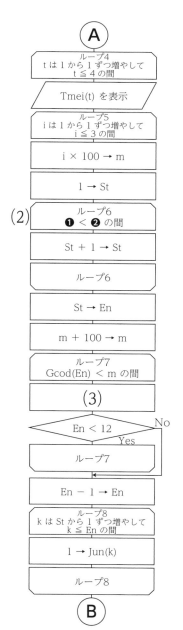

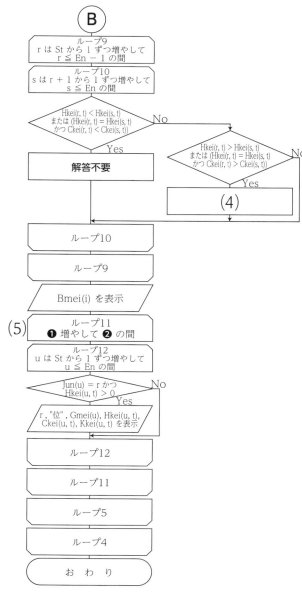

解答群

ア．i

イ．Ckei(g, Dban) + 1 → Ckei(g, Dban)

ウ．r ≦ En − 1

エ．En + 1 → En

オ．m

カ．Jun(r) + 1 → Jun(r)

キ．h

ク．Gcod(St)

ケ．r ≦ En − St + 1

コ．En − 1 → En

サ．Jun(t) + 1 → Jun(t)

シ．t は 1 から 1 ずつ

ス．t ≦ En − St + 1

セ．Jun(s) + 1 → Jun(s)

ソ．tan(St)

タ．Ckei(g, Tban) + 1 → Ckei(g, Tban)

チ．r は 1 から 1 ずつ

ツ．g

テ．Ckei(g, Tban) + Kin → Ckei(g, Tban)

ト．St

主催　公益財団法人　全国商業高等学校協会

情報処理検定試験＜プログラミング部門＞
第1級　試験問題

令和5年度（第69回）

制限時間：60分　解答 ➡ P.58

【1】　次の説明文に最も適した答えを解答群から選び，記号で答えなさい。

1．システムの不具合の修正や機能追加などのために，一部のプログラムを修正したことにより，正常に稼働していたその他のプログラムに意図しない影響が起きていないかを確認するためのテスト。

2．インターネット上のメールサーバで受信したメールを，端末にダウンロードすることなく，閲覧・操作することのできるプロトコル。

3．ネットワークに接続された機器へのクラスを使わないIPアドレスの柔軟な割り当てや，階層的なアドレス管理に基づく効率的な経路情報によるルーティングを実現するしくみ。

4．公開鍵暗号方式を採用した電子商取引において，公開鍵の所有者の正当性を証明するために，公開鍵とその対となる秘密鍵の所有者などの情報が記載された電子証明書の発行などを行う第三者機関。

5．おもに節と枝から構成される階層的な関係を表現する際に用いられ，親の節から子の節をたどることによってデータを取り出すことができるデータ構造。

> ── 解答群 ──
>
> **ア**．MACアドレス　　　　**イ**．FTP　　　　　　　　**ウ**．木構造
>
> **エ**．認証局　　　　　　　**オ**．リグレッションテスト　**カ**．リスト
>
> **キ**．IMAP　　　　　　　　**ク**．性能テスト　　　　　　**ケ**．TLS
>
> **コ**．TCP/IP　　　　　　　**サ**．POP　　　　　　　　　**シ**．CIDR

【2】　次のA群の語句に最も関係の深い説明文をB群から選び，記号で答えなさい。

＜A群＞　1．クロック周波数　　　2．VPN　　　　　　　3．SQLインジェクション
　　　　　4．プログラム設計　　　5．インスタンス

＜B群＞

ア．物理的な専用回線を用いることなく，共用回線を仮想的に独立した専用回線のように扱うことにより構築されるネットワーク。

イ．セキュリティを確保するために設けられる，ファイアウォールなどによって外部ネットワークや内部ネットワークから隔離されているネットワーク上の領域。

ウ．オブジェクト指向において，データとメソッドをオブジェクトとして一つの単位にまとめて秘匿し，外部に対しては必要な情報や手続きのみを提供すること。

エ．Webサイトのぜい弱性を突いて，入力フォームからデータベースを操作する命令文を入力し，不正に情報を入手したり，データベースの破壊やWebページの改ざんを行ったりする攻撃手法。

オ．システム開発において，前工程で作成された操作画面や帳票等の定義に基づき具体的な処理手順などを設計する開発工程。

カ．オブジェクト指向において，オブジェクトが持つ性質を定義したクラスに対して具体的な属性値を与えることにより，メモリ上に実体として生成されるもの。

キ．コンピュータシステムの処理速度を表す単位の一つで，1秒間に実行できる命令数を百万単位で表したもの。

ク．システム開発において，前工程で作成された入出力データの定義や処理手順などに基づき構造設計を行う開発工程。

ケ．Webサイトのぜい弱性を突いて不正に侵入し，別のWebサイトへと誘導する命令を埋め込み，情報を盗み取ったり，マルウェアに感染させたりする攻撃手法。

コ．コンピュータ内部において，各装置同士の処理のタイミングを同期するために発せられる信号が，1秒間に何回繰り返されるかを表す値。

【3】　次の説明文に最も適した答えをア，イ，ウの中から選び，記号で答えなさい。なお，5．については数値を答えなさい。

1．8ビットの2進数 10100100 を右に2ビット算術シフトした値を10進数で表したもの。なお，負の数は2の補数表現によるものとする。

　　　　ア．−23　　　　　　　　　イ．−9　　　　　　　　　ウ．9

2．電源装置やハードディスクなどを多重化することにより，コンピュータシステムに障害が発生した際においても，システム全体の機能を保ち，稼働し続けることができるしくみや考え方。

　　　　ア．フォールトアボイダンス　　　イ．フェールセーフ　　　　ウ．フォールトトレラント

3．音声データをパケット化し，インターネット回線を利用して音声データを送受信する技術。

　　　　ア．MIME　　　　　　　　　イ．VoIP　　　　　　　　ウ．HTTP

4．二つの入力のうちどちらか一方が「1」のときのみ，「1」を出力する論理回路。

　　　　ア．AND回路　　　　　　　　イ．OR回路　　　　　　　ウ．XOR回路

5．あるシステムはこれまでの運用期間において，故障回数が4回，修理時間の合計が760時間，稼働率が0.9であった。今後のシステム運用において，MTBFは変わらないものとすると，このシステムの稼働率を0.95に向上させるためには，MTTRを何時間減少させればよいか。

【4】 次の各問いに答えなさい。

問1. プログラムの説明を読んで、プログラムの(1)～(2)にあてはまる答えを解答群から選び、記号で答えなさい。

<プログラムの説明>

処理内容

　引数で渡された配列に記憶されている文字列を並べ替えてディスプレイに表示する。

処理条件

1. 配列 Cod にはデータが記憶されている。なお、データ件数は n に記憶されている。

　配列

Cod	(0)	(1)	～	(n - 1)	(n)
		K98	～	B65	H21

2. 配列 Cod の文字列を昇順に並べ替える。

3. 並べ替えが終わったら、配列 Cod の内容を表示する。

<プログラム>

```
Sub Program1(Cod() As String, n As Long)
    Dim r As Long
    Dim s As Long
    Dim t As Long
    ┌─────(1)─────┐
        For s = 1 To r - 1
            If ┌───(2)───┐ Then
                Cod(0) = Cod(s)
                Cod(s) = Cod(s + 1)
                Cod(s + 1) = Cod(0)
            End If
        Next s
    Next r
    For t = 1 To n
        MsgBox(Cod(t))
    Next t
End Sub
```

```
─── 解答群 ───────────────
  ア. For r = 1 To n
  イ. Cod(s) > Cod(s + 1)
  ウ. For r = n To 2 Step -1
  エ. Cod(s) < Cod(s + 1)
```

問2．プログラムの説明を読んで，プログラムの(3)～(5)にあてはまる答えを解答群から選び，記号で答えなさい。

＜プログラムの説明＞

処理内容

　引数で渡された配列に記憶されている数値を探索してメッセージをディスプレイに表示する。

処理条件

1．配列 Nen にはデータが昇順に記憶されている。なお，データ件数は n に記憶されており，同じ数値はないものとする。

　　配列

Nen	(0)	(1)	～	(n - 1)	(n)
		781	～	2008	2011

2．キーボードから入力した数値をもとに配列 Nen を探索し，見つかった場合は 該当データあり を，見つからなかった場合は 該当データなし を表示する。

＜プログラム＞

```
Sub Program2(Nen() As Long, n As Long)
    Dim Atai As Long
    Dim Lo As Long
    Dim Hi As Long
    Dim Mid As Long
    Atai = InputBox("値を入力してください")
    Lo = 0
    ┌───  (3)  ───┐
    Mid = Int((Lo + Hi) / 2)
    Do While Nen(Mid) <> Atai
        If ┌───  (4)  ───┐ Then
            Lo = Mid
        Else
            Hi = Mid
        End If
        If Lo + 1 >= Hi Then
            Exit Do
        End If
        Mid = Int((Lo + Hi) / 2)
    Loop
    If ┌───  (5)  ───┐ Then
        MsgBox ("該当データあり")
    Else
        MsgBox ("該当データなし")
    End If
End Sub
```

```
┌─ 解答群 ──────────────────────┐
│  ア．Hi = n + 1                         │
│  イ．Nen(Mid) > Atai                   │
│  ウ．Hi = n                             │
│  エ．Lo + 1 < Hi                        │
│  オ．Nen(Mid) < Atai                   │
│  カ．Lo + 1 > Hi                        │
└──────────────────────────────┘
```

【5】 流れ図の説明を読んで，流れ図の(1)～(5)にあてはまる答えを解答群から選び，記号で答えなさい。

＜流れ図の説明＞

処理内容

　人口統計データを読み，集計結果をディスプレイに表示する。

入力データ

調査回 (Kai) ×	大州番号 (Ban) ×	小地域コード (Cod) ×××	国名 (Mei) ×～×	人口(千人) (Jin) ×～×	(第1図)

実行結果

```
(集計結果)
(調査年)  (大州名)    (小地域名)    (人口計：千人)   (1980年比)
1980年
       アフリカ
                東アフリカ        146,704
                    〜
                大州合計         481,573
          〜
                世界合計        4,444,124
   〜
2020年
          〜
                  〜            〜            〜
       オセアニア
                  〜
                ポリネシア          716
                大州合計        43,946       191.6%
                世界合計      7,841,069      176.4%    (第2図)
```

処理条件

1. 第1図のデータは調査回，大州番号，小地域コードの昇順に記録されている。なお，調査回は 1（1980年）～3（2020年），大州番号は 1（アフリカ）～6（オセアニア），小地域コードは EAF（東アフリカ）～POL（ポリネシア）の22種類である。
2. 次の各配列にデータを記憶する。
   ・ 配列 Tnen に調査年を記憶する。なお，Tnen の添字は調査回と対応している。

配列

	Tnen
(0)	
(1)	1980年
(2)	2000年
(3)	2020年

   ・ 配列 Tmei に大州名を記憶する。なお，Tmei の添字は大州番号と対応している。

配列

Tmei	(0)	(1)	(2)	～	(6)
		アフリカ	アジア	～	オセアニア

   ・ 配列 Scode に小地域コードを，配列 Smei に小地域名を記憶する。なお，Scode と Smei の添字は対応している。

配列

Scode	(0)	(1)	(2)	～	(22)
		EAF	CAF	～	POL

Smei	(0)	(1)	(2)	～	(22)
		東アフリカ	中央アフリカ	～	ポリネシア

3. 第1図の入力データを読み，次の処理を行う。
   ・ 調査年を第2図のように表示する。
   ・ 小地域コードごとに人口(千人)を集計する。
   ・ 小地域コードがかわるごとに，小地域コードをもとに配列 Scode を探索し，小地域名と人口計：千人を第2図のように表示する。
   ・ 配列 Jsyu に大州番号ごとに人口(千人)を集計する。なお，Jsyu の0列目には世界合計を求める。また，Jsyu の行方向の添字は調査回と，列方向の添字は大州番号と対応している。

配列

Jsyu	(0)	(1)	(2)	～	(6)
(0)				～	
(1)				～	
(2)				～	
(3)				～	

　　　(世界合計)

   ・ 大州番号がかわるごとに，大州合計を第2図のように表示する。なお，調査回が 2 と 3 については，1980年比を次の計算式で求め，第2図のように表示する。
     1980年比 ＝ 大州合計 × 100 ÷ 1980年の大州合計
   ・ 調査回がかわるごとに，世界合計を第2図のように表示する。なお，調査回が 2 と 3 については，1980年比を次の計算式で求め，第2図のように表示する。
     1980年比 ＝ 世界合計 × 100 ÷ 1980年の世界合計
4. データにエラーはないものとする。

--- 解答群 ---

ア．Tnen(Kai) → Kaihoz
イ．Jsyu(Kaihoz, Banhoz) × 100 ÷ Jsyu(1, Banhoz) → Nhi
ウ．Scode(i) ≠ Cod
エ．Scode(i) ≠ Codhoz
オ．Smei(Banhoz), Jkei
カ．Jsyu(Kaihoz, 0) + Jsyu(Kaihoz, Banhoz) → Jsyu(Kaihoz, 0)
キ．Smei(i), Jkei
ク．Jsyu(Kaihoz, Banhoz) → Jsyu(Kaihoz, 0)
ケ．Kai → Kaihoz
コ．Jsyu(Kaihoz, Ban) × 100 ÷ Jsyu(1, Ban) → Nhi

\<流れ図\>

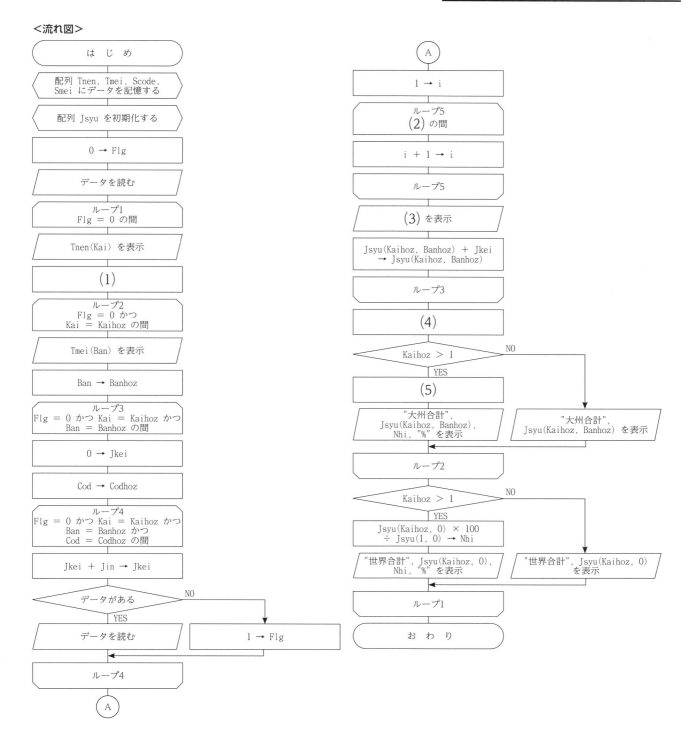

はじめ

配列 Tnen, Tmei, Scode, Smei にデータを記憶する

配列 Jsyu を初期化する

0 → Flg

データを読む

ループ1
Flg = 0 の間

Tnen(Kai) を表示

（1）

ループ2
Flg = 0 かつ
Kai = Kaihoz の間

Tmei(Ban) を表示

Ban → Banhoz

ループ3
Flg = 0 かつ Kai = Kaihoz かつ
Ban = Banhoz の間

0 → Jkei

Cod → Codhoz

ループ4
Flg = 0 かつ Kai = Kaihoz かつ
Ban = Banhoz かつ
Cod = Codhoz の間

Jkei + Jin → Jkei

データがある　　NO

YES

データを読む　　　1 → Flg

ループ4

A

A

1 → i

ループ5
（2）の間

i + 1 → i

ループ5

（3）を表示

Jsyu(Kaihoz, Banhoz) + Jkei
→ Jsyu(Kaihoz, Banhoz)

ループ3

（4）

Kaihoz > 1　　NO

YES

（5）

"大州合計",
Jsyu(Kaihoz, Banhoz),
Nhi, "%" を表示

"大州合計",
Jsyu(Kaihoz, Banhoz) を表示

ループ2

Kaihoz > 1　　NO

YES

Jsyu(Kaihoz, 0) × 100
÷ Jsyu(1, 0) → Nhi

"世界合計", Jsyu(Kaihoz, 0),
Nhi, "%" を表示

"世界合計", Jsyu(Kaihoz, 0)
を表示

ループ1

おわり

【6】　流れ図の説明を読んで，流れ図の⑴～⑸にあてはまる答えを解答群から選び，記号で答えなさい。

＜流れ図の説明＞

処理内容

　あるクイズ大会のデータを読み，正答数集計表をディスプレイに表示する。

入力データ

区分番号 (Kban) ×	問題番号 (Mban) ××	解答結果 (Kaito) ×

(第1図)

実行結果

```
(正答数集計表)
(区分番号)(区分名)     (解答者数)  (問題番号1)   (問題番号2)   (問題番号3)    ～
    1      中学生        288         47          110          53        ～
    ～       ～           ～          ～           ～           ～        ～
    6      社会人        108         62           68          62        ～
          (合計)        910        237          449         276        ～
          (正答率)                 26.0%        49.3%        30.3%       ～
(分析したい区分番号(1～6)を入力) 2
(区分名)  (問題番号)   (正答率)
高校生
            1          33.8%
           19          40.7%
            ～           ～
           13          49.0%
(分析したい区分番号(1～6)を入力) 0
```

(第2図)

処理条件

1．第1図のデータは区分番号，問題番号の昇順に記録されている。なお，区分番号は 1（中学生）～6（社会人），解答結果は 0（誤答），または 1（正答）である。また，すべての区分番号，問題番号について1件以上のデータがあり，問題数は10問以上30問以下とする。

2．配列 Kubun に区分名を記憶する。なお，Kubun の添字は区分番号と対応している。

配列

Kubun

(0)	
(1)	中学生
～	～
(6)	社会人

3．第1図の入力データを読み，次の処理を行う。

　・　配列 Syukei に正答数を集計する。なお，Syukei の0行目には各問題番号の正答数の合計を，0列目には区分ごとの解答者数の合計を，Syukei(0, 0) には全体の解答者数を求める。また，行方向の添字は区分番号と，列方向の添字は問題番号と対応している。

配列

Syukei	(0)	(1)	(2)	～	(29)	(30)	
(0)				～			(合計)
(1)				～			
～	～	～	～	～	～	～	
(6)				～			
	(合計)						

4．入力データが終了したら，次の処理を行う。

　・　区分番号ごとに，区分番号から問題数に応じた問題番号の正答数までを第2図のように表示する。

　・　解答者数の合計と問題番号ごとの正答数の合計を第2図のように表示する。

　・　問題番号ごとの正答率を次の計算式で求め，第2図のように表示する。

　　問題番号ごとの正答率 ＝ 問題番号ごとの正答数 × 100 ÷ 解答者数の合計

　・　分析したい区分番号(1～6)を入力し，区分名を第2図のように表示する。

　・　配列 Wkban に問題番号を記憶し，配列 Wkritu に分析したい区分の問題番号ごとの正答率を次の計算式で求める。なお，Wkban と Wkritu の添字は問題番号と対応している。

　　各区分の問題番号ごとの正答率 ＝ 正答数 × 100 ÷ 解答者数

配列

Wkban	(0)	(1)	(2)	～	(29)	(30)
				～		

Wkritu	(0)	(1)	(2)	～	(29)	(30)
				～		

　・　配列 Wkban と配列 Wkritu を利用して，分析したい区分における問題番号ごとの正答率の昇順に並べ替え，正答率の低い10問分の問題番号と正答率を第2図のように表示する。なお，正答率が同じ場合は，問題番号の昇順とする。

　・　分析したい区分番号として 0 が入力されたら処理を終了する。

5．データにエラーはないものとする。

```
── 解答群 ─────────────────────────
ア．Wkritu(s) ＞ Wkritu(0)
イ．Syukei(Kban, Mban) ＋ Kaito → Syukei(Kban, Mban)
ウ．Syukei(Bban, s) ＜ Syukei(Bban, 0)
エ．Wkban(0) → Wkban(s)
オ．Mban = g
カ．Syukei(Bban, 0) × 100 ÷ Syukei(Bban, i) → Wkritu(i)
キ．Kban = g
ク．Wkban(0) → Wkban(s + 1)
ケ．Syukei(Mban, Kban) ＋ Kaito → Syukei(Mban, Kban)
コ．Syukei(Bban, i) × 100 ÷ Syukei(Bban, 0) → Wkritu(i)
```

<流れ図>

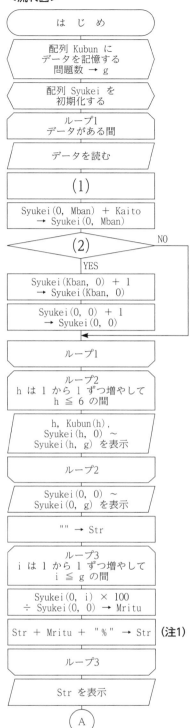

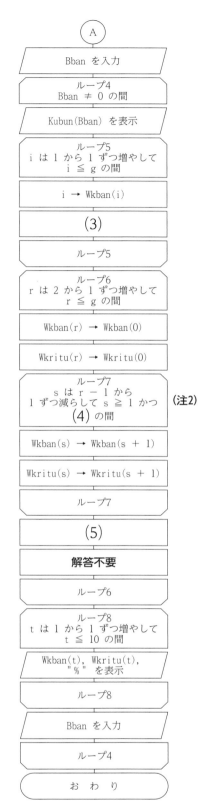

（注1）　ここでの「＋」は，文字列結合を意味する。

（注2）　条件式が「かつ」で複合されている場合，
先に記述された条件式が偽になった時点で，
判定を終了する。

第69回検定

【7】 流れ図の説明を読んで，流れ図の(1)～(5)にあてはまる答えを解答群から選び，記号で答えなさい。

＜流れ図の説明＞

処理内容

　ある家電量販店の1か月分のエアコン売上データを読み，売上集計表をディスプレイに表示する。

入力データ

月日 (Tukihi) ××××	商品コード (Sco) ××	売上金額 (Kin) ×～×

(第1図)

実行結果

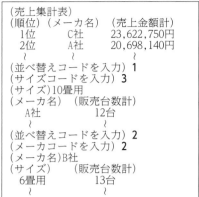

```
(売上集計表)
(順位) (メーカ名)  (売上金額計)
 1位    C社      23,622,750円
 2位    A社      20,698,140円
  〜
(並べ替えコードを入力) 1
(サイズコードを入力) 3
(サイズ)10畳用
(メーカ名)   (販売台数計)
 A社          12台
  〜
(並べ替えコードを入力) 2
(メーカコードを入力) 2
(メーカ名)B社
(サイズ)    (販売台数計)
 6畳用         13台
  〜
```
(第2図)

処理条件

1．第1図の商品コードは，次の例のように構成されており，メーカコードは 1（A社）～5（E社），サイズコードは 1（6畳用）～7（20畳用）である。

例　23 → 2 3

メーカコード　サイズコード

2．次の各配列にデータを記憶する。

　・ 配列 Mmei にメーカ名を，配列 Size にサイズを記憶する。なお，Mmei の添字はメーカコードと，Size の添字はサイズコードと対応している。

配列

Mmei	(0)	(1)	(2)	～	(5)
		A社	B社	～	E社

Size	
(0)	
(1)	6畳用
(2)	8畳用
〜	〜
(7)	20畳用

3．第1図の入力データを読み，次の処理を行う。

　・ 配列 Kkei にメーカごとの売上金額を集計する。なお，Kkei の添字はメーカコードと対応している。

配列

Kkei	(0)	(1)	(2)	～	(5)
				～	

　・ 配列 Dkei に売上台数を求める。なお，Dkei の0行目にはメーカごとの合計を，0列目にはサイズごとの合計を求める。また，行方向の添字はサイズコードと，列方向の添字はメーカコードと対応している。

配列

Dkei	(0)	(1)	(2)	～	(5)	
(0)				～		(合計)
(1)				～		
(2)				～		
〜	〜	〜	〜	〜	〜	
(7)				～		
	(合計)					

4．入力データが終了したら，次の処理を行う。

　・ 配列 Jun を利用し，売上金額計の降順に順位をつけ，順位から売上金額計までを第2図のように表示する。

配列

Jun	(0)	(1)	(2)	～	(5)
				～	

　・ 並べ替えコード（1:サイズごとにメーカ名を並べ替え，2:メーカごとにサイズを並べ替え，3:終了）を入力する。

　・ 並べ替えコードが 1 の場合，サイズコードを入力し，2 の場合，メーカコードを入力し，配列 Tmp を利用して，販売台数計の降順に並べ替え，第2図のように表示する。

配列

Tmp	(0)	(1)	(2)	～	(7)
				～	

5．データにエラーはないものとする。

解答群

- ア．0 → Tmp(h)
- イ．r → Max
- ウ．Dkei(Sc, s)
- エ．Scod(Tmp(s))
- オ．Kkei(k)
- カ．Jun(n) = m
- キ．Mmei(s)
- ク．1 → Tmp(h)
- ケ．Mmei(Tmp(s))
- コ．Kkei(h)
- サ．Kkei(j)
- シ．Dkei(Tmp(s), Sc)
- ス．h → Tmp(h)
- セ．Tmp(r) → Tmp(Max)
- ソ．Jun(m) = n
- タ．Dkei(Sc, Tmp(s))

<流れ図>

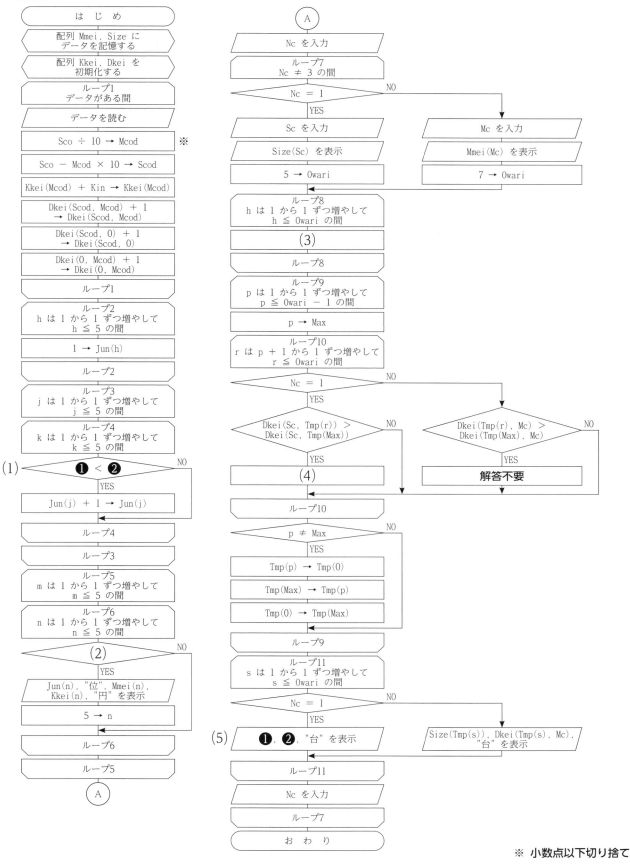

※　小数点以下切り捨て

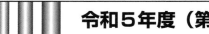

令和5年度（第70回）

制限時間：60分　解答 ➡ P.63

【1】　次の説明文に最も適した答えを解答群から選び，記号で答えなさい。

1．試作品を早い段階でユーザに提供し，ユーザの評価をもとに修正しながら開発を進めていく手法。小規模システムの開発に適している。

2．コンピュータシステムに障害が発生してから，再び正常な状態に戻るまでの平均時間。障害発生時の保守のしやすさの指標となり，この平均時間が短いほど保守性は高くなる。

3．一つのデータを2台以上のハードディスクに分散させて書き込みを行うことで，データの読み書きの速度を向上させるための技術。

4．インターネット上で通信を行う際，コンピュータ機器などを識別するために一意に割り当てられたIPアドレス。

5．広く一般に公開され，暗号化することができる公開鍵と，受信者のみが管理する秘密鍵を使用した暗号方式。受信者は，送信者が増えても一つの秘密鍵を管理すればよいので負担を軽減することができる。

```
─── 解答群 ───
ア．ブロードキャストアドレス      イ．ストライピング          ウ．ウォータフォールモデル
エ．グローバルIPアドレス         オ．スパイラルモデル         カ．MTTR
キ．ミラーリング               ク．公開鍵暗号方式           ケ．プライベートIPアドレス
コ．プロトタイピングモデル        サ．MTBF                 シ．共通鍵暗号方式
```

【2】　次のA群の語句に最も関係の深い説明文をB群から選び，記号で答えなさい。

＜A群＞　1．ブラックボックステスト　　2．レスポンスタイム　　3．スタック
　　　　　4．リカーシブ　　　　　　　5．ドライバ

＜B群＞
ア．コンピュータシステムに対して処理の実行を指示してから，すべての結果が返ってくるまでの時間。

イ．プログラムの処理手順ではなく，入力と出力だけに着目し，さまざまな入力に対して期待どおりの出力が得られるかを確認するテスト。

ウ．複数のタスクが同時に共有して実行しても，正しく実行することができるプログラムの性質。

エ．上位から下位へと順にモジュールを結合しながらテストをする際，未完成の下位モジュールの代わりに必要となるテスト用モジュール。

オ．実行中に自分自身を呼び出しても，正しく実行することができるプログラムの性質。

カ．プログラムの処理手順が，論理的に正しく構成されているか内部の流れを確認するテスト。

キ．コンピュータシステムに対して処理の実行を指示してから，最初の出力が開始されるまでの時間。

ク．先に格納されたデータが，後に格納されたデータよりも先に取り出される先入先出方式のデータ構造。

ケ．下位から上位へと順にモジュールを結合しながらテストをする際，未完成の上位モジュールの代わりに必要となるテスト用モジュール。

コ．後に格納されたデータが，先に格納されたデータよりも先に取り出される後入先出方式のデータ構造。

【３】　次の説明文に最も適した答えをア，イ，ウの中から選び，記号で答えなさい。なお，5. については**数値を答えなさい。**

1．10進数の -102 を8ビットの2進数に変換したもの。ただし，負数は2の補数表現によるものとする。

　　　ア．10011000　　　　　　　　イ．10011001　　　　　　　　ウ．10011010

2．浮動小数点演算で絶対値がほぼ等しい二つの数の差を求めた際，有効数字の桁数が極端に少なくなる現象。

　　　ア．情報落ち　　　　　　　　イ．桁落ち　　　　　　　　　ウ．丸め誤差

3．ASCIIコード以外の画像や音声などのデータを，電子メールで送受信するための規格。

　　　ア．MIME　　　　　　　　　イ．Cookie　　　　　　　　　ウ．VoIP

4．予期せぬ中断や品質の低下，Webサイトの改ざんによるマルウェアの感染など，サービスを低下させるさまざまな事象のこと。

　　　ア．リスクアセスメント　　　イ．インシデント　　　　　　ウ．ソーシャルエンジニアリング

5．100Mbpsの通信回線を使用して，300MBのデータを転送するのに昨日は32秒要した。しかし，本日使用すると，40秒要した。本日の伝送効率は，昨日よりも何%低下したか。ただし，$1MB＝10^6B$とし，通信回線，データは両日とも変わらないものとする。

第70回検定

【4】　次の各問いに答えなさい。

問1．プログラムの説明を読んで，プログラムの(1)～(2)にあてはまる答えを解答群から選び，記号で答えなさい。

<プログラムの説明>

処理内容

　引数で渡された配列に記憶されている数値に順位をつけてディスプレイに表示する。

処理条件

1．配列 Kin にはデータが記憶されている。なお，データ件数は n に記憶されている。

配列

Kin	(0)	(1)	~	(n - 1)	(n)
		34000	~	23000	70000

2．配列 Jun を利用し，配列 Kin の数値の降順に順位をつける。なお，数値が同じ場合は同順位とする。

配列

Jun	(0)	(1)	~	(n - 1)	(n)
			~		

3．順位をつけ終わったら，配列 Kin と配列 Jun の内容を表示する。

<プログラム>

```
Sub Program1(Kin() As Long, Jun() As Long, n As Long)
    Dim i As Long
    Dim k As Long
    Dim m As Long
    For i = 1 To n
        Jun(i) = 1
    Next i
    For     (1)
        For m = k + 1 To n
            If Kin(k) < Kin(m) Then
                解答不要
            ElseIf Kin(k) > Kin(m) Then
                (2)
            End If
        Next m
    Next k
    For i = 1 To n
        MsgBox (Kin(i) & " " & Jun(i) & "位")
    Next i
End Sub
```

解答群

ア．k = 1 To n - 1
イ．Jun(k) = Jun(k) + 1
ウ．Jun(m) = Jun(m) + 1
エ．k = i To n - 1

問２．プログラムの説明を読んで，プログラムの⑶〜⑸にあてはまる答えを解答群から選び，記号で答えなさい。

<u>＜プログラムの説明＞</u>

処理内容

　　引数で渡された配列に記憶されている数値を並べ替えてディスプレイに表示する。

処理条件

１．配列 Sec にはデータが記憶されている。なお，データ件数は n に記憶されている。

　　配列

Sec	(0)	(1)	～	(n − 2)	(n − 1)
	26.04	22.89	～	19.63	21.19

２．配列 Sec の数値を昇順に並べ替える。

３．並べ替えが終わったら，配列 Sec の内容を表示する。

<u>＜プログラム＞</u>

```
Sub Program2(Sec() As Double, n As Long)
    Dim g As Long
    Dim Tmp As Double
    Dim j As Long
    For          (3)
        Tmp = Sec(g)
        For j = g - 1 To 0 Step -1
            If          (4)          Then
                Sec(j + 1) = Sec(j)
            Else
                Exit For
            End If
        Next j
             (5)
    Next g
    For g = 0 To n - 1
        MsgBox (Sec(g))
    Next g
End Sub
```

解答群

ア．Sec(j + 1) = Sec(j)

イ．Sec(j + 1) = Tmp

ウ．Sec(j) > Tmp

エ．g = n - 1 To 0 Step -1

オ．Sec(j) < Tmp

カ．g = 1 To n - 1

第70回検定

【5】 流れ図の説明を読んで，流れ図の(1)～(5)にあてはまる答えを解答群から選び，記号で答えなさい。

<流れ図の説明>

処理内容

　ある百貨店における贈答品の1週間の売上データを読み，売上集計表をディスプレイに表示する。

入力データ

日付 (Hiduke) ××××	店舗番号 (Tban) ××	商品番号 (Sban) ××	数量 (Suryo) ××

(第1図)

実行結果

```
(店舗別売上集計表)
(店舗名)              (売上金額合計)
日本橋店               7,637,600
横浜店                 7,653,200
  〜                     〜
堺店                   7,274,400
(売上金額総計)       107,757,600
(商品別売上集計表)
(商品名)                   (店舗名)      (売上金額計)
生ウインナー3点セット
                            米子店         309,600
                            大宮店         304,800
                            〜              〜
                       (売上金額合計)    3,184,800
生ウインナー5点セット
                            京都店         432,000
                            〜              〜
```

(第2図)

処理条件

1．第1図の店舗番号は 1（日本橋店）～14（堺店）であり，商品番号は 1（生ウインナー3点セット）～21（放牧豚のハム8種詰め合わせ）である。

2．次の各配列にデータを記憶する。

　　・ 配列 Tmei に店舗名を，配列 Smei に商品名を，配列 Tanka に単価を記憶する。なお，Tmei の添字は店舗番号と，Smei と Tanka の添字は商品番号と対応している。

配列

Tmei	(0)	(1)	(2)	〜	(14)
		日本橋店	横浜店	〜	堺店

	Smei
(0)	
(1)	生ウインナー3点セット
(2)	生ウインナー5点セット
〜	〜
(21)	放牧豚のハム8種詰め合わせ

	Tanka
(0)	
(1)	2400
(2)	3600
〜	〜
(21)	4800

3．第1図の入力データを読み，次の処理を行う。

　　・ 売上金額を次の計算式で求め，配列 Skei に集計する。なお，Skei の0行目には店舗名ごとの売上金額合計を，0列目には商品名ごとの売上金額合計を求める。また，Skei の行方向の添字は商品番号と，列方向の添字は店舗番号と対応している。

　　　　売上金額 ＝ 数量 × 単価

配列

Skei	(0)	(1)	(2)	〜	(14)	
(0)				〜		(合計)
(1)				〜		
(2)				〜		
〜	〜	〜	〜	〜	〜	
(21)				〜		
	(合計)					

4．入力データが終了したら次の処理を行う。

　　・ 店舗名と売上金額合計を第2図のように表示する。

　　・ Skei(0, 0)に売上金額総計を求め，第2図のように表示する。

　　・ 配列 Work を利用して，商品名ごとに売上金額計の降順に並べ替える。なお，売上金額計が同じ場合は，店舗番号の昇順とする。

配列

Work	(0)	(1)	(2)	〜	(14)
				〜	

　　・ 商品名を第2図のように表示する。

　　・ 商品ごとに店舗名と店舗名ごとの売上金額計を第2図のように表示する。

　　・ 売上金額合計を第2図のように表示する。

5．データにエラーはないものとする。

```
── 解答群 ─────────────────────────────────
 ア．Tmei(Work(r)), Skei(i, Work(r))      イ．i → Work(i)
 ウ．Suryo × Tanka(Tban) → Ukin          エ．Skei(i, Work(p)) ＞ Skei(i, Work(Max))
 オ．Suryo × Tanka(Sban) → Ukin          カ．Skei(i, Work(p)) ＜ Skei(i, Work(Max))
 キ．Work(Max) → Work(m)                 ク．Tmei(r), Skei(i, r)
 ケ．Work(m) → Work(Max)                 コ．k → Work(k)
```

<流れ図>

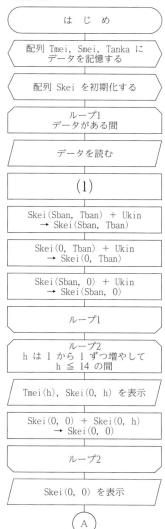

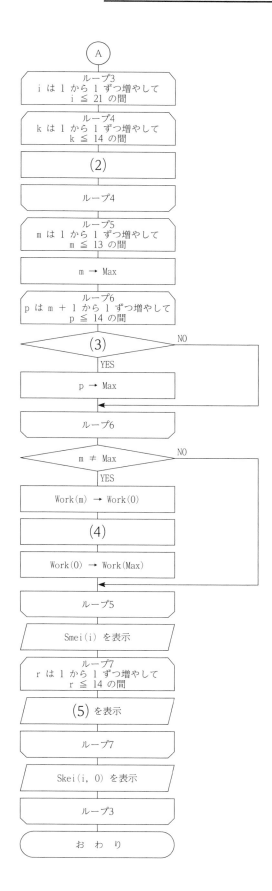

【6】　流れ図の説明を読んで，流れ図の(1)～(5)にあてはまる答えを解答群から選び，記号で答えなさい。

＜流れ図の説明＞

処理内容
　ある高等学校の進路希望調査データを読み，集計結果表をディスプレイに表示する。

入力データ

学年 (Gaku) ×	組 (Kumi) ×	出席番号 (Syutu) ××	進路希望コード (Sin) ××

(第1図)

実行結果

（集計結果表）

（学年）	（組）	（組人数）	（大学） （県内）（県外）		（短大） （県内）（県外）		（専門学校） （県内）（県外）		（民間就職） （県内）（県外）		（公務員）	（未定）	（進学合計）	（就職合計）
1学年														
	1組	40	1	7	0	2	6	5	14	1	4	0	21	19
	〜	〜	〜	〜	〜	〜	〜	〜	〜	〜	〜	〜	〜	〜
（学年人数計）		200	12	32	4	10	26	42	54	6	10	4	126	70
（学年割合）			6%	16%	2%	5%	13%	21%	27%	3%	5%	2%	63%	35%
2学年														
	〜	〜	〜	〜	〜	〜	〜	〜	〜	〜	〜	〜	〜	〜
（学年割合）			6%	17%	3%	5%	12%	13%	24%	4%	12%	4%	56%	40%
3学年														
	〜	〜	〜	〜	〜	〜	〜	〜	〜	〜	〜	〜	〜	〜
（学年割合）			9%	12%	4%	5%	14%	14%	27%	5%	7%	3%	58%	39%
（学校人数計）		600	42	90	18	30	78	96	156	24	48	18	354	228
（学校割合）			7%	15%	3%	5%	13%	16%	26%	4%	8%	3%	59%	38%

(第2図)

処理条件
1．第1図のデータは学年，組，出席番号の昇順に記録されている。なお，学年は 1～3，組は 1～5 である。また，進路希望コードは，次の例のように構成されており，種別は 1（大学）～6（未定），区分は 1（県内）と 2（県外）である。ただし，種別が 5（公務員）と 6（未定）の場合，区分は 1 と入力されている。

　　　例　　　12　　→　　1　　2
　　　　進路希望コード　　　種別　区分

2．第1図の入力データを読み，次の処理を行う。
　・　学年がかわるごとに，学年を第2図のように表示する。
　・　組ごとに，配列 Kkei に種別・区分ごとの人数を求める。なお，Kkei(0) には組人数を求める。

配列
Kkei

(0)	(1)	(2)	〜	(9)	(10)	(11)	(12)
（組人数）	（県内）	（県外）	〜	（公務員）	（未定）	（進学合計）	（就職合計）
	（大学）						

　・　組がかわるごとに，Kkei(11) に大学から専門学校までの人数を集計した進学合計を，Kkei(12) に民間就職と公務員の人数を集計した就職合計を求める。
　・　組がかわるごとに，組から就職合計までを第2図のように表示する。
　・　配列 Gkei に，種別・区分ごとに各学年の人数を集計する。なお，0列目には各学年の学年人数計を，0行目には種別・区分ごとの学校人数計を，Gkei(0,0) には学校人数計を求める。また，Gkei の行方向の添字は学年と対応し，列方向の添字は配列 Kkei の添字と対応している。

配列
Gkei

	(0)	(1)	(2)	〜	(9)	(10)	(11)	(12)	
(0)				〜					（人数計）
(1)				〜					
(2)				〜					
(3)				〜					
	（人数計）	（県内）	（県外）	〜	（公務員）	（未定）	（進学合計）	（就職合計）	
		（大学）							

　・　学年がかわるごとに，学年人数計を第2図のように表示する。
　・　種別・区分ごとの学年割合を次の計算式で求め，第2図のように表示する。
　　　学年割合 ＝ 種別・区分ごとの学年人数計 × 100 ÷ 学年人数計

3．入力データが終了したら，次の処理を行う。
　・　学校人数計を第2図のように表示する。
　・　種別・区分ごとの学校割合を次の計算式で求め，第2図のように表示する。
　　　学校割合 ＝ 種別・区分ごとの学校人数計 × 100 ÷ 学校人数計

4．データにエラーはないものとする。

解答群

ア．j は 1 から 1 ずつ増やして j ≦ 12
ウ．j は 0 から 1 ずつ増やして j ≦ 12
オ．Ku → Khoz
キ．Kkei(Kumi) ＋ 1 → Kkei(Kumi)
ケ．Kumi → Khoz

イ．Gkei(k, 0) × 100 ÷ Gkei(0, 0) → Wari
エ．Sin ＜ 61
カ．Gkei(0, k) × 100 ÷ Gkei(0, 0) → Wari
ク．Kkei(0) ＋ 1 → Kkei(0)
コ．Sin ＞ 61

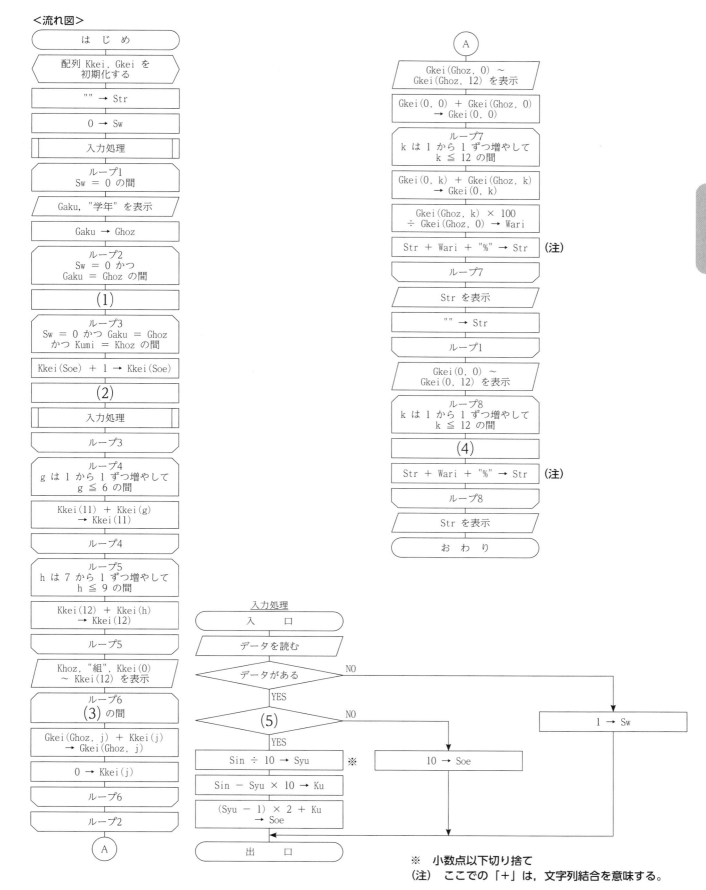

＜流れ図＞

※　小数点以下切り捨て
（注）　ここでの「＋」は，文字列結合を意味する。

【7】 流れ図の説明を読んで，流れ図の(1)～(5)にあてはまる答えを解答群から選び，記号で答えなさい。
<流れ図の説明>
処理内容
　あるレンタルDVDショップにおける1週間の貸出データを読み，集計結果をディスプレイに表示する。
入力データ

日付 (Hi) ××××	店舗番号 (Ten) ×	作品番号 (Saku) ×××××	(第1図)

実行結果

```
（貸出集計表）
（ジャンル）　（店舗名）　　（貸出回数合計）（上位3作品のタイトル:回数）
SF
　　　　　　　能代店　　　　101回　　時空の影　　:14回　　ネクサスの謎　:13回　　次元の神秘　:12回
　　　　　　　大館店　　　　 72回　　ネクサスの謎 :10回　　時空の影　　:10回　　星間交信　: 8回
　　　　　　　仙北店　　　　 91回　　星間交信　　:12回　　次元の神秘　:12回　　時空の影　:11回
　　〈　　　　　　〈　　　　　　　　　　　　　　　　　　　　　　　　　　　　　　　　　　　　　　(第2図)
```

処理条件
1．第1図の店舗番号は 1（能代店）～3（仙北店）である。なお，作品番号は次の例のように構成されており，ジャンル番号は 1（SF）～4（ドラマ）である。
　　例　47362　→　　　　4　　　　　7362
　　　　　　　　　ジャンル番号　　ジャンル内番号
2．次の各配列にデータを記憶する。
　・　配列 Genre にジャンルを，配列 Shop に店舗名を記憶する。なお，Genre の添字はジャンル番号と対応し，Shop の添字は店舗番号と対応している。

配列

Genre	(0)	(1)	(2)	(3)	(4)
		SF	アニメーション	ドキュメンタリー	ドラマ

Shop	
(0)	
(1)	能代店
(2)	大館店
(3)	仙北店

　・　配列 Sban に作品番号を，配列 Title にタイトルを作品番号の昇順に記憶する。なお，各ジャンルの作品数は10,000作品未満である。また，Sban と Title の添字は対応している。

配列

Sban	(0)	(1)	(2)	～	(39995)	(39996)
		10001	10002	～		

Title	(0)	(1)	(2)	～	(39995)	(39996)
		未来への扉	月空セダン	～		

3．第1図の入力データを読み，次の処理を行う。
　・　入力した作品番号を，配列 Ksban に記憶する。なお，Ksban は，集計に十分な範囲が用意されている。

配列

Ksban	(0)	(1)	(2)	～
				～

　・　作品番号をもとに配列 Ksban を探索し，配列 Kskei に貸出回数計を求める。なお，Kskei の行方向の添字は店舗番号と対応し，列方向の添字は Ksban の添字と対応している。

配列

Kskei	(0)	(1)	(2)	～
(0)				～
(1)				～
(2)				～
(3)				～

4．入力データが終了したら，次の処理を行う。
　・　配列 Ksban と配列 Kskei を作品番号の昇順に並べ替える。
　・　ジャンルがかわるごとに，ジャンルを第2図のように表示する。
　・　ジャンル番号・店舗番号ごとに最大の貸出回数から3番目の貸出回数までを配列 Mkai に，作品番号を配列 Mban に求める。なお，貸出回数が同じ場合は，作品番号の昇順とする。

配列

Mkai	(0)	(1)	(2)	(3)

Mban	(0)	(1)	(2)	(3)

　・　貸出回数合計を求め，店舗名と貸出回数合計を第2図のように表示する。
　・　配列 Mban に記憶した作品番号をもとに配列 Sban を探索し，上位3作品のタイトル:回数を第2図のように表示する。
5．データにエラーはないものとする。なお，すべてのジャンルに3作品以上の貸し出しがあるものとする。

--- 解答群 ---

ア．j は h から 1 ずつ減らして j ≧ 2	イ．n → Low
ウ．n → High	エ．i = h
オ．g → High	カ．Kskei(m, r) → Mkai(0)
キ．Mkai(s − 1) ≦ Kskei(m, r) かつ Mkai(s) < Kskei(m, r)	ク．Mkai(s − 1) ≧ Kskei(m, r) かつ Mkai(s) < Kskei(m, r)
ケ．i ≠ h	コ．Hani → High
サ．j は h から 1 ずつ減らして j ≧ i	シ．Ksban(r) → Mban(s)
ス．Kskei(m, r) → Mkai(s)	セ．Mkai(s − 1) ≦ Kskei(m, r) かつ Mkai(s) > Kskei(m, r)
ソ．1 → Low	タ．Ksban(s) → Mban(s)

＜流れ図＞

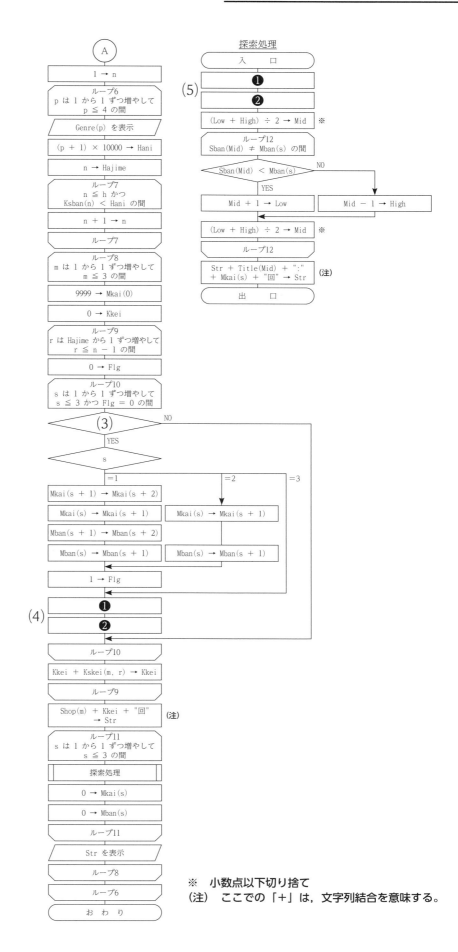

※　小数点以下切り捨て
（注）　ここでの「＋」は，文字列結合を意味する。

第 1 回　模擬問題　解答用紙

【1】

1	2	3	4	5

【2】

1	2	3	4	5

【3】

1	2	3	4	5
				時間

小計	

【4】

(1)	(2)	(3)	(4)	(5)

【5】

(1)	(2)	(3)	(4)	(5)

【6】

(1)	(2)	(3)	(4)	(5)

小計	

【7】

(1) ❶	❷	(2)	(3)	(4) ❶	❷	(5) ❶	❷	❸

小計	

年	組	番号	名前

得点合計

第２回　模擬問題　解答用紙

【1】

1	2	3	4	5

【2】

1	2	3	4	5

【3】

1	2	3	4	5
				%

小計	

【4】

(1)	(2)	(3)	(4)	(5)

【5】

(1)	(2)	(3)	(4)	(5)

【6】

(1)	(2)	(3)	(4)	(5)

小計	

【7】

(1) ❶	(1) ❷	(2)	(3)	(4) ❶	(4) ❷	(5) ❶	(5) ❷

小計	

年	組	番号	名前

得点合計

第3回　模擬問題　解答用紙

【1】

1	2	3	4	5

【2】

1	2	3	4	5

【3】

1	2	3	4	5
				GB

小計	

【4】

(1)	(2)	(3)	(4)	(5)

【5】

(1)	(2)	(3)	(4)	(5)

【6】

(1)	(2)	(3)	(4)	(5)

小計	

【7】

(1) ❶	(1) ❷	(2)	(3) ❶	(3) ❷	(4)	(5)

小計	

年	組	番号	名前

得点合計

第4回　模擬問題　解答用紙

【1】

1	2	3	4	5

【2】

1	2	3	4	5

【3】

1	2	3	4	5

小計	

【4】

(1)	(2)	(3)	(4)	(5)

【5】

(1)	(2)	(3)	(4)	(5)

【6】

(1)	(2)	(3)	(4)	(5)

小計	

【7】

(1)	(2) ❶	❷	(3) ❶	❷	(4)	(5) ❶	❷

小計	

年	組	番号	名前

得点合計

第5回　模擬問題　解答用紙

【1】

1	2	3	4	5

【2】

1	2	3	4	5

【3】

1	2	3	4	5

小計	

【4】

(1)	(2)	(3)	(4)	(5)

【5】

(1)	(2)	(3)	(4)	(5)

【6】

(1)	(2)	(3)	(4)	(5)

小計	

【7】

(1)		(2)		(3)	(4)	(5)	
❶	❷	❶	❷			❶	❷

小計	

年	組	番号	名前

得点合計

第6回　模擬問題　解答用紙

【1】

1	2	3	4	5

【2】

1	2	3	4	5

【3】

1	2	3	4	5
				秒

小計	

【4】

(1)	(2)	(3)	(4)	(5)

【5】

(1)	(2)	(3)	(4)	(5)

【6】

(1)	(2)	(3)	(4)	(5)

小計	

【7】

(1)	(2)	(3) ❶	❷	(4) ❶	❷	(5) ❶	❷

小計	

年	組	番号	名前

得点合計

第7回　模擬問題　解答用紙

【1】

1	2	3	4	5

【2】

1	2	3	4	5

【3】

1	2	3	4	5
				GB

小計	

【4】

(1)	(2)	(3)	(4)	(5)

【5】

(1)	(2)	(3)	(4)	(5)

【6】

(1)	(2)	(3)	(4)	(5)

小計	

【7】

(1)	(2) ❶	❷	(3)	(4) ❶	❷	(5)

小計	

年	組	番号	名前

得点合計

第8回　模擬問題　解答用紙

【1】

1	2	3	4	5

【2】

1	2	3	4	5

【3】

1	2	3	4	5
				日

小計

【4】

(1)	(2)	(3)	(4)	(5)

【5】

(1)	(2)	(3)	(4)	(5)

【6】

(1)	(2)	(3)	(4)	(5)

小計

【7】

(1)		(2)		(3)	(4)	(5)	
❶	❷	❶	❷			❶	❷

小計

年	組	番号	名前

得点合計

第９回　模擬問題　解答用紙

【1】

1	2	3	4	5

【2】

1	2	3	4	5

【3】

1	2	3	4	5

小計

【4】

(1)	(2)	(3)	(4)	(5)

【5】

(1)	(2)	(3)	(4)	(5)

【6】

(1)	(2)	(3)	(4)	(5)

小計

【7】

(1)	(2) ❶	❷	(3) ❶	❷	(4) ❶	❷	(5) ❶	❷	❸

小計

年	組	番号	名前

得点合計

第10回　模擬問題　解答用紙

【1】

1	2	3	4	5

【2】

1	2	3	4	5

【3】

1	2	3	4	5
				GB

小計	

【4】

(1)	(2)	(3)	(4)	(5)

【5】

(1)	(2)	(3)	(4)	(5)

【6】

(1)	(2)	(3)	(4)	(5)

小計	

【7】

(1)			(2)	(3)	(4)	(5)	
❶	❷	❸				❶	❷

小計	

年	組	番号	名前

得点合計

第11回　模擬問題　解答用紙

【1】

1	2	3	4	5

【2】

1	2	3	4	5

【3】

1	2	3	4	5
				枚

小計	

【4】

(1)	(2)	(3)	(4)	(5)

【5】

(1)	(2)	(3)	(4)	(5)

【6】

(1)	(2)	(3)	(4)	(5)

小計	

【7】

(1)	(2) ❶	❷	(3)	(4)	(5)

小計	

年	組	番号	名前

得点合計

第12回　模擬問題　解答用紙

【1】

1	2	3	4	5

【2】

1	2	3	4	5

【3】

1	2	3	4	5

小計

【4】

(1)	(2)	(3)	(4)	(5)

【5】

(1)	(2)	(3)	(4)	(5)

【6】

(1)	(2)	(3)	(4)	(5)

小計

【7】

(1)	(2) ❶	❷	(3)	(4)	(5) ❶	❷

小計

年	組	番号	名前

得点合計

主催　公益財団法人 全国商業高等学校協会

令和5年度（第69回）情報処理検定試験プログラミング部門　第1級
解　答　用　紙

【1】

1	2	3	4	5

【2】

1	2	3	4	5

【3】

1	2	3	4	5
				時間

小計	

【4】

(1)	(2)	(3)	(4)	(5)

【5】

(1)	(2)	(3)	(4)	(5)

【6】

(1)	(2)	(3)	(4)	(5)

小計	

【7】

(1) ❶	(1) ❷	(2)	(3)	(4)	(5) ❶	(5) ❷

小計	

試 験 場 校 名	受 験 番 号

得 点 合 計

主催　公益財団法人 全国商業高等学校協会

令和５年度（第70回）情報処理検定試験プログラミング部門　第１級
解 答 用 紙

【1】

1	2	3	4	5

【2】

1	2	3	4	5

【3】

1	2	3	4	5
				%

小計	

【4】

(1)	(2)	(3)	(4)	(5)

【5】

(1)	(2)	(3)	(4)	(5)

【6】

(1)	(2)	(3)	(4)	(5)

小計	

【7】

(1)	(2)	(3)	(4) ❶	(4) ❷	(5) ❶	(5) ❷

小計	

試 験 場 校 名	受 験 番 号

得 点 合 計

情報処理検定試験
模擬問題集
2024

1級
プログラミング編

解 答

東京法令 とうほう

ハードウェア・ソフトウェアに関する知識

練習問題 1-1 (P.4)

【1】(1) セ　(2) サ　(3) キ　(4) ス　(5) シ　(6) エ　(7) ウ
　　(8) ケ　(9) カ　(10) ア　(11) オ　(12) ク　(13) イ　(14) コ

【2】　ウ

　100 人日の作業を終えるまでに 12 日かかったということは，300 人日の作業を終えるまでに 36 日かかるということになる。計画では 30 日間で完成させる予定だったため，36 日 − 30 日 = 6 日となる。

練習問題 1-2 (P.8)

【1】(1) オ　(2) セ　(3) イ　(4) キ　(5) ク　(6) コ　(7) サ　(8) カ

【2】(1)　0.9

$$\frac{90時間}{90時間 + 10時間} = 0.9$$

　　(2)　0.97

$$1 - \{(1-0.9) \times (1-0.7)\} = 0.97$$

　　(3)　864MB

$$1,200 \times 800 \times 3B \times 300枚 = 864,000,000B = 864MB$$

通信ネットワークに関する知識

練習問題 2-1 (P.14)

【1】(1) ネ　(2) ソ　(3) カ　(4) オ　(5) サ
　　(6) シ　(7) エ　(8) セ　(9) ア　(10) ナ
　　(11) ケ　(12) イ　(13) ウ　(14) ス　(15) テ
　　(16) キ　(17) ト　(18) ツ　(19) ク　(20) タ

【2】40%

　1GB = 1,000MB

　100Mbps × 200秒 = 20,000Mb = 2,500MB

　1,000MB ÷ 2,500MB = 0.4　　よって，40%

【3】60秒

　750Mbps × 80% = 600Mbps = 75MBps

　4.5GB = 4,500MB

　4,500MB ÷ 75MBps = 60秒

【4】32Mbps

　120KB × 60,000件 = 7,200,000KB = 7,200MB

　x × 3,600秒 × 50% = 7,200MB

　x = 4MBps = 32Mbps

【5】192Mbps

　4,000 × 5,000 × 24ビット × 80枚 × 50% ÷ 100秒 = 192,000,000bps = 192Mbps

練習問題 2-2 (P.16)

【1】(1) イ　(2) ウ　(3) ア　(4) エ

情報モラルとセキュリティに関する知識

練習問題3（P.19）

【1】 (1) キ　 (2) コ　 (3) イ　 (4) ク　 (5) シ

　　　 (6) サ　 (7) ケ　 (8) ア　 (9) オ　 (10) ス

　　　 (11) ウ　 (12) セ　 (13) カ　 (14) エ

プログラミングの関連知識

練習問題4-1（P.22）

【1】(1)① 9D　② 10101110

　　　①2進数の10011101を4桁ずつに区切って10進数へ変換する。1001→9　1101→13

　　　10進数を16進数へ変換する。9→9　13→D　よって，9Dとなる。

　　　②16進数のAEを1桁ずつ10進数へ変換する。A→10　E→14

　　　10進数を2進数へ変換する。10→1010　14→1110　よって，10101110となる。

　　(2)① 7A　② 210

　　　①10進数の122を2進数へ変換する。122→01111010

　　　2進数の01111010を4桁ずつに区切って10進数へ変換する。0111→7　1010→10

　　　10進数を16進数へ変換する。7→7　10→A　よって，7Aとなる。

　　　②16進数のD2を1桁ずつ10進数へ変換する。D→13　2→2

　　　10進数を2進数へ変換する。13→1101　2→0010

　　　2進数の11010010を10進数に変換する。11010010→210

　　(3)① 5.3125　② 11.101

　　　①2進数の101.0101を10進数に変換する。$2^2+2^0+2^{-2}+2^{-4}$ = 4+1+0.25+0.0625 = 5.3125

　　　②10進数3.625を2進数に変換する。3.625 = 2+1+0.5+0.125 = $2^1+2^0+2^{-1}+2^{-3}$ = 11.101

　　(4)① 5.D　② 9.6875

　　　①10進数の5.8125を2進数に変換する。5.8125→0101.1101

　　　2進数の0101.1101を16進数に変換する。0101.1101→5.D

　　　②16進数の9.Bを2進数に変換する。9→1001　B→1011

　　　2進数1001.1011を10進数へ変換する。1001.1011→9.6875

　　(5) 000100100011

　　　数字をひとつずつ2進数へ変換する。1→0001　2→0010　3→0011　よって，000100100011となる。

　　(6) 915

　　　100100010101を4桁ずつに区切って10進数へ変換する。

　　　1001→9　0001→1　0101→5　よって，答えは915となる。

　　(7) 10010110

　　　10進数106を2進数へ変換すると01101010となる。

　　　これを1の補数で表すと10010101となる。

　　　2の補数は1の補数に1を足すので，答えは10010110となる。

練習問題4-2 (P.23)

【1】(1) 2GHz

1GHz は，1 秒間に 1,000,000,000 回のクロック周波数が発生することを表している。

(2) 400MIPS

1MIPS は，1 秒間に 1,000,000 回の命令を実行することができることを表している。

練習問題4-3 (P.23)

【1】(1) 丸め誤差　(2) 情報落ち　(3) 桁落ち

練習問題4-4 (P.25)

【1】(1) NOT 回路　(2) XOR 回路　(3) AND 回路　(4) OR 回路

練習問題4-5 (P.28)

【1】(1) ドライバ　(2) 回帰テスト　(3) スタブ　(4) 性能テスト

(5) トップダウンテスト　(6) ボトムアップテスト

(7) 負荷テスト　(8) 機能テスト

【2】(1) キュー　(2) 算術シフト　(3) 木構造　(4) リスト

(5) 論理シフト　(6) スタック　(7) ポインタ

【3】(1) オブジェクト指向　(2) オブジェクト　(3) カプセル化

(4) クラス　(5) インスタンス　(6) リカーシブ（別解：再帰）

(7) リロケータブル（別解：再配置）　(8) リエントラント（別解：再入）

(9) リユーザブル（別解：再使用）

（1）ハードウェア・ソフトウェアに関する知識

■1．システムの開発と運用

1　ウォータフォールモデル　　2　プロトタイピングモデル　　3　スパイラルモデル　　4　要件定義　　5　外部設計
6　内部設計　　7　プログラム設計　　8　プログラミング　　9　テスト　　10　単体テスト　　11　結合テスト
12　システムテスト　　13　運用・保守　　14　ブラックボックステスト　　15　ホワイトボックステスト

■2．性能・障害管理

16　RASIS　　17　信頼性　　18　可用性　　19　保守性　　20　完全性　　21　安全性　　22　稼働率　　23　平均故障間隔（MTBF）　　24　平均修復時間（MTTR）　　25　スループット　　26　レスポンスタイム　　27　ターンアラウンドタイム　　28　フォールトトレラント　　29　フォールトアボイダンス　　30　フェールセーフ　　31　フェールソフト
32　フールプルーフ　　33　NAS　　34　RAID　　35　ミラーリング　　36　ストライピング

（2）通信ネットワークに関する知識

■1．ネットワークの構成

37　OSI 参照モデル　　38　アプリケーション層　　39　プレゼンテーション層　　40　セッション層　　41　トランスポート層　　42　ネットワーク層　　43　データリンク層　　44　物理層　　45　ハブ　　46　ルータ　　47　パケットフィルタリング　　48　ゲートウェイ　　49　プロトコル　　50　TCP/IP　　51　HTTP　　52　FTP　　53　POP
54　IMAP　　55　SMTP　　56　DHCP　　57　MACアドレス　　58　IP アドレス　　59　IPv4　　60　IPv6　　61　CIDR
62　プライベート IP アドレス　　63　グローバル IP アドレス　　64　サブネットマスク　　65　ネットワークアドレス
66　ブロードキャストアドレス　　67　ホストアドレス　　68　ポート番号　　69　NAT　　70　DMZ　　71　DNS
72　VPN

■2．ネットワークの活用

73　シンクライアント　　74　Cookie　　75　MIME　　76　VoIP

（3）情報モラルとセキュリティに関する知識

77　共通鍵暗号方式　　78　公開鍵暗号方式　　79　電子署名　　80　デジタル署名　　81　認証局（CA）
82　SSL（TLS）　　83　HTTPS　　84　ログファイル　　85　システムログ　　86　アクセスログ　　87　インシデント
88　リスクマネジメント　　89　リスクアセスメント　　90　クロスサイトスクリプティング　　91　ソーシャルエンジニアリング　　92　SQL インジェクション

（4）プログラミングの関連知識

93　2 進化 10 進数　　94　固定小数点形式　　95　浮動小数点形式　　96　補数　　97　クロック周波数
98　MIPS　　99　情報落ち　　100　桁落ち　　101　丸め誤差　　102　論理回路　　103　AND 回路
104　OR 回路　　105　NOT 回路　　106　XOR 回路　　107　ベン図　　108　トップダウンテスト
109　スタブ　　110　ボトムアップテスト　　111　ドライバ　　112　回帰テスト（リグレッションテスト）
113　負荷テスト　　114　機能テスト　　115　性能テスト　　116　シフト演算　　117　論理シフト
118　算術シフト　　119　キュー　　120　スタック　　121　リスト　　122　ポインタ　　123　木構造
124　オブジェクト指向　　125　オブジェクト　　126　クラス　　127　インスタンス　128　カプセル化
129　リカーシブ（再帰）　　130　リロケータブル（再配置）　　131　リエントラント（再入）
132　リユーザブル（再使用）

関数の呼び出し（P.44）

■　問の答え

① イ　　② オ

変数・配列	型	記憶するデータ・備考
Taiseki	Double	体積を記憶する。体積は関数「Program2」の戻り値である。
Hankei	Long	半径を記憶する。
Pi	Double	円周率を記憶する。
Takasa	Long	高さを記憶する。
Teimenseki	Double	底面積を記憶する。関数「Program2」のローカル変数として宣言されている。

コントロールブレイク（P.46）

■　問の答え

① イ　　② ウ

変数・配列	型	記憶するデータ・備考
Gokei	Long	商品ごとの合計金額を記憶する。
GroupKey	Long	「現在の番号」を記憶する。
SoGokei	Long	全商品の合計金額を記憶する。
Bango	Long	「読み込んだデータの番号」を記憶する。GroupKey と比較することでコントロールブレイクを実現する。
Name	String	読み込んだデータの商品名を記憶する。
Tsuki	Long	読み込んだデータの月を記憶する。
Kin	Long	読み込んだデータの売上金額を記憶する。
Hyoji	Strng	表示内容を結合して記憶する。最後にこれを表示する。

多次元配列（P.48）

■ 問の答え
① ア　　② エ

変数・配列	型	記憶するデータ・備考
Syou	Long	読んだデータのうち商品番号を記憶する。
Sai	Long	読んだデータのうちサイズ番号を記憶する。
Suu	Long	読んだデータのうち数量を記憶する。
Kei	Long	数量の合計を求める。
Gyo	Long	For ステートメントにおいて二次元配列の行方向の添字を指定する。
Retu	Long	For ステートメントにおいて二次元配列の列方向の添字を指定する。

二分探索（P.50）

■ 問の答え
① イ　　② エ

変数・配列	型	記憶するデータ・備考
Suti	Long	インプットボックスに入力された，探索したいデータ（数値）を記憶する。
Kagen	Long	探索対象が記憶されている配列における探索範囲の下限値を記憶する。
Jogen	Long	探索対象が記憶されている配列における探索範囲の上限値を記憶する。
Tyuou	Long	探索対象が記憶されている配列における探索範囲の中央値を記憶する。

順位付け（P.52）

■ 全比較法　問の答え
① ア　　② ウ

○ 変数・配列の解説

変数・配列	型	記憶するデータ・備考
Su	Long	数値を記憶する。
n	Long	データ件数を記憶する。
Jun	Long	順位を記憶する。
g	Long	カウンタ。配列 Su の要素を比較するために，順にループを 1 周回るたびに 1 ずつ増やしている。
h	Long	カウンタ。配列 Su の要素を比較するために，順にループを 1 周回るたびに 1 ずつ増やしている。

■ 逓減比較法　問の答え

③　エ　　④　イ

○　変数・配列の解説

変数・配列	型	記憶するデータ・備考
Su	Long	数値を記憶する。
n	Long	データ件数を記憶する。
Jun	Long	順位を記憶する。
g	Long	カウンタ。配列 Su の要素を比較するために，1 から順にループを 1 周回るたびに 1 ずつ増やしている。
h	Long	カウンタ。配列 Su の要素を比較するために，1 から順にループを 1 周回るたびに 1 ずつ増やしている。

■ 整列済みの順位付け　問の答え

⑤　イ　　⑥　ウ

○　変数・配列の解説

変数・配列	型	記憶するデータ・備考
Su()	Long	数値を記憶する。
n	Long	データ件数を記憶する。
Jun	Long	順位を記憶する。
Tmp	Long	配列の数値を一時的に記憶する。
g	Long	カウンタ。配列 Su の要素を比較するために，1 から順にループを 1 周回るたびに 1 ずつ増やしている。また，順位としても利用する。

バブルソート（交換法）（P.57）

■ 問の答え

①　エ　　②　ア　　③　オ

○　変数・配列の解説

変数・配列	型	記憶するデータ・備考
Data(5)	Long	並べ替え対象となるデータを記憶する。添字 0 の要素は並べ替え処理を行うために利用している。
m	Long	並べ替え処理の繰り返し回数を制御するための制御変数。配列 Data を表示する際にも利用している。
n	Long	並べ替え処理の繰り返し回数を制御するための制御変数。

セレクションソート（選択法）（P.59）

■ 問の答え

① ア ② エ ③ イ

○ 変数・配列の解説

変数・配列	型	記憶するデータ・備考
Data(5)	Long	並べ替え対象となるデータを記憶する。添字 0 の要素は並べ替え処理を行うために利用している。
min	Long	並べ替え対象範囲の中で最も小さい値が格納されている添字を記憶するために利用している。
m	Long	並べ替え処理の繰り返し回数を制御するための制御変数。配列 Data を表示する際にも利用している。
n	Long	並べ替え処理の繰り返し回数を制御するための制御変数。

インサーションソート（挿入法）（P.61）

■ 問の答え

① カ ② オ ③ イ

○ 変数・配列の解説

変数・配列	型	記憶するデータ・備考
Data(5)	Long	並べ替え対象となるデータを記憶する。
tmp	Long	整列済みの配列に挿入する値を一時的に保存するために利用している。
m	Long	並べ替え処理の繰り返し回数を制御するための制御変数。配列 Data を表示する際にも利用している。
n	Long	並べ替え処理の繰り返し回数を制御するための制御変数。

第1回　模擬問題　解答

【1】

	1	2	3	4	5
	キ	イ	エ	カ	コ

【2】

	1	2	3	4	5
	オ	ア	イ	キ	ウ

【3】

	1	2	3	4	5
	ウ	ウ	ウ	ア	396　時間

各2点 15問　小計 **30**

【4】

	(1)	(2)	(3)	(4)	(5)
	ウ	カ	ア	イ	ア

【5】

	(1)	(2)	(3)	(4)	(5)
	キ	ケ	イ	エ	カ

【6】

	(1)	(2)	(3)	(4)	(5)
	オ	イ	ク	ウ	コ

各3点 15問　小計 **45**

【7】

(1) ❶	(1) ❷	(2)	(3)	(4) ❶	(4) ❷	(5) ❶	(5) ❷	(5) ❸
ク	イ	チ	エ	サ	カ	キ	ツ	タ

各5点 5問　小計 **25**

得点合計　**100**

※　【7】(1)・(4)・(5)は，問ごとにすべてができて正答とする。

解説

【1】

ア．RAID：ハードディスクを複数台使い，安全性や高速性を高めるためのシステム。

ウ．Cookie：閲覧したウェブサイトのウェブサーバから発行される小さなテキストファイルのことで，訪問したウェブサイトの情報が一時的に蓄積される。

オ．DHCP：IPアドレスを自動的に割り当てるプロトコル。

ク．POP：メールを受信するためのプロトコル。

ケ．MIME：メールを送信する際に，テキスト情報（正式には ASCIIコード）以外の情報を扱うためのシステム。

サ．NAT：1つのグローバルなIPアドレスを複数のコンピュータで共有する技術。

シ．MIPS：1秒間に何百万回の命令が処理できるかを表した単位。

【2】

エ．ブラックボックステスト　　カ．フールプルーフ　　ク．公開鍵暗号方式　　ケ．TCP/IP　　コ．リカーシブ

【3】

1. 計算式：$3 \times 16^1 + 15$ （16進数の F は 10進数の 15）

2. ア．論理シフト：符号ビットを考えずにシフトすること。

   イ．補数：次の桁に桁上がりするために補われる数値，もしくは桁上がりしない最大値にするために補われる数値。

3. ア．IPアドレス：ネットワークにつなげるための端末の住所。

   イ．サブネットマスク：IPアドレスのネットワークアドレスとホストアドレスを分けるための数値。

4. イ．オブジェクト：主に物体のこと。プログラムの中では部品のことを表す。

   ウ．スタブ：トップダウンテストで下位モジュールの代用品となる部品。

5. 計算式：稼働率＝平均故障間隔÷（平均故障間隔＋平均修復時間）

   平均故障間隔を x として計算式にあてはめると，0.99 ＝ x ÷（x ＋ 4） よって，396 時間。

【4】 問1．順位付け 問2．セレクションソート（選択法）

問1．(1) 初期値の設定をおこなう。原則順位づけを求めるための配列には初期値として 1 を代入する。

(2) 順位付けを行うための二重ループである。「配列の数－1」で繰り返す場合には，中のループは外のループで繰り返すために使っている変数＋1 から始めて，終わる値は配列数とする。

(3) どのような場合に順位の配列に＋1 とするかを比較する。降順に順位づけをする場合には値が小さい方に＋1 をする。なお，解答不要の欄はその逆なので，Su(j) ＞ Su(m) が入る。

問2．(4) 外のループの次の行に設定するものを考える。セレクションソートの場合は，外のループで使っている変数を最大値が入っている配列の添字として仮に設定する。

(5) 配列の値を比較するための条件式である。最大値を格納した a とループ中の変数 Taihi の比較をおこなう。この条件式が真の場合に a の値を Taihi に格納しており，ループを抜け出したときに(4)で設定した値と同じであれば入れ替える必要はないが，同じでなければ今の値よりも大きい値があることになるので，入れ替え作業を行う。

【5】 コントロールブレイク

(1) 初期値の設定をおこなう。コントロールブレイクではグループとなるキーの保存とグループごとに集計する変数を 0 にする 2 つの設定が必要。(1)の前にグループを保存しているので，(1)はグループ集計する変数を 0 にする。

(2) 処理条件 2 に「月が変わるごとに月を表示する」と記載があるので，これから処理する月の変数 Tsuki を表示する。

(3) グループごとの集計をするために繰り返し処理をおこなうので，キーが同じ間繰り返す。

(4)・(5) ここまでプログラムが進むとキーは変わり，ループから抜け出したときである。キーが変わったら，グループごとの集計を表示することと，総合計の変数にグループごとの集計の値を加えることの 2 つの作業が必要となる。

【6】 二分探索，二次元配列の集計

(1) ループ 2 の前で，全データの入力と配列への集計処理が済んでいる。このループでは店舗ごとの処理をする。配列 Syu は列方向が店舗になっているため，配列の列方向へ繰り返し処理をする。

(2) 処理条件 5 の「各店舗の最高評価点」を求める必要があるため，最大値を求める処理の初期値が入る。ループ 3 は最大値を求めるための繰り返し処理である。最大値を求める場合，最大値を求める変数に最大となり得ない値（整数しかなければ通常は 0）を代入する。

(3) ループ 3 を抜けたあとは社員名を表示する前に店舗名を表示する。

(4) (2)の解説のとおり，ループ 3 で配列 Syu の各店舗の最高評価点を求めたあと，最高評価点の営業者に ＊ を表示する。そのため，最大値を求めた mx と Syu の値が同じか比較し，同じであれば ＊ を表示し，そうでない場合は空白にする。

(5) 二分探索の繰り返しの条件。二分探索の繰り返し条件は，①真ん中の添字が探したい値か ②上限＝下限＋1 の 2 とおりである。②はエラーの場合であり，この問は「データにエラーがないものとする」と記述があるため，①になる。継続条件を答える必要があるので，≠ で答える。

【7】 多次元配列，バブルソート（交換法）

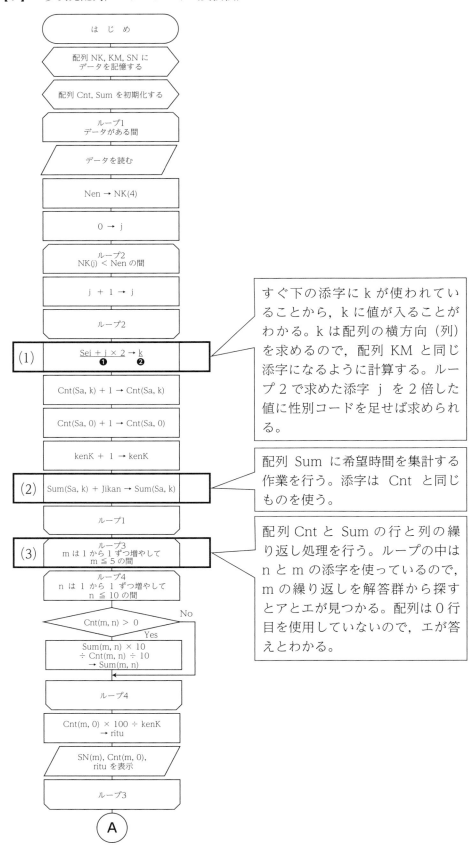

はじめ

配列 NK, KM, SN に
データを記憶する

配列 Cnt, Sum を初期化する

ループ1
データがある間

データを読む

Nen → NK(4)

0 → j

ループ2
NK(j) < Nen の間

j + 1 → j

ループ2

(1) $\underset{\text{❶}}{Sei} + \underset{\text{❷}}{j \times 2} \to \underset{}{k}$

すぐ下の添字に k が使われていることから，k に値が入ることがわかる。k は配列の横方向（列）を求めるので，配列 KM と同じ添字になるように計算する。ループ2で求めた添字 j を2倍した値に性別コードを足せば求められる。

Cnt(Sa, k) + 1 → Cnt(Sa, k)

Cnt(Sa, 0) + 1 → Cnt(Sa, 0)

kenK + 1 → kenK

(2) Sum(Sa, k) + Jikan → Sum(Sa, k)

配列 Sum に希望時間を集計する作業を行う。添字は Cnt と同じものを使う。

ループ1

(3) ループ3
m は1から1ずつ増やして
m ≦ 5 の間

配列 Cnt と Sum の行と列の繰り返し処理を行う。ループの中は n と m の添字を使っているので，m の繰り返しを解答群から探すとアとエが見つかる。配列は0行目を使用していないので，エが答えとわかる。

ループ4
n は1から1ずつ増やして
n ≦ 10 の間

Cnt(m, n) > 0   No

Yes

Sum(m, n) × 10
÷ Cnt(m, n) ÷ 10
→ Sum(m, n)

ループ4

Cnt(m, 0) × 100 ÷ kenK
→ ritu

SN(m), Cnt(m, 0),
ritu を表示

ループ3

A

— 12 —

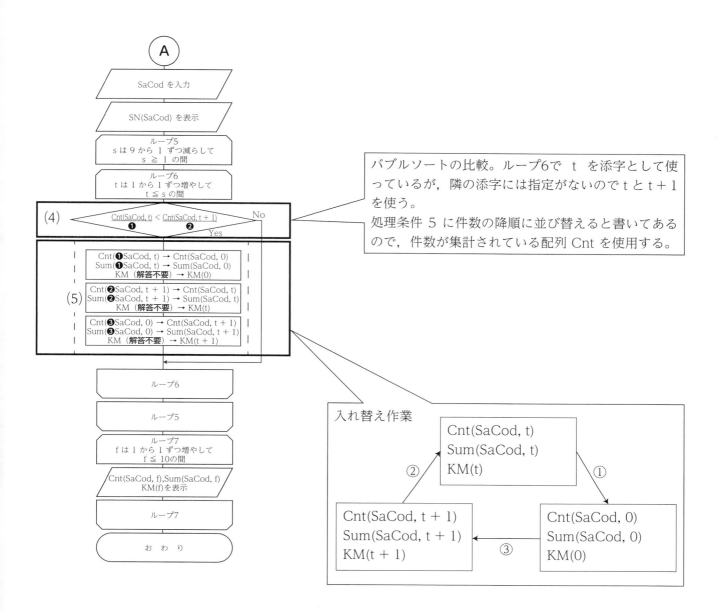

バブルソートの比較。ループ6で t を添字として使っているが，隣の添字には指定がないので t と t + 1 を使う。

処理条件 5 に件数の降順に並び替えると書いてあるので，件数が集計されている配列 Cnt を使用する。

入れ替え作業

- 13 -

【1】

	1	2	3	4	5
	ク	エ	ウ	サ	カ

【2】

	1	2	3	4	5
	ク	カ	イ	オ	コ

【3】

	1	2	3	4	5
	ウ	ア	ウ	イ	50　%

各2点 15問　小計 30

【4】

	(1)	(2)	(3)	(4)	(5)
	エ	オ	ウ	エ	ア

【5】

	(1)	(2)	(3)	(4)	(5)
	ク	ウ	コ	ア	カ

【6】

	(1)	(2)	(3)	(4)	(5)
	キ	イ	オ	ク	コ

各3点 15問　小計 45

【7】

	(1) ❶	(1) ❷	(2)	(3)	(4) ❶	(4) ❷	(5) ❶	(5) ❷
	コ	オ	ウ	イ	ト	サ	ク	タ

各5点 5問　小計 25

得点合計 100

※　【7】(1)・(4)・(5)は，問ごとにすべてができて正答とする。
　　【7】(1)順不同可。

(解説)

【1】
ア．システムテスト：開発したシステム全体が，発注者が要求した機能や性能を満たしているか検証するテスト。

イ．スループット：システムが一定時間に処理することができる仕事量。

オ．ウォータフォールモデル：基本設計からテストまで順に工程を進め，基本的には前の工程に戻らない開発手法。

キ．NAT：LANとインターネットの境界において，プライベートIPアドレスとグローバルIPアドレスの相互変換を行う機能。

ケ．結合テスト：単体テストを終えたモジュール同士をつなぎ合わせ，データの受け渡しが正しく行われるか検証するテスト。

コ．プロトタイピングモデル：システムの試作品を作成し，ユーザに評価してもらうことでシステムに改良を加え，システムを完成させていく開発手法。

シ．浮動小数点形式：コンピュータ上で数値を表現する方法のひとつで，広範囲の数値を表現できるよう，符号部，指数部，仮数部で構成したもの。

【2】
ア．キュー　　ウ．外部設計　　エ．保守性　　キ．フォールトトレラント　　ケ．SMTP

【3】

1. $(01011010)_2$ を反転させる。→ $(10100101)_2$ に $(1)_2$ を加算する。→ $(10100110)_2$

2. イ．ゲートウェイ：通信プロトコルが異なるネットワークにおいて，プロトコルやデータを相互に変換する装置。

 ウ．ルータ：OSI参照モデルの第3層において，宛先IPアドレスに向けてパケット転送を行うネットワーク機器。

3. ア．リロケータブル：メモリ上のどこに配置しても実行可能なプログラム（再配置可能）。

 イ．スタブ：トップダウンテストを実施する際に，未完成の下位モジュールの代替となるもの。

4. ア．MTTR：Mean Time To Repair の略。信頼性を表す指標となるもので，システムが故障してから稼働を再開するまでの平均時間（平均修復時間）。

 ウ．MIME：Multipurpose Internet Mail Extensions の略。電子メールで英数字以外のデータを取り扱うことができるようにする仕様。画像などのバイナリデータもメールに含めることが可能となる。

5. 計算式：実際の通信速度は 800MB÷128秒＝6400Mb÷128秒＝50Mbps

 よって，伝送効率は 50Mbps÷100Mbps＝50%

【4】 問1．バブルソート（交換法） 問2．二分探索

問1．(1) 降順に並べ替えたいため，配列の左側 Ten(g) と右側 Ten(g+1) の大小関係が正しくない時（Ten(g) < Ten(g+1)）に入れ替えを実行する。

 (2) 直前の入れ替え対象である Ten(g) の値を Temp に退避させているので，もう片方の入れ替え対象である Ten(g+1) の値を Ten(g) に代入する。

 (3) 配列 Ten のすべての要素の値を出力したいので，配列の 0 番目から n－1 番目までを表示する。

問2．(4) 直前の下限値の初期値の設定において，二分探索の探索範囲で添字が一番小さい値より 1 小さい値を設定しているので，上限値の初期値も同様に，探索範囲で添字が一番大きい値より 1 大きい値を設定する。

 (5) 1回目の探索で Ban(M) < Dat の条件を満たす場合は，次の探索範囲は添字が M より 1 大きい要素から，添字が n の要素となるので，下限値である L の値は M の値に更新する。

【5】 コントロールブレイク

(1) 直前の処理で Ktmp に読み込んだデータの区分番号を格納しており，次に読み込んだデータの区分番号（Kban）が Ktmp と同じ場合は，同じ区分のデータが続いていることになるため，ループ 2 の繰り返しを継続する。

(2) ループ 3 の中で都道府県別に児童数（Jsuu）の合計を Jskei に求めるために初期化を行う。

(3) ループ 3 の中で都道府県別に小学校数（Ksuu）の合計を変数 Kskei に求める。

(4) 1 校あたり児童数を求めるために，児童数小計（Jskei）÷小学校数小計（Kskei）の結果を KouJsuu に格納する。

(5) 区分ごとの小学校数合計，児童数合計，1 校あたり児童数を表示する。

【6】 多次元配列，インサーションソート（挿入法）

(1) ループ 2 では線形探索を行っており，直前の処理で g に 1 が格納されているので，ループ 2 の中で g の値を 1 ずつ増加させることで配列 Syohin の先頭の配列から探索を行う。

(2) 配列 Hkei の 8 行目に店舗番号（Tban）ごとに Hsuu の合計を求める。

(3) ループ 3 の中では商品ごとの販売数合計（配列 Hkei の 8 行目）をキーとしてインサーションソートを行う。

(4) 配列 Syohin の 0 番目の要素に退避させた商品を m ＋ 1 に挿入する。

(5) ループ 8 の制御変数 h の値が 8 の場合は合計を表示する。

【7】 多次元配列，順位付け

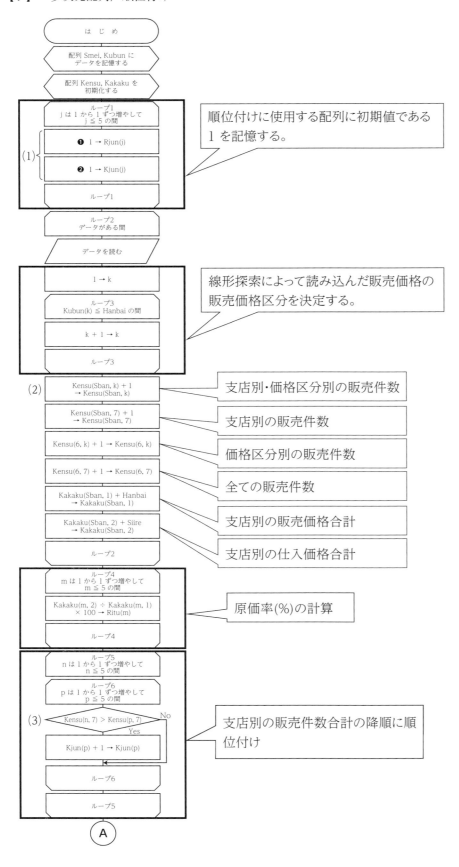

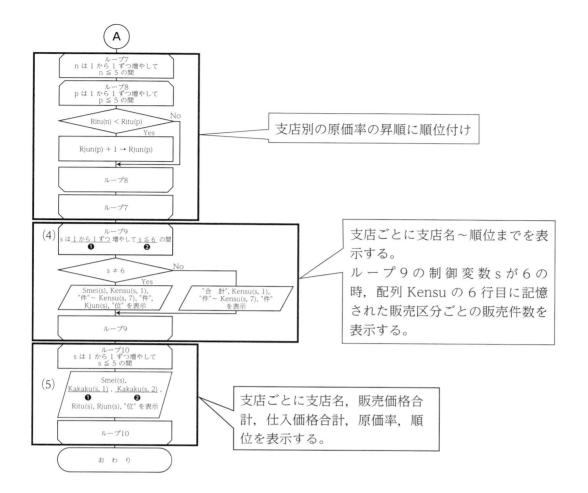

支店別の原価率の昇順に順位付け

支店ごとに支店名～順位までを表示する。
ループ9の制御変数sが6の時，配列 Kensu の6行目に記憶された販売区分ごとの販売件数を表示する。

支店ごとに支店名，販売価格合計，仕入価格合計，原価率，順位を表示する。

【1】

1	2	3	4	5
コ	キ	シ	イ	オ

【2】

1	2	3	4	5
ア	ケ	キ	ウ	コ

【3】

1	2	3	4	5	
イ	ウ	イ	ウ	450	GB

各2点 15問　小計　30

【4】

(1)	(2)	(3)	(4)	(5)
イ	オ	ア	エ	イ

【5】

(1)	(2)	(3)	(4)	(5)
オ	エ	イ	ア	キ

【6】

(1)	(2)	(3)	(4)	(5)
エ	ク	ア	キ	カ

各3点 15問　小計　45

【7】

(1) ❶	(1) ❷	(2)	(3) ❶	(3) ❷	(4)	(5)
キ	シ	エ	チ	カ	オ	イ

各5点 5問　小計　25

得点合計　100

※　【7】(1)・(3)は，問ごとにすべてができて正答とする。
　　【7】(1)順不同可。

解説

【1】

ア．信頼性：RASIS が表すシステム評価指標の一つで，システムが継続的に稼働する性質を表す評価指標。MTBF で表す。

ウ．桁落ち：浮動小数点数の計算において，非常に近い大きさの小数同士で減算を行ったときに有効数字が大きく減少する現象。

エ．インシデント：システムが一時的にサービスの提供を停止するような突発的な故障や事故のこと。インシデントが発生するとサービスの再開を最優先に対処し，その後根本原因の解明や再発防止策を講じる。

カ．保守性：RASIS が表すシステム評価指標の一つで，システムが停止した際に復旧のしやすさを表す評価指標。MTTR で表す。

ク．情報落ち：大きさが極端に異なる数値を加算・減算したとき，記憶できる数値の桁数が限られるため小さい値の情報が無視される現象。

ケ．ターンアラウンドタイム：処理を命令してから全ての実行結果が得られるまでの時間。

サ．DMZ：内部ネットワークと外部ネットワークの間にファイアウォールを設定することで設けられるセキュリティ上安全とされる領域。データベースサーバやファイルサーバなど，安全を確保すべき情報資源を DMZ で安全に運用する。

【2】

イ．クラス　　エ．ルータ　　オ．クロスサイトスクリプティング　　カ．ホワイトボックステスト　　ク．NAT

【3】

1. 10101 + 101000 = 111101 となる。下位ビットから順に 4 桁に区切ると 111101 → 0011 1101 になり，それぞれを 16 進数に変換する。0011 = 3，1101 = D。よって，3D となる。

2. ア．キュー：先に保存されたデータが先に取り出されるデータ構造。プリンタの印刷データを一時的に保存する記憶装置などに利用されている。
   イ．スタック：後に保存されたデータが先に取り出されるデータ構造。ブラウザでWebページを閲覧した際に一時的に履歴を保存し，戻るボタン，進むボタンで表示を切り替える機能などに利用されている。

3. ア．FTP：TCP/IP を利用したネットワークにおいて，ファイルをやり取りするために利用されるプロトコル。
   ウ．Cookie：Webサーバがブラウザに一時的にデータを保存するしくみ。電子商取引でカートに入れた商品情報やWebサイト内のログイン情報などを一時的に保存することなどに利用されている。

4. ア．リカーシブ：プログラム中において自分自身のプログラムを呼び出すことができる特性。
   イ．リロケータブル：プログラムを主記憶上のどの位置に配置しても正しく実行できる特性。

5. 計算式：500B × 900 セクタ × 40 トラック × 25,000 シリンダ = 450,000,000,000B = 450GB

【4】　問1．順位付け　　問2．インサーションソート（挿入法）

問1．(1) 変数 i は，配列の添字 0 〜 n - 2 の範囲を表す。また，変数 j は配列の添字 i + 1 〜 n - 1 の範囲を表しており，i を基準に i 以降の要素が大きいか，小さいかを判断して順位を計算している。

(2) 降順に順位付けする場合，小さい方の順位に 1 加算して順位を下げる。Kazu(i) よりも Kazu(j) の方が大きいため，Jun(i) に 1 を加算して順位を下げる。

(3) For 文の制御変数に i が使われているため，Jun(i)，Kazu(i) で値を表示する。

問2．(4) 挿入法は，配列の先頭のデータを既に整列済みと考え，先頭の次の要素から順に配列の整列済みの範囲にデータを挿入していく。そのため，変数 k の変化する範囲は，2 〜 n までとなり，k <= n の間繰り返す。

(5) 昇順に並べ替える場合，Word(0) = Word(k) としたあと，Word(m) > Word(0) ならば，Word(m) の値を一つ右へずらし，Word(0) の値が記憶される可能性がある場所をあけなければならない。

【5】　データの集計，一次元配列，コントロールブレイク

(1) ループ 2 の条件に Ghoz = Gban とあり，学年が変わるまで繰り返すことが分かる。集計対象となる学年を記憶するため，Gban → Ghoz となる。

(2) ループ 3 の前に Kban → Khoz とあり，集計対象の組番号を記憶している。記憶した組番号と読み込んだ組番号が同じ間データの集計を繰り返す。

(3) 実技試験の点数を表している。なお，解答不要の部分は，Hikki + Ten → Hikki となる。

(4) 変数 Biko に ＊ を記憶するのは，筆記試験，実技試験の平均点がともに 70 点以上の場合である。

(5) 変数 Khoz に記憶した組番号と，データを読み込んだ Kban が異なるため繰り返し処理を抜けてきている。繰り返し処理を抜けたときの Kban は，表示すべき組ではなく，その次の組番号が記憶されているため，Ghoz や Khoz をもとに表示する。

【6】　データの集計，二次元配列，二分探索，バブルソート（交換法）

(1) 集計対象の国コードの添字を二分探索によって特定したあと，変数 m と Mcode を使って配列 Medal にメダル数を集計する。配列 Medal の行方向の添字を m，列方向の添字を Mcode で表す。

(2) 国コードは 208 件であり，Cnt に記憶している。交換法による並べ替えは，外側の繰り返し処理で配列の並べ替え対象範囲の終わりを制御する。j の始まりを Cnt とすることで，Medal(k, 1) < Medal(k + 1, 1) の比較処理で配列の範囲外を参照しないように制御している。

(3) 配列 Medal の隣り合う要素同士を比較しながら並べ替える。Medal(k, 1) よりも Medal(k + 1, 1) の方が大きければ，並べ替える必要がある。

(4) 二分探索の探索範囲の初期値は，配列の (1) から最後 (208) となる。よって，探索範囲の最後を表す添字 Hi に Cnt (208) を設定する。

(5) Ccode が Country(m, 1) より小さい場合は，探索範囲の上限を表す Hi の位置を m - 1 に設定する。また，Ccode が Country(m, 1) より大きい場合は，探索範囲の下限を表す Lo の位置を m + 1 に設定する。これを繰り返すことで探索範囲を狭め，効率的にデータを探索することができる。

【7】 多次元配列，線形探索，セレクションソート（選択法）

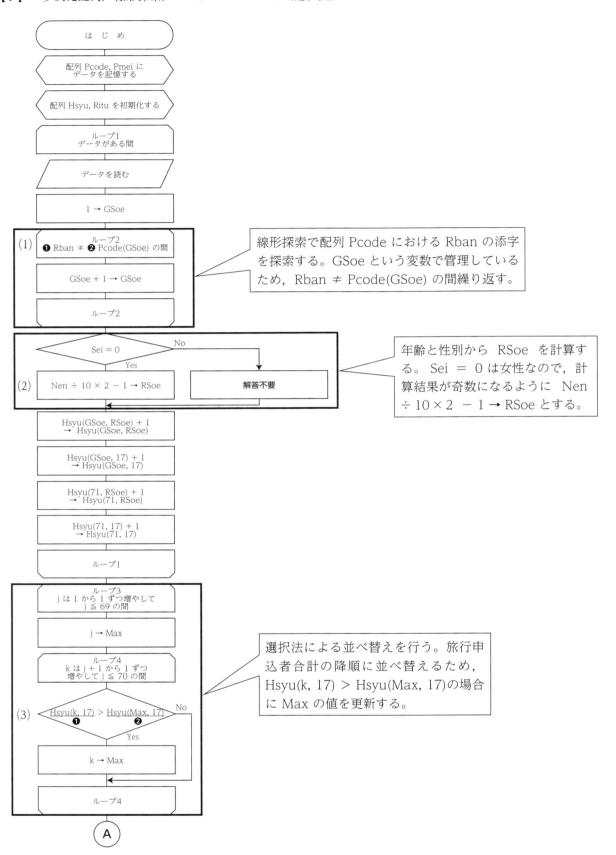

はじめ

配列 Pcode, Pmei に
データを記憶する

配列 Hsyu, Ritu を初期化する

ループ1
データがある間

データを読む

1 → GSoe

(1)
ループ2
❶ Rban ≠ ❷ Pcode(GSoe) の間

GSoe + 1 → GSoe

ループ2

> 線形探索で配列 Pcode における Rban の添字を探索する。GSoe という変数で管理しているため，Rban ≠ Pcode(GSoe) の間繰り返す。

(2)
Sei = 0 ── No

Yes

Nen ÷ 10 × 2 − 1 → RSoe

解答不要

> 年齢と性別から RSoe を計算する。Sei ＝ 0 は女性なので，計算結果が奇数になるように Nen ÷ 10 × 2 − 1 → RSoe とする。

Hsyu(GSoe, RSoe) + 1
→ Hsyu(GSoe, RSoe)

Hsyu(GSoe, 17) + 1
→ Hsyu(GSoe, 17)

Hsyu(71, RSoe) + 1
→ Hsyu(71, RSoe)

Hsyu(71, 17) + 1
→ Hsyu(71, 17)

ループ1

ループ3
j は 1 から 1 ずつ増やして
j ≦ 69 の間

j → Max

ループ4
k は j + 1 から 1 ずつ
増やして j ≦ 70 の間

(3)
Hsyu(k, 17) > Hsyu(Max, 17)
❶　　　　　　❷ ── No

Yes

k → Max

ループ4

A

> 選択法による並べ替えを行う。旅行申込者合計の降順に並べ替えるため，Hsyu(k, 17) > Hsyu(Max, 17)の場合に Max の値を更新する。

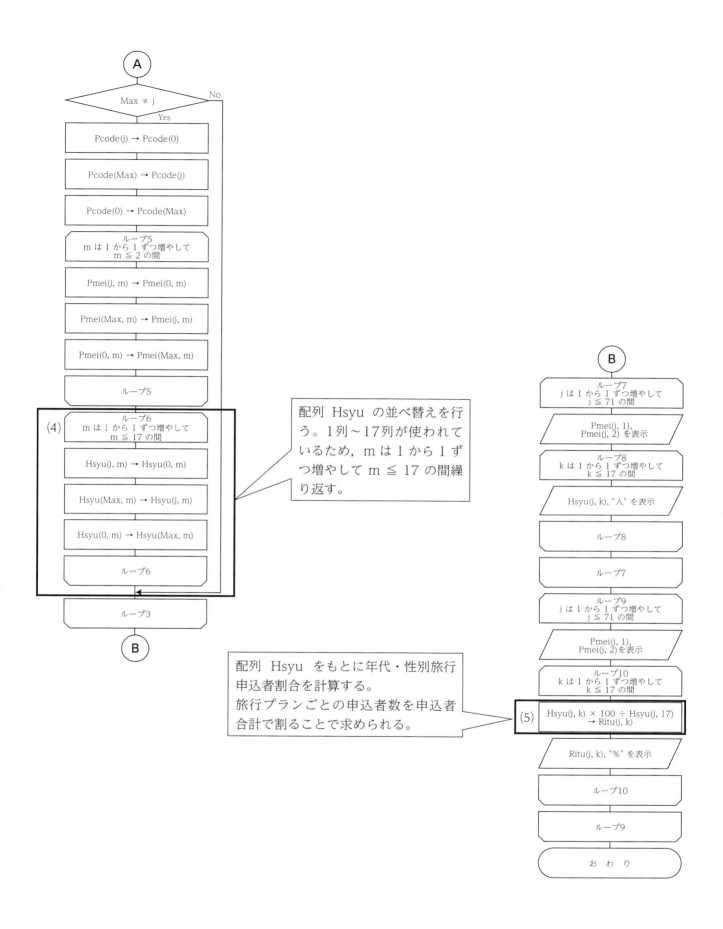

配列 Hsyu の並べ替えを行う。1列〜17列が使われているため，mは1から1ずつ増やして m ≦ 17 の間繰り返す。

配列 Hsyu をもとに年代・性別旅行申込者割合を計算する。
旅行プランごとの申込者数を申込者合計で割ることで求められる。

【1】

	1	2	3	4	5
	カ	サ	エ	キ	オ

【2】

	1	2	3	4	5
	オ	ア	コ	イ	ク

【3】

	1	2	3	4	5
	ウ	イ	ア	ウ	イ

各2点
15問
小計 30

【4】

	(1)	(2)	(3)	(4)	(5)
	ア	カ	エ	イ	ウ

【5】

	(1)	(2)	(3)	(4)	(5)
	コ	エ	イ	ケ	オ

【6】

	(1)	(2)	(3)	(4)	(5)
	キ	ウ	イ	オ	エ

各3点
15問
小計 45

【7】

(1)	(2) ❶	(2) ❷	(3) ❶	(3) ❷	(4)	(5) ❶	(5) ❷
ト	ス	ツ	チ	エ	ケ	ソ	オ

各5点
5問
小計 25

得点合計
100

※　【7】(2)・(3)・(5)は，問ごとにすべてができて正答とする。
　　【7】(5)順不同可。

解説

【1】

ア．デジタル署名：データの送信者を証明したり，データの改ざんが行われていないことを証明したりするための技術。

イ．ウォータフォールモデル：一つひとつの開発工程を完了させて進めていくシステム開発の手法。

ウ．リロケータブル：コンピュータプログラムがメモリ上のどこに配置されても実行可能なこと。

ク．ストライピング：データを複数のディスクに分散して配置することで読み込みや書き込みの速度を向上する。

ケ．MIME：電子メールで，ASCII コードの英数字以外のデータ（添付ファイルなど）を取り扱うことができるようにする規格。

コ．負荷テスト：大量の負荷をかけ，情報システムが実際の運用に耐えられるかを検証するテスト。

シ．保守性：RASIS の指標の一つで，情報システムのメンテナンスの容易さや修正のしやすさを表す指標。MTTR で表す。

【2】

ウ．固定小数点形式　　エ．OR 回路　　カ．DNS　　キ．ホワイトボックステスト　　ケ．DMZ

【3】

1．10 進数 38.75 は整数部分と小数部分にわけて計算する。

   10 進数 38 ＝ 16 進数 26（基数 16 で割っていく。）

   10 進数 0.75 ＝ 16 進数 C（0.75 × 16 ＝ 12　12 ＝ C）　　よって，26.C

2．ア．情報落ち：大きい値と小さい値の加減算を行った際に，小さい値の情報が無視されてしまうことによって生じる誤差。

   ウ．丸め誤差：実際の数値を切り上げ，切り捨て，四捨五入などを行うことによって生じる誤差。

3．イ．トップダウンテスト：上位のモジュールをテストし，その後このモジュールから呼び出される下位のモジュールについてスタブを使用して次々とテストを行うこと。

   ウ．機能テスト：情報システムに求めた機能要件を満たしているかどうかを確かめるためのテストのこと。

4．ア．フォールトアボイダンス：高品質な部品を使うなど事前に対策して障害を回避する考え方。

   イ．フェールセーフ：障害が発生した時に安全を優先して動作を制御する考え方。

5．3 人 × 4 か月 ＝ 12 人月　あと 2 か月で完成させるには，必要な人数を x とすると，x 人 × 2 か月 ＝ 12 人月
   よって，全部で 6 人必要。作業開始時のメンバー 4 人を引くと，増員しなければならないのは 2 人となる。

【4】　問1．セレクションソート（選択法）　　問2．二分探索

問1．(1)　データ件数は n 件なので，使用する配列の番地は 0 ～ n － 1。変数 s は 0 から n － 2 まで 1 ずつ増やす。

　　(2)　配列 Su の t 番地と Taihi 番地を比較して，t 番地の要素が小さければ t の値を Taihi に記憶する。

　　(3)　最後に，配列 Su の要素を表示する。

問2．(4)　データ件数は n 件なので，使用する配列の番地は 0 ～ n － 1。n － 1 の値を探索の上限とする。

　　(5)　探索中に，下限の値 Kgen が上限の値 Jgen を上回ってしまったら，探索を中止する。

【5】　コントロールブレイク

(1)　Hi を Hhoz に保存する。

(2)　ループ 2 で初期値を設定するため g を 1 から 5 まで繰り返す。

(3)　Max(Code) と Kiroku を比較し，Max(Code) より Kiroku が早い場合（小さい場合）Kiroku を Max(Code) に記憶する。

(4)　Tuki と Thoz が同じ場合は，Nisu に 1 を加算する。

(5)　一人ひとりの選手の平均記録を求める。

【6】　二分探索，多次元配列

(1)　探索処理で求めた行方向の添字 Me と，直前で求めた列方向の添字 So をもとに，配列 Kei に金額を集計する。

(2)　変数 k が 1 のときに求めた売上純利益は，30～21 年前の売上純利益である。処理条件6にある計算式より，増減率を求める際に使用するため，変数 k が 1 の場合は Rieki を Hoz に格納しておく必要がある。

(3)　処理条件6にあるとおり，増減率が －10 以下の場合，分析は　減　となる。

(4)　二分探索において上限値を設定する。探索する配列 Scode の件数は 60 件のため，60 → Jo となる。

(5)　入力する種類コードが中央値よりも大きかった場合，中央値に ＋1 した値を新たに下限値に設定するが，種類コードが中央値よりも小さかった場合，中央値に －1 した値を新たに上限値として設定する。

【7】 線形探索，多次元配列，順位付け

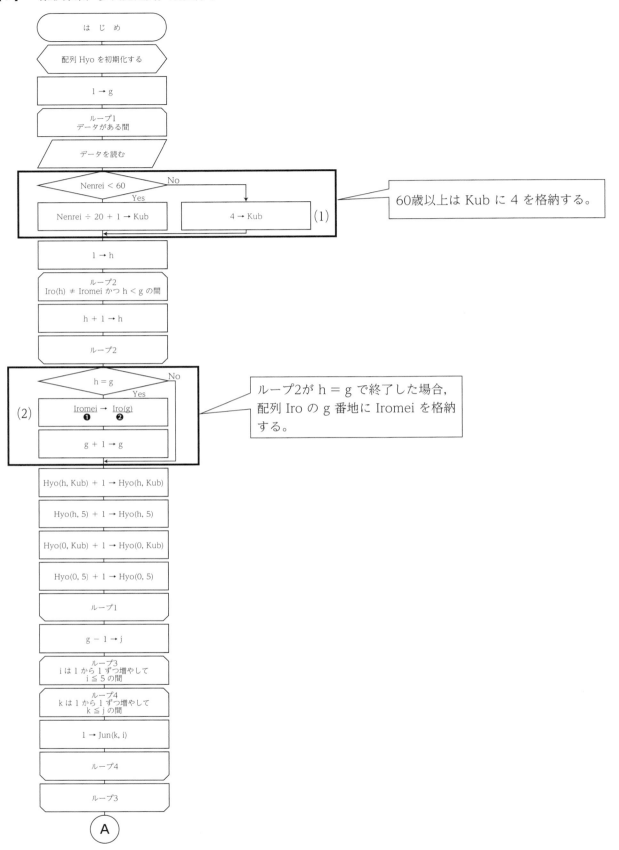

はじめ

配列 Hyo を初期化する

1 → g

ループ1
データがある間

データを読む

(1) | Nenrei < 60 → No
Yes
Nenrei ÷ 20 + 1 → Kub   4 → Kub

> 60歳以上は Kub に 4 を格納する。

1 → h

ループ2
Iro(h) ≠ Iromei かつ h < g の間

h + 1 → h

ループ2

(2) | h = g → No
Yes
Iromei → Iro(g)
❶   ❷

g + 1 → g

> ループ2が h = g で終了した場合，
> 配列 Iro の g 番地に Iromei を格納する。

Hyo(h, Kub) + 1 → Hyo(h, Kub)

Hyo(h, 5) + 1 → Hyo(h, 5)

Hyo(0, Kub) + 1 → Hyo(0, Kub)

Hyo(0, 5) + 1 → Hyo(0, 5)

ループ1

g - 1 → j

ループ3
i は 1 から 1 ずつ増やして
i ≦ 5 の間

ループ4
k は 1 から 1 ずつ増やして
k ≦ j の間

1 → Jun(k, i)

ループ4

ループ3

Ⓐ

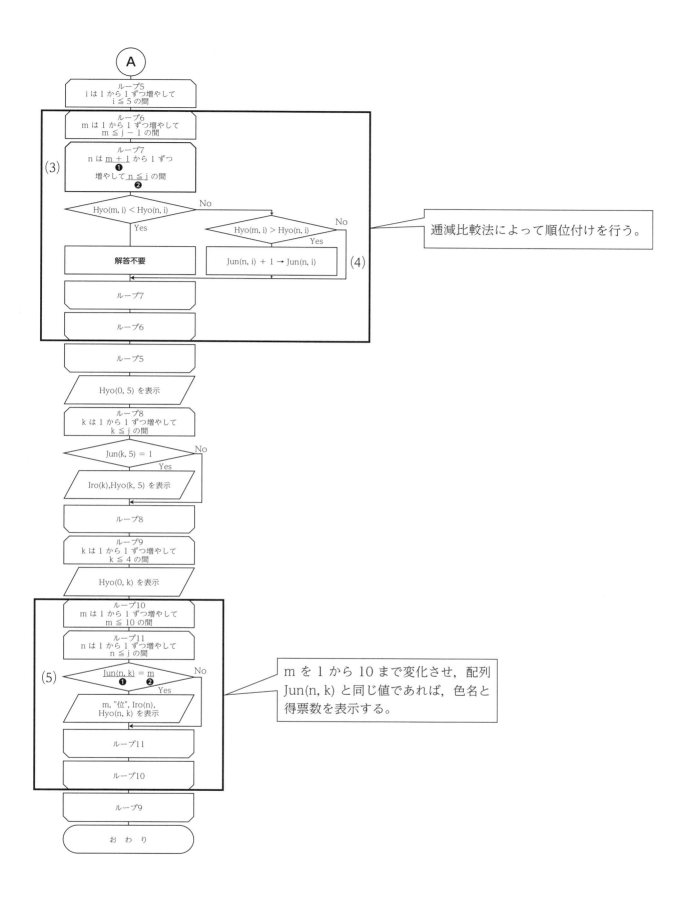

【1】

1	2	3	4	5
コ	オ	ウ	ア	カ

【2】

1	2	3	4	5
エ	カ	イ	ウ	ク

【3】

1	2	3	4	5
ウ	ウ	ア	ア	0.975

各2点 15問　小計 30

【4】

(1)	(2)	(3)	(4)	(5)
エ	ア	ウ	ア	イ

【5】

(1)	(2)	(3)	(4)	(5)
コ	ク	エ	オ	カ

【6】

(1)	(2)	(3)	(4)	(5)
オ	ウ	カ	ア	コ

各3点 15問　小計 45

【7】

(1) ❶	(1) ❷	(2) ❶	(2) ❷	(3)	(4)	(5) ❶	(5) ❷
ケ	チ	ツ	ス	ト	コ	カ	オ

各5点 5問　小計 25

得点合計 100

※ 【7】⑴・⑵・⑸は，問ごとにすべてができて正答とする。

解説

【1】

イ．スパイラルモデル：システム開発の手法で，ユーザに確認を取りながら設計・実装・試験・評価といった一連のプロセスを何度も繰り返し，次第に完成度を高めていく方式。

エ．内部設計：外部設計をもとに実際に使うデータや初期値の定義など外部から見えない部分を設計する。

キ．要件定義：システム開発などのプロジェクトを始める前の段階で，必要な機能や要求をわかりやすくまとめていく作業のこと。

ク．リスクアセスメント：リスクの大きさを評価し，そのリスクが与えうる影響を許容できるかどうかを判断すること。

ケ．固定小数点形式：コンピュータ上での数値の表現方法で，小数点の位置が固定されている形式。

サ．ゲートウェイ：異なるプロトコルを用いているネットワーク同士を接続するために用いる通信機器。

シ．浮動小数点形式：コンピュータ上での数値の表現方法で，小数点の位置が固定されない形式。符号部，指数部，仮数部の3つから構成されている。

【2】

ア．桁落ち　　オ．SQLインジェクション　　キ．リロケータブル（再配置）　　ケ．DNS　　コ．安全性

【3】

1．10110010 － 01001001 ＝ 01101001

　4 ビットずつ区切り，上位 4 ビットの 0110 を 10 進数に変換すると 6，下位 4 ビットの 0110 を 10 進数に変換すると 9 になる。よって，16 進数に変換すると 69。

2．ア．論理シフト：シフト演算で符号を考慮せずにシフトすること。

　イ．OR 回路：2 つの入力される値がともに 0 の時に 0 を，それ以外の時に 1 を出力する回路。

3．イ．スタック：後入れ先出しのデータ構造。

　ウ．カプセル化：オブジェクト指向において，操作を一つのオブジェクトとしてまとめ，外部に対して必要な情報や手続きのみを提供すること。

4．イ．IMAP：受信したメールをサーバで管理するプロトコル。

　ウ．HTTP：ウェブサーバとブラウザで情報をやりとりするためのプロトコル。

5．計算式：0.99 × {1 － （1 － 0.9）×（1 － 0.85）}

【4】　問 1．順位付け　　問 2．二分探索

問 1．(1)　順位を記憶する配列に，初期値として 1 を入れる。

　　(2)　どのような場合に順位の配列に＋ 1 とするかを比較する。この条件式が真（Then）の場合に，昇順に順位付けをする場合には値が大きい方に＋ 1 をする。

問 2．(3)　二分探索の上限の位置を設定する。問題文にある配列の一番大きな添字が n － 1 となっているため，その値を設定する。

　　(4)　繰り返し処理の条件で，空欄になっていない条件式はエラー処理のためである。And でつないだ複数条件で見つかった時の条件式を書く。二分探索なので中央値に当たる Naka を添字として配列を見に行くことで探索できる。

　　(5)　この段階での中央値 Naka の添字位置は見つけたいデータではないので，再び繰り返すために，上限や下限を設定し直す。a よりも SCod(Naka) の値が大きければ，探したいデータは今の位置よりも添字の値が小さい側にしかないため，現在の中央値 Naka の添字の値を上限にする。 a よりも SCod(Naka) の値が小さければ，探したいデータは今の位置よりも添字の値が大きい側にしかないため，現在の中央値 Naka の添字の値を下限にする。

【5】　コントロールブレイク

(1)　ループ 2 に入る前に Ji を Work に記憶して，読み込んだデータの時間帯と Work に記憶した時間帯が同じ間，処理を繰り返すようにしている。また，最後のデータを読んだ後，無限ループに陥らないため sw ＝ 0 の間という条件も必要になる。

(2)　分岐処理が Yes の場合は，配列 HiYo の 0 行目に金額を集計しており，No の場合は配列 HiYo の 1 行目に金額を集計している。 0 行目は 7 時～ 18 時台の金額を昼計として集計し，1 行目は 19 時～ 6 時台の金額を夜計として集計していることから，ji ≧ 7 かつ Ji ≦ 18 という処理条件を設定する。

(3)　流れ図記号の形から，入出力処理であることがわかる。第 2 図の実行結果を見ると一番最初に表示しているのは時間帯なので，現在処理している時間帯が記憶されている Work の値を表示する。なお，このとき Ji にはループ 2 を抜ける前に読み込んだ次の時間帯のデータが記憶されているため，1 番最初の時間帯を表示できないので，ウは不適切である。

(4)　ループ 4 端子記号の直後に，a が使われている。しかし，これ以前は a は使われていないので，ループ 4 で a を定義する必要がある。ループ 4 では，配列 HiYo の行方向の添字として a を使っており，配列 HiYo は 0 行目と 1 行目しかない。よって a の変化する範囲は 0 ～ 1 となる。

(5)　ループ 5 では配列 HiYo の値（弁当から合計までの値）を表示しており，次に表示すべきは日配物割合（％）であることがわかる。日配物割合（％）は，ループ 4 で Wari に記憶しているので，Wari を表示する。

【6】　バブルソート（交換法）

(1)　配列 Soe に 1 ～ 20 の値を記憶する。g は行方向，n は列方向の添字である。

(2)　配列 Uri に売上金額を集計する。Sban は行方向，Jban は列方向の添字である。

(3)　配列 Sw を利用し，割合の累計が 70 ％以内か判断している。Sw(r) が 0 の場合，入れ替え処理，割合を求める計算，累計の計算，文字列操作を行う。

(4)　配列 Smei を表示する。添字は配列 Soe に記憶されている 1 ～ 20 の値を利用する。

(5)　交換法による並べ替えで，配列 Uri の行方向の最後の要素とそのひとつ前の要素から，順に手前に比較していく。

【7】 二分探索，関数の呼び出し，多次元配列

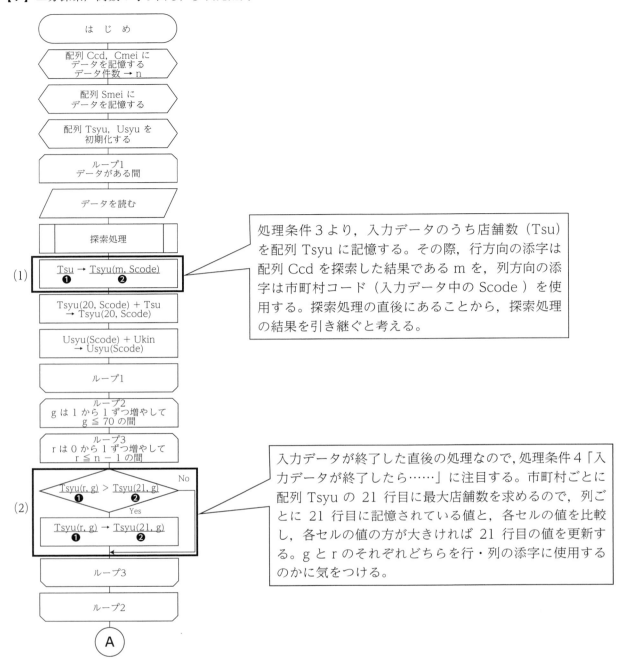

(1)
Tsu → Tsyu(m, Scode)
❶　　　　❷

処理条件3より，入力データのうち店舗数（Tsu）を配列 Tsyu に記憶する。その際，行方向の添字は配列 Ccd を探索した結果である m を，列方向の添字は市町村コード（入力データ中の Scode ）を使用する。探索処理の直後にあることから，探索処理の結果を引き継ぐと考える。

(2)
Tsyu(r, g) > Tsyu(21, g)
❶　　　　　❷
Tsyu(r, g) → Tsyu(21, g)
❶　　　　　❷

入力データが終了した直後の処理なので，処理条件4「入力データが終了したら……」に注目する。市町村ごとに配列 Tsyu の 21 行目に最大店舗数を求めるので，列ごとに 21 行目に記憶されている値と，各セルの値を比較し，各セルの値の方が大きければ 21 行目の値を更新する。g と r のそれぞれどちらを行・列の添字に使用するのかに気をつける。

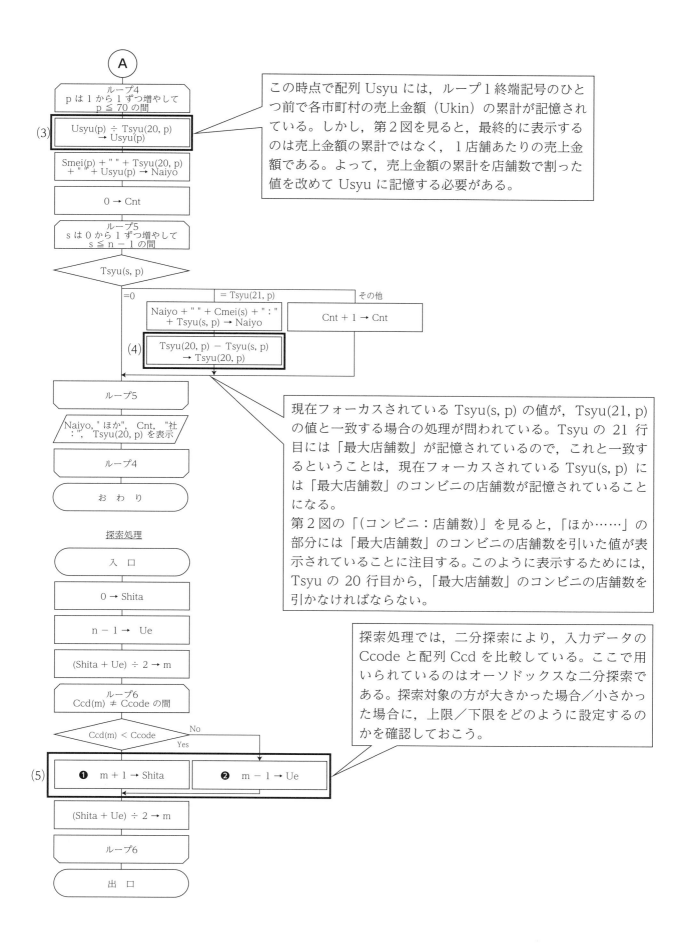

この時点で配列 Usyu には，ループ１終端記号のひとつ前で各市町村の売上金額（Ukin）の累計が記憶されている。しかし，第２図を見ると，最終的に表示するのは売上金額の累計ではなく，１店舗あたりの売上金額である。よって，売上金額の累計を店舗数で割った値を改めて Usyu に記憶する必要がある。

現在フォーカスされている Tsyu(s, p) の値が，Tsyu(21, p) の値と一致する場合の処理が問われている。Tsyu の 21 行目には「最大店舗数」が記憶されているので，これと一致するということは，現在フォーカスされている Tsyu(s, p) には「最大店舗数」のコンビニの店舗数が記憶されていることになる。
第２図の「(コンビニ：店舗数)」を見ると，「ほか……」の部分には「最大店舗数」のコンビニの店舗数を引いた値が表示されていることに注目する。このように表示するためには，Tsyu の 20 行目から，「最大店舗数」のコンビニの店舗数を引かなければならない。

探索処理では，二分探索により，入力データの Ccode と配列 Ccd を比較している。ここで用いられているのはオーソドックスな二分探索である。探索対象の方が大きかった場合／小さかった場合に，上限／下限をどのように設定するのかを確認しておこう。

◎P.112

【1】

	1	2	3	4	5
	ク	サ	シ	ウ	エ

【2】

	1	2	3	4	5
	ケ	オ	ア	イ	キ

【3】

	1	2	3	4	5
	ウ	ア	イ	ウ	160　秒

各2点 15問　小計　30

【4】

	(1)	(2)	(3)	(4)	(5)
	エ	オ	ウ	ア	イ

【5】

	(1)	(2)	(3)	(4)	(5)
	キ	イ	ケ	コ	ウ

【6】

	(1)	(2)	(3)	(4)	(5)
	キ	ク	ア	ケ	オ

各3点 15問　小計　45

【7】

	(1)	(2)	(3) ❶	(3) ❷	(4) ❶	(4) ❷	(5) ❶	(5) ❷
	コ	ト	キ	セ	カ	ツ	サ	ソ

各5点 5問　小計　25

得点合計　100

※　【7】(3)・(4)・(5)は，問ごとにすべてができて正答とする。

解説

【1】

ア．ネットワークアドレス：IPアドレスを表すビット列のうち，そのIPアドレスが属するネットワークを表す上位ビット部分（ネットワーク部）以外の下位ビット部分（ホスト部）を全て 0 としたもの。

イ．ゲートウェイ：通信プロトコルが異なるネットワーク同士が通信する際の中継機器。

オ．リスト：データ構造のひとつで，データ要素に次の要素の参照先情報を持たせることによって，複数のデータを連結する。

カ．NAT：Network Address Translation の略で，LANからインターネットに接続する際に，プライベートIPアドレスとグローバルIPアドレスを変換する機能。

キ．MIME：Multipurpose Internet Mail Extensions の略で，電子メールにおいてASCIIコード以外の文字や，画像などの添付ファイルを送信するための規格。

ケ．プログラム設計：システム開発において，内部設計の後に行われる工程で，処理の流れや各プログラムの構造を詳細に設計する。

コ．フォールトトレラント：予備系のシステムを用意するなど，システムの多重化によって，故障や障害を回避するようにする設計思想。

【2】

ウ．ターンアラウンドタイム　　エ．ブラックボックステスト　　カ．インスタンス　　ク．テスト　　コ．MACアドレス

【3】

1. $(10011010)_2$ を反転させる。→ $(01100101)_2$ に $(1)_2$ を加算する。→ $(01100110)_2$

2. イ．外部設計：要件定義の後に行う工程で，利用者の視点から画面設計や帳票設計などを行う。

  ウ．内部設計：外部設計の後に行う工程で，開発者の視点からシステム内部の動作や機能などの設計を行う。

3. ア．スタック：後に格納されたデータが先に取り出されるデータ構造。

  ウ．スタブ：トップダウンテストにおいて，未完成である下位モジュールの代替として使用される。

4. ア．ボトムアップテスト：結合テストにおいて，下位モジュールから上位モジュールへと結合を行うテスト。

  イ．回帰テスト：プログラムの修正や変更を行ったことによって，正常に動作していた部分に新たなバグなどが発生していないかを確認するテスト。

5. 計算式：実際の通信速度は 200Mbps × 40％ ＝ 80Mbps である。送信データは 1.6GB × 8 × 1,000 ＝ 12800Mb である。よって転送時間は 12800Mb ÷ 80Mbps ＝ 160秒 である。

【4】 問1．インサーションソート（挿入法） 問2．二分探索

問1．(1) インサーションソートにおいて Ban(h) に格納された値を，挿入先へ移動させるために一旦 tmp に退避させる。

  (2) 直前の For ステートメントの中で Ban(j) ＜ tmp を満たさない場合は，挿入先が未確定のため，Ban(j) の値を隣接する要素へ移動させている。直後の命令では tmp に一旦退避させた値を Ban(j + 1) に格納しているが，j ＝ h − 1 の条件を満たす場合は tmp の値の挿入先は初めの位置から変化しないため，直後の命令は実行する必要がない。

問2．(4) 二分探索における中央値（Tyu）の計算に使用する配列の下限値である 0 を下限値（Ka）に格納する。

  (5) 直後の命令では下限値（Ka）の値を，中央値（Tyu）の値に 1 を加算した値を格納しているため，探索対象のデータは中央値が示す要素よりも右に存在する可能性がある。よって新たな中央値を計算する際の下限値は，現在の中央値の一つ右の要素となる。

【5】 コントロールブレイク

(1) 実行結果を確認すると，最初に表示されているのはカテゴリ名である。

(2) 直前の命令で読んだデータから算出したカテゴリ番号（Cban）が Ctmp に格納されているため，これ以降に読んだデータが同じカテゴリ番号の場合はループ 2 の中の処理を繰り返す。

(3) 直後のループ 3 の継続条件に読んだデータから算出したサブカテゴリ番号（Sban）が Stmp との一致が含まれているため，Stmp に直前に読んだデータから算出したサブカテゴリ番号（Sban）を格納する。

(4) 備考（Biko）の値を確定させた後の表示の処理中に，Usuu が含まれている。実行結果を確認すると，商品名（Pmei）の隣に表示されているのは当期売上数であり，処理条件 3 に式が記載されている。

(5) 判定結果が Yes の場合，備考（Biko）の値に "○" が格納されているため，処理条件 3 により，商品回転率（Kritu）の値が 10 以上かを判定する。

【6】 多次元配列，セレクションソート（選択法）

(1) 配列 HSryo に顧客ごとの販売数量を求めることが，処理条件 3 に記載されている。また，直前の処理で顧客コードを格納するための配列 HKcod の添字に g を使用しているので，列方向の添字は g を使用する。行方向の添字は商品コードと対応しているため，Scod を使用する。

(3) 直後の処理では配列 HSryo の 0 列目に最大値の候補を更新しているので，最大値の候補（HSryo(h, 0)）より販売数量（HSryo(h, g)）が大きいかを判定する。

(4) セレクションソート（降順）において最大値の候補である要素の添字を Tmp に格納する。

(5) 前後の処理を確認し，三点交換をするために，直前の処理で HSryo(0, k) に値を退避させた HSryo(h, k) に HSryo(Tmp, k) の値を格納する。

【7】 多次元配列，順位付け

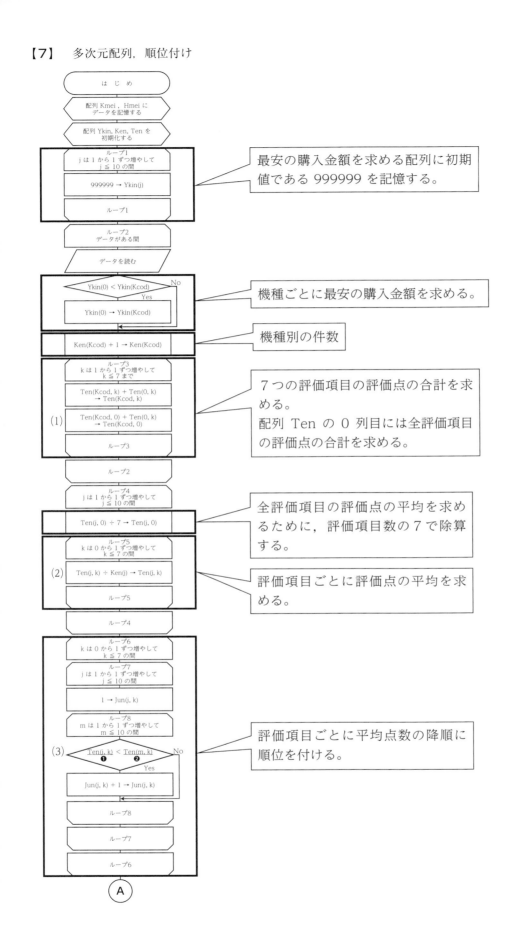

はじめ

配列 Kmei，Hmei に
データを記憶する

配列 Ykin, Ken, Ten を
初期化する

ループ1
j は 1 から 1 ずつ増やして
j ≦ 10 の間

999999 → Ykin(j)

ループ1

最安の購入金額を求める配列に初期
値である 999999 を記憶する。

ループ2
データがある間

データを読む

Ykin(0) < Ykin(Kcod) — No
Yes

Ykin(0) → Ykin(Kcod)

機種ごとに最安の購入金額を求める。

Ken(Kcod) + 1 → Ken(Kcod)

機種別の件数

ループ3
k は 1 から 1 ずつ増やして
k ≦ 7 まで

Ten(Kcod, k) + Ten(0, k)
→ Ten(Kcod, k)

(1)　Ten(Kcod, 0) + Ten(0, k)
→ Ten(Kcod, 0)

ループ3

7つの評価項目の評価点の合計を求
める。
配列 Ten の 0 列目には全評価項目
の評価点の合計を求める。

ループ2

ループ4
j は 1 から 1 ずつ増やして
j ≦ 10 の間

Ten(j, 0) ÷ 7 → Ten(j, 0)

全評価項目の評価点の平均を求め
るために，評価項目数の 7 で除算
する。

ループ5
k は 0 から 1 ずつ増やして
k ≦ 7 の間

(2)　Ten(j, k) ÷ Ken(j) → Ten(j, k)

ループ5

評価項目ごとに評価点の平均を求
める。

ループ4

ループ6
k は 0 から 1 ずつ増やして
k ≦ 7 の間

ループ7
j は 1 から 1 ずつ増やして
j ≦ 10 の間

1 → Jun(j, k)

ループ8
m は 1 から 1 ずつ増やして
m ≦ 10 の間

(3)　Ten(j, k) < Ten(m, k) — No
❶　　❷
Yes

評価項目ごとに平均点数の降順に
順位を付ける。

Jun(j, k) + 1 → Jun(j, k)

ループ8

ループ7

ループ6

A

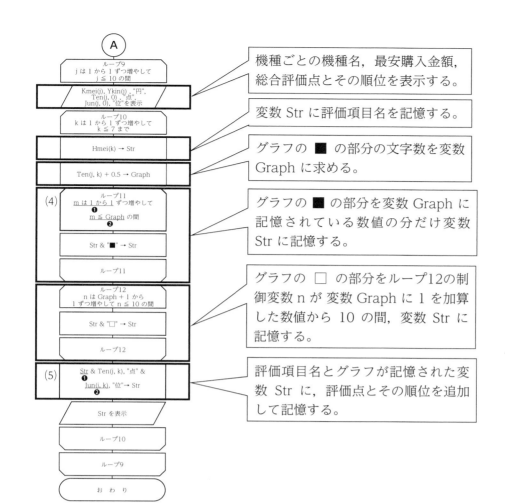

機種ごとの機種名，最安購入金額，総合評価点とその順位を表示する。

変数 Str に評価項目名を記憶する。

グラフの ■ の部分の文字数を変数 Graph に求める。

グラフの ■ の部分を変数 Graph に記憶されている数値の分だけ変数 Str に記憶する。

グラフの □ の部分をループ12の制御変数 n が変数 Graph に 1 を加算した数値から 10 の間，変数 Str に記憶する。

評価項目名とグラフが記憶された変数 Str に，評価点とその順位を追加して記憶する。

第7回　模擬問題　解答

◔P.122

【1】

	1	2	3	4	5
	エ	ク	ア	サ	コ

【2】

	1	2	3	4	5
	ウ	オ	イ	ケ	カ

【3】

	1	2	3	4	5
	ウ	ア	ウ	ア	500　GB

各2点
15問　| 小計 | 30 |

【4】

	(1)	(2)	(3)	(4)	(5)
	オ	イ	ウ	ア	イ

【5】

	(1)	(2)	(3)	(4)	(5)
	ウ	キ	カ	コ	イ

【6】

	(1)	(2)	(3)	(4)	(5)
	ク	オ	ア	ケ	ウ

各3点
15問　| 小計 | 45 |

【7】

(1)	(2) ❶	(2) ❷	(3)	(4) ❶	(4) ❷	(5)
コ	チ	ツ	カ	キ	ア	テ

各5点
5問　| 小計 | 25 |

得点合計
100

※　【7】(2)・(4)は，問ごとにすべてができて正答とする。
　　【7】(2)順不同可。

解説

【1】

イ．インシデント：システム運用中に発生する突発的な事故・故障のこと。システム運用を再開することを最優先として，根本原因の特定や再発防止などは後回しにする。

ウ．機能テスト：要件定義で求められている機能をもれなく実装できているかを確認するテスト。

オ．フェールソフト：システムに障害が発生した部分を切り離し，性能を落としてでも運転を続ける設計思想。縮退運転ともいう。

カ．ミラーリング：RAID1 が備える機能であり，複数のハードディスクに同じデータを書き込むことで信頼性を高める技術。ただし，実質的に保存できるデータ容量は，実記憶容量の半分までとなる。

キ．フェールセーフ：システムに障害が発生した場合，安全を確保するようにシステムを制御する設計思想。

ケ．保守性：システムを修理・修正しやすい度合いを表す評価指標。MTTR が低いほど，保守性が高いと言える。

シ．性能テスト：要件定義で求められている性能を実装できているかを確認するテスト。単位時間当たりに想定した仕事がこなせているかを測るためスループットを計測したり，システムの処理速度や実行時間を計測したりする。

【2】

ア．システムログ　　エ．システムテスト　　キ．ウォータフォールモデル　　ク．ボトムアップテスト　　コ．DHCP

— 34 —

【3】

1. いくつかの計算方法が考えられる。

   方法1：01101001 と 00110101 の和は，10011110 となり，4 ビットずつに区切ったものを 16 進数に基数変換する。上位ビット 1001 は 16 進数で 9 であり，下位ビット 1110 は 16 進数で E であるため，解答は 9E となる。

   方法2：01101001 と 00110101 の和は，10011110 となり，10 進数に基数変換すると 158 になる。10 進数の 158 を 16 で除算し，余りを求めると 9E となる。

2. イ．浮動小数点形式：符号部，指数部，仮数部に分かれ，小数点の位置を変えることでより多くの桁を扱うことができる小数表示形式。

   ウ．2 進化 10 進数：2 進数を 4 桁ごとに区切り，その値を 10 進数に変換して表した数値。4 桁に満たない桁には 0 を格納して計算する。

3. ア．認証局：デジタル証明書を発行して公開鍵に付加することで，公開鍵を作成した人物が間違いなく本人であることを保証するための機関。

   イ．SSL/TLS：インターネットなど TCP/IP を使ったネットワークで暗号通信を行うためのプロトコル。SSL の欠陥を修正して仕様変更されたものを TLS という。SSL が広く定着していることから，SSL/TLS と併記されることがある。

4. イ．HTTPS：インターネットなどで HTML ファイルを暗号化してやり取りするためのプロトコル。

   ウ．SMTP：インターネット上の電子メールで，メールを送信するためのプロトコル。

5. 計算式：400KB × 50 トラック× 25,000 シリンダ = 500,000,000KB = 500GB

【4】 問1．セレクションソート（選択法）　　問2．順位付け

問1．(1) 変数 Min は配列の比較範囲の中で最小値が記憶されている添字を保存している。Su(Min) と Su(h) を比較し，添字 Min より小さい値がある場合，変数 Min を更新する。

(2) 変数 Min には初期値として g が記憶されている。もし直前の繰り返し処理中に Min の値が更新されなければ最初から比較範囲の先頭に最小値が記憶されていたことになる。また，並べ替えが必要な場合は Min <> g の場合となる。

(3) データを保持したまま並べ替えをするには，Su(g) の値を Su(0) に退避させ，Su(Min) の値を Su(g) に格納する。退避させていた Su(0) の値を Su(Min) に格納する。

問2．(4) 順位を記憶する配列は，初期値として 1 を記憶する。

(5) 降順に順位を付ける場合，添字 r の要素と添字 p の要素を比較して，添字 p の要素の方が小さい場合は順位を下げることになる。なお，解答不要の欄には Ten(p) > Ten(r) が入る。

【5】 データの集計，一次元配列，コントロールブレイク

(1) ループ 2 の条件に Ehoz = Eban とあり，地方コードが変わるまで繰り返すことが分かる。そのためここでは集計対象となる地方を記憶している。

(2) 都道府県ごとの売上金額を集計する変数 Tkei は，初期値として 0 を記憶し集計の準備をする。

(3) ループ 3 の処理内容を見ると都道府県ごとの売上金額の集計処理を行っていることが分かる。Thoz に記憶した都道府県コードと読み込んだデータの都道府県コードが同じ間，集計処理を繰り返す。

(4) 都道府県ごとの売上金額合計を地方ごとの売上金額に加算して，地方ごとの売上金額を集計する。

(5) 読み込んだデータの Eban が Ehoz と等しくない場合，ループを抜ける。Eban は既に次の集計対象の地方を表しているため，表示すべき地方コードが記憶されている Ehoz をもとに地方売上金額を表示する。

【6】 データの集計，一次元配列，二次元配列，二分探索

(1) 二分探索が終了すると変数 h に売上金額を集計すべき添字が記憶されている。配列 Syu の行番号は 1 ～ 12 なので月を，列番号は 1 ～ 10 なので支社コードを表している。

(2) 売上金額計の上位 3 社を求めるため，ループ 3 の 1 回目は最も売上金額が高い値を変数 Max に格納する。ループ 3 の 2 回目は，変数 Kijun より小さい値で，全体として 2 番目に売上金額が高い値を変数 Max に格納する。

(3) 売上金額 2 位の値を求めるときのために売上金額 1 位の値を変数 Kijun に記憶する。変数 Kijun より小さい値の中で最も大きい値が 2 番目に大きい値ということになる。売上金額 3 位の値を求めることも同様に行う。

(4) 前月比を求めるためには，分母を前月の売上金額にして計算する。

(5) 配列 Ccode の h 番地と Rcode を比較して，Rcode の方が小さければ h から 1 減らした値を新たに上限に設定する。

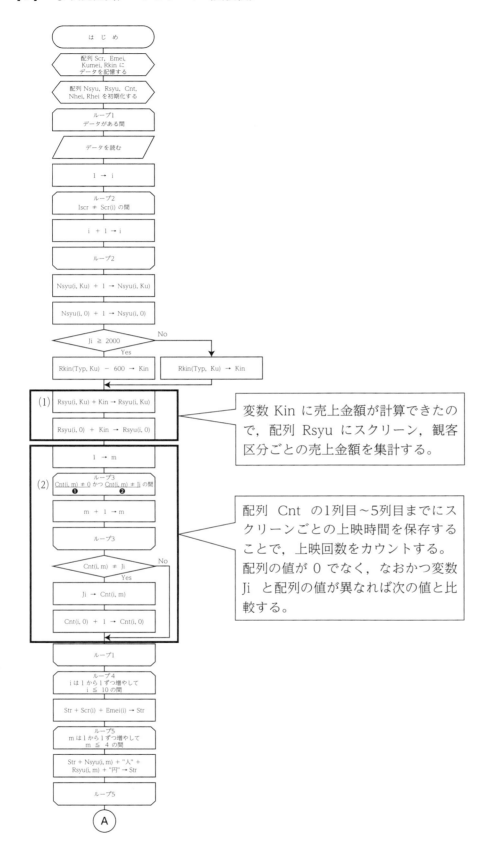

変数 Kin に売上金額が計算できたので，配列 Rsyu にスクリーン，観客区分ごとの売上金額を集計する。

配列 Cnt の1列目～5列目までにスクリーンごとの上映時間を保存することで，上映回数をカウントする。配列の値が 0 でなく，なおかつ変数 Ji と配列の値が異なれば次の値と比較する。

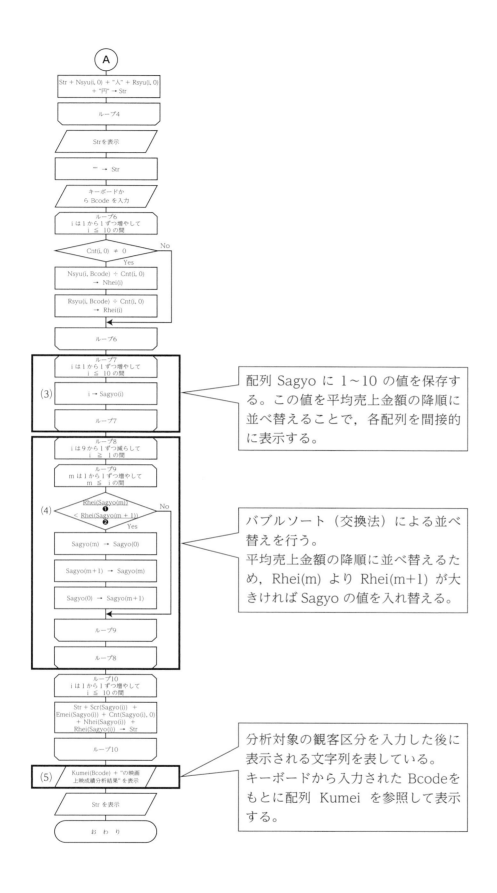

配列 Sagyo に 1～10 の値を保存する。この値を平均売上金額の降順に並べ替えることで，各配列を間接的に表示する。

バブルソート（交換法）による並べ替えを行う。
平均売上金額の降順に並べ替えるため，Rhei(m) より Rhei(m+1) が大きければ Sagyo の値を入れ替える。

分析対象の観客区分を入力した後に表示される文字列を表している。
キーボードから入力された Bcode をもとに配列 Kumei を参照して表示する。

【1】

	1	2	3	4	5
	オ	キ	ク	シ	エ

【2】

	1	2	3	4	5
	カ	イ	コ	ケ	ア

【3】

	1	2	3	4	5	
	ア	ウ	イ	ア	4	日

各2点　15問　小計 30

【4】

	(1)	(2)	(3)	(4)	(5)
	エ	ア	オ	エ	イ

【5】

	(1)	(2)	(3)	(4)	(5)
	ク	エ	ウ	オ	キ

【6】

	(1)	(2)	(3)	(4)	(5)
	ウ	カ	ク	エ	ケ

各3点　15問　小計 45

【7】

	(1) ❶	(1) ❷	(2) ❶	(2) ❷	(3)	(4)	(5) ❶	(5) ❷
	キ	タ	セ	エ	テ	コ	イ	サ

各5点　5問　小計 25

得点合計 100

※　【7】(1)・(2)・(5)は，問ごとにすべてができて正答とする。

解説

【1】

ア．インスタンス：オブジェクト指向プログラミングにおいて，クラスをもとにして，コンピュータ上に実装しメモリを確保して実体化したもの。

イ．RASIS：情報システムの評価指標で，「信頼性」「可用性」「保守性」「完全性」「安全性」の 5 項目の頭文字で表現したもの。

ウ．MIPS：Million Instructions Per Secondの略。コンピュータの処理速度を表す単位で，1 秒間に何百万個の命令が実行できるかを表す。

カ．TCP/IP：インターネットやイントラネットの多くで使われているプロトコル。TCP（Transmission Control Protocol）と IP（Internet Protocol）を組み合わせたもの。

ケ．共通鍵暗号方式：暗号化と復号に同一の鍵を用いる暗号方式。

コ．結合テスト：モジュール単位で開発されたプログラムをつなぎ合わせ，正しく機能するかを調べるテスト。

サ．レスポンスタイム：情報システムに指示を与えてから，反応を返すまでにかかる時間。

【2】

ウ．ドライバ　エ．回帰（リグレッション）テスト　オ．リロケータブル　キ．ホストアドレス　ク．MIME

【3】

1. 2 進数 1001 と 101 の積は，101101。4 ビットずつに区切ったものを 16 進数に基数変換する。上位ビット 0010 は 2 であり，下位ビット 1101 は D であるため，答えは 2D。

2. ア．CIDR：IPアドレスにおいてクラスを使わない割り当てや，適切な経路選択を行う技術。
   イ．DHCP：ネットワークに接続する際に，自動的に IPアドレスを割り振る通信規約。

3. ア．要件定義：プロジェクトを失敗させないために，要件を正しく定義し文章や図で表すこと。
   ウ．外部設計：システム開発において，要件定義をもとに入出力画面や帳票を設計する工程。

4. イ．MTBF：Mean Time Between Failure の略。平均故障間隔ともいわれ，故障と故障の間の稼働した時間の平均。
   ウ．NAT：プライベートIPアドレスをグローバルIPアドレスに変換する技術。

5. 生産性は，B さんを 1 とすると，C さんは 2。C さんを 2 とすると，A さんは 4 となる。よって，
   (1 × (B さん) + 2 × (C さん)) × 8 日 = 24 人日
   かかる日数を x と置くと，
   (4 × (A さん) + 2 × (C さん)) × x 日 = 24 人日　　　x = 4（日）

【4】　問1．バブルソート（交換法）　　問2．二分探索

問1．(1)　データ件数は n 件なので，使用する配列の番地は 0 ～ n－1。変数 g は n－1 から 1 まで 1 ずつ減らす。
　　　(2)　配列 Ten の h 番地と h＋1 番地の要素を比較して，h＋1 番地の要素が大きければ h＋1 の要素と h の要素を交換する。
　　　(3)　最後に，変数 k の値を 0 から n－1 まで変化させながら，配列 Ten の要素を表示する。

問2．(4)　配列 Dat の Tyu 番地の要素と入力した文字列 Na を比較し，Na が大きければ，Tyu に 1 加えた値を新たに下限に設定する。
　　　(5)　探索中に，下限の値 Ka が上限の値 Jo を上回ってしまったら，探索を中止する。

【5】　コントロールブレイク

(1)　ホテル名を表示するため，入力データのホテル番号 Hban を添字にして，配列 Hmei を出力する。

(2)　入力データがある間（Tmp ＝ 0），かつホテル番号が同じ間（Hban ＝ Hhzn）はループ 2 を繰り返す。

(3)　評価点を添字にして，配列 Kekka に件数を集計する。

(4)　配列 Kekka には評価点を添字にして 1 番地（不満）～ 5 番地（満足）に集計するが，表示するときは 5 番地（満足）～ 1 番地（不満）の順となる。

(5)　平均評価点は，合計評価点 Teng を合計件数 Keng で除して求める。

【6】　インサーションソート（挿入法）

(1)　配列 Kei に売上金額 Kin を集計する。行方向の添字は線形探索で求めた g，列方向の添字は月番号 Tuki である。

(2)　分類が変わるごとに分類名と分類別売上金額計を表示するため，分類番号 Bu を保存用の変数 Sw に保存する。

(3)　割合 Wari を累計 Rui に加算する。

(4)　ループ 4 が終了した時点で，変数 s には売上上位 70 ％以内の添字に＋ 1 された値が保存されている。ループ 5 では，売上上位 70 ％より大きい要素を表示するため変数 t に s を保存する。

(5)　インサーションソートで，配列 Kei の列方向の r 番地の値が 0 番地に保存した値より小さい場合は r 番地の値を r＋1 番地に移動させる。

【7】多次元配列，順位付け

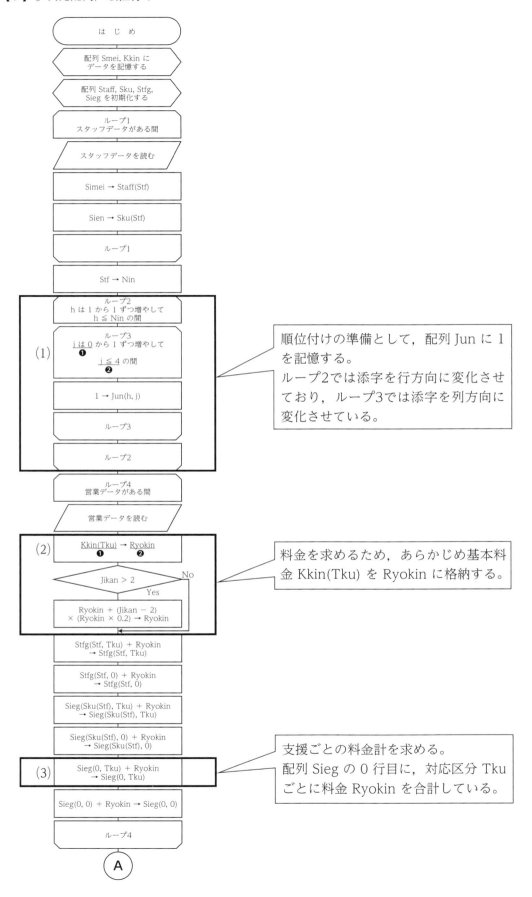

順位付けの準備として，配列 Jun に 1
を記憶する。
ループ2では添字を行方向に変化させ
ており，ループ3では添字を列方向に
変化させている。

料金を求めるため，あらかじめ基本料
金 Kkin(Tku) を Ryokin に格納する。

支援ごとの料金計を求める。
配列 Sieg の 0 行目に，対応区分 Tku
ごとに料金 Ryokin を合計している。

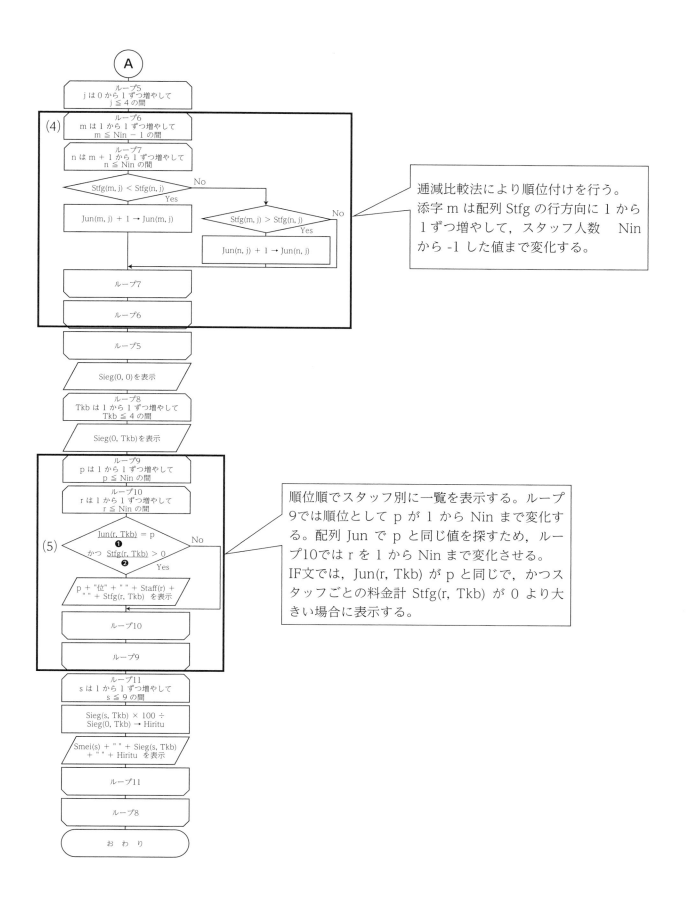

【1】

1	2	3	4	5
コ	オ	ウ	ア	カ

【2】

1	2	3	4	5
エ	カ	ケ	ウ	ク

【3】

1	2	3	4	5
ウ	ウ	ア	ア	11110011

各2点 15問 小計 30

【4】

(1)	(2)	(3)	(4)	(5)
イ	ア	ウ	ア	イ

【5】

(1)	(2)	(3)	(4)	(5)
キ	ケ	イ	エ	カ

【6】

(1)	(2)	(3)	(4)	(5)
エ	ク	オ	イ	キ

各3点 15問 小計 45

【7】

(1)	(2)		(3)		(4)		(5)		
	❶	❷	❶	❷	❶	❷	❶	❷	❸
ウ	エ	タ	カ	セ	イ	シ	チ	コ	ク

各5点 5問 小計 25

得点合計
100

※　【7】(2)・(3)・(4)・(5)は，問ごとにすべてができて正答とする。

解説

【1】

イ．スタック：データ構造の一つで，後入れ先出しのデータ構造。

エ．内部設計：外部設計をもとに実際に使うデータや初期値の定義など外部から見えない部分を設計する。

キ．HTTP：サーバにあるWebデータを転送するための通信規約。

ク．フールプルーフ：人間は操作ミスをするものであるという観点から考えられる安全対策。

ケ．リスクマネジメント：起こりうるリスクを想定し，事前に回避もしくは低減させるための取り組み。

サ．POP：メールを受信するためのプロトコルで，受信したメールは自分のパソコンに保存される。

シ．可用性：RASIS の一つで，システム障害などで停止することなく継続して稼働できること。

【2】

ア．AND回路　イ．ウォータフォールモデル　オ．要件定義　キ．グローバルIPアドレス　コ．共通鍵暗号方式

【3】

1．$(10110010)_2$ を反転させる。→ $(01001101)_2$ に $(1)_2$ を加算する。→ $(01001110)_2$

2．ア．ホワイトボックステスト：プログラムの中身も考えたうえで，命令や流れが正しく動作しているかを確認するテスト。

　イ．結合テスト：単体テスト実施後，モジュール同士をつなげたときに正しく動くかをテストすること。

3．イ．ネットワークアドレス：IPアドレスで同じネットワークを表す数値。

　ウ．サブネットマスク：ネットワークアドレスとホストアドレスを分けるための数値。

4．イ．負荷テスト：システムに負荷をかけ，性能や耐久性をテストすること。

　ウ．回帰テスト：システムを変更したときに正しく動作するかテストすること。

5．算術シフトは先頭ビットを符号ビットとするため動かさない。右にシフトして空いたビットには符号ビットと同じ 1 を入れる。なお，2 ビット右にシフトする意味は元の値を 2^{-2} した（4 で割った）値。

【4】　問1．順位付け　　問2．インサーションソート（挿入法）

問1．(1) 順位付けをする配列の初期値を 1 に設定する。

　(2) 比較をするとき，2 重ループの中で 2 回（配列の比較している値の両方）大小比較する場合には，中のループは外のループの値に＋ 1 した値から始める。

問2．(3) これから比較する配列の値を一時的に W に代入する。

　(4) インサーションソートの場合，今から比較する値が配列のどこに入るかを見ていく。すでに見た中で一番大きい場所に格納したいので，外のループの値－ 1 から配列の前の方へ比較をしていく。

　(5) 配列の値を比較し，その値が今比較している配列の値よりも大きい場合には，比較している配列の値をひとつずらさなければならないので，添字＋ 1 に代入する。

【5】　コントロールブレイク

(1) 最初に種類名を表示するため，種類を入力した Sban を添字として表示する。

(2) 処理条件3に「種類番号が変わるごとに種類名を表示する」とあるので，これから処理する種類番号を WS に一時保存する。

(3)・(5) 処理条件3に「クラス番号が変わるごとに種類別来場者数と種類別開催時間の計を求める」とあるので，グループごとの集計を表示する。しかし，ループ 3 を抜けるときには Ji の値は変化してしまっているため，Ji を HJ に一時記憶し(5)を表示する際に使用する。なお，(5)の Cmei の添字 Cls も同様で変化しているため，ループ 3 が始まる前に記憶した WC を使用する。

(4) データが終わりになったら，sw を 1 にすることでエラーが起きず抜け出すことができる。

【6】　二分探索，二次元配列，全体をソートしない上位出力

(1) 二分探索をするときに配列の値よりも比較している値の方が小さいときは，中央の添字に－ 1 した値を上限にする。なお，解答不要の Shu のほうが大きいときは，中央の添字に＋ 1 した値を下限にする。

(2) 二次元配列のカウント。二分探索で見つけた添字を行方向に使用し，列方向は体育館コードで指定する。

(3) 処理条件5に記載されている利用回数上位 3 位までを表示するため，配列 MaxCnt を使う。配列の 3 列目が 1 位，1 列目が 3 位として処理している。その初期値として 0 列目にこれから処理する配列の値を入れる。配列 MaxMei は種目名の添字を記憶する。

(4) 配列 MaxCnt の値を配列の 1 列目から比較する。添字が小さい配列の値の方が大きいときには，入れ替えをする。

(5) 配列の 3 番目が 1 位を表しているので，3 番目から繰り返し処理をする。

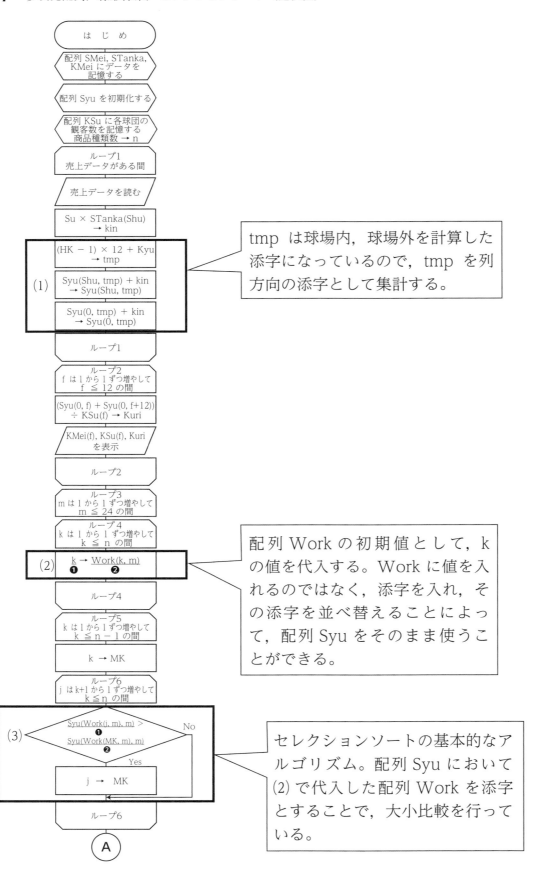

tmp は球場内，球場外を計算した添字になっているので，tmp を列方向の添字として集計する。

配列 Work の初期値として，k の値を代入する。Work に値を入れるのではなく，添字を入れ，その添字を並べ替えることによって，配列 Syu をそのまま使うことができる。

セレクションソートの基本的なアルゴリズム。配列 Syu において (2) で代入した配列 Work を添字とすることで，大小比較を行っている。

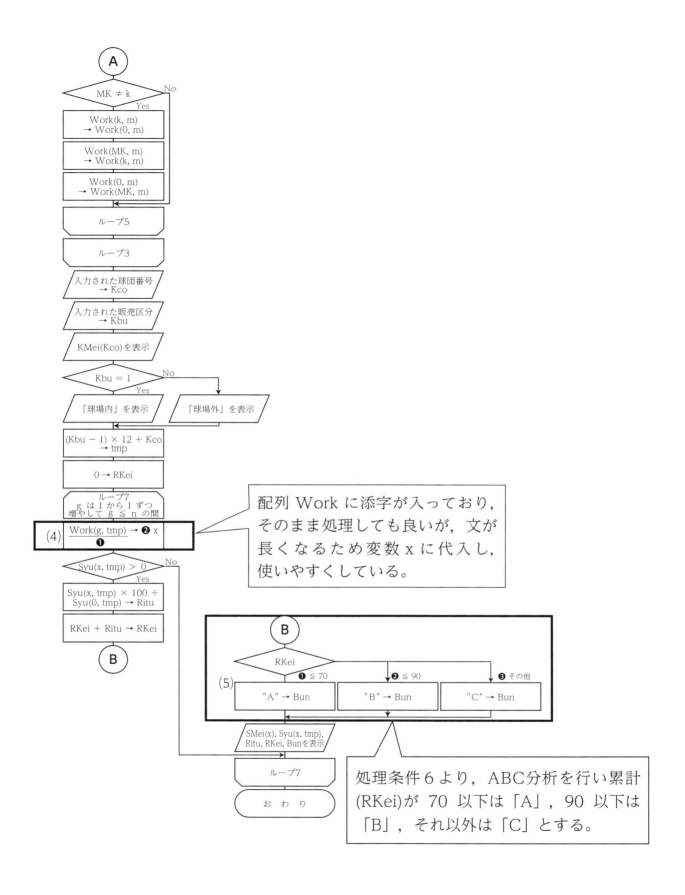

配列 Work に添字が入っており，そのまま処理しても良いが，文が長くなるため変数 x に代入し，使いやすくしている。

(4) $\underline{Work(g, tmp) → ❷ x}$ ❶

処理条件6より，ABC分析を行い累計(RKei)が 70 以下は「A」，90 以下は「B」，それ以外は「C」とする。

【1】

	1	2	3	4	5
	サ	オ	キ	ア	ケ

【2】

	1	2	3	4	5
	ア	コ	オ	ウ	キ

【3】

	1	2	3	4	5	
	イ	ウ	ア	イ	16	GB

各2点
15問　小計　30

【4】

	(1)	(2)	(3)	(4)	(5)
	エ	ア	カ	ウ	イ

【5】

	(1)	(2)	(3)	(4)	(5)
	ア	ク	ウ	コ	オ

【6】

	(1)	(2)	(3)	(4)	(5)
	オ	ク	カ	ア	コ

各3点
15問　小計　45

【7】

	(1) ❶	(1) ❷	(1) ❸	(2)	(3)	(4)	(5) ❶	(5) ❷
	キ	ア	セ	サ	エ	タ	ケ	ウ

各5点
5問　小計　25

得点合計
100

※　【7】(1)・(5)は，問ごとにすべてができて正答とする。
　　【7】(1)・(5)順不同可。

解説

【1】

イ．ブラックボックステスト：システムの内部構造は考慮せず，仕様書のとおりに動作するか確認するテスト。

ウ．内部設計：システム開発において，外部設計の次の工程であり，入出力データやアルゴリズムを詳細に設計する工程。

エ．レスポンスタイム：応答時間のことであり，システムに処理を要求してから，実行結果の出力が開始されるまでの時間。

カ．RASIS：信頼性（Reliability），可用性（Availability），保守性（Serviceability），完全性（Integrity），安全性（Security）の英単語の頭文字をとった，システムの評価指標。

ク．シンクライアント：クライアント端末に必要最小限の機能のみを実装し，処理の大部分をサーバ側に集中させたシステム。

コ．トップダウンテスト：上位のモジュールから順に結合しながら正しく動作するか確認するテスト。

シ．SQLインジェクション：脆弱性のあるWebサイトに不正な操作を目的としたSQL文を入力し，Webサイトの改ざんやデータを不正に入手する攻撃。

【2】

イ．MAC アドレス　　エ．IMAP　　カ．スタブ　　ク．外部設計　　ケ．スパイラルモデル

【3】

1．$(0.375)_{10} = (0.25)_{10} + (0.125)_{10} = (0.01)_2 + (0.001)_2 = (0.011)_2$

2．ア．情報落ち：絶対値が非常に大きな値と非常に小さな値の浮動小数点数同士の演算を行う際に，絶対値が非常に小さい値が計算結果に反映されない現象。

　　イ．桁落ち：ほぼ等しい浮動小数点数の数値同士の演算を行うと，数値として信頼できる有効数字の桁数が減ってしまう現象。

3．イ．DMZ：内部ネットワークと外部ネットワークの間に設けられ，Webサーバやメールサーバなど外部に公開するサーバを設置する領域（DeMilitarized Zone）。

　　ウ．VPN：仮想プライベートネットワークの頭文字をとった，インターネット（公衆網）において専用線のような機能やセキュリティの確保を実現する技術（Virtual Private Network）。

4．ア．NAS：LANに直接接続することができるハードディスクを搭載した装置（Network Attached Storage）。ファイルサーバとして活用することができる。

　　ウ．MTTR：平均修復時間のことで，故障したシステムの修復にかかった時間の平均（Mean Time To Repair）。

5．実際の通信速度は 1.0Gbps × 40％ ＝ 0.4Gbps である。

　　よって送信したデータは 0.4Gbps × 320 秒 ＝ 128Gb ＝ 16GB である。

【4】　　問1．インサーションソート（挿入法）　　　問2．二分探索

⑴　Hoz には挿入先の候補となる配列の添字を記憶している。f が示す添字から挿入先の候補を探していくため，f の値を Hoz に代入することになる。

⑵　挿入先の候補の探索を開始した位置（添字）は f の値であり，その値と決定後の挿入先の添字を示す Hoz の値が一致していない場合は，データを入れ替える処理をしなければならない。

⑶　直後の処理では，配列 Juryo の添字 1 ～ n の値を表示させている。

⑷　今回の二分探索で使用している探索範囲の下限値（Low）と上限値（High）は，探索範囲となる配列の添字の外側（Low は 0，High は n ＋ 1）から始めているため，Low ＋ 1 ＜ High の条件を満たす間は探索範囲がまだ残っている。

⑸　1 回目の探索で Menu（Mid）＜ Dat の条件を満たす場合は，次の探索範囲は添字が Mid より 1 大きい要素から，添字が n の要素となるので，下限値である Low の値は Mid の値に更新する。

【5】　　コントロールブレイク

⑴　⑵の直後の処理で Hi（日）の値を Hhoz に代入しており，Hi の値を求めておく必要がある。

⑵　ループ 3 の中で Kin の合計を Rkei に求めるために初期化を行う。

⑶　ループ 3 は，読み込んだデータの月日が同じ間繰り返す。

⑷　ループ 3 の中で施設ごとの Kin の合計を配列 RGkei の添字が Sku の要素に求める。

⑸　イを選択してしまうと，Hi の値はループ 3 を抜けた後なので次の日となってしまう。

【6】　　多次元配列，バブルソート（交換法），順位付け

⑴　各指標の平均値を求めるために，処理条件3より，配列 Wbunseki の 0 行目に指標ごとの合計を求める。

⑵　指標ごとに配列 Wbunseki と配列 Wkmei を並べ替えるため，配列の列方向の添字ごとに同じ処理を繰り返すので，ループ 5 の中で配列の列方向の添字を示す h を制御変数とする。

⑶　昇順で並べ替えたい場合と降順で並べ替えたい場合との切り替えに，順序種別が格納されている配列 Flg の値を用いることで，条件式の大小関係を反転させることができる。

⑷　直後の処理では，全指標の平均値を表示するための文字列連結の処理をしており，その際使用する平均（Hei）を求めるため，指標ごとの平均値を計算する。

⑸　直前の処理では順位付けの基準値が直前の基準値と異なるか判断しており，異なる場合は順位がひとつ下がることになるため，ループ 7 の制御変数 g の値をそのまま順位に使うことができる。

【7】　多次元配列，線形探索，順位付け

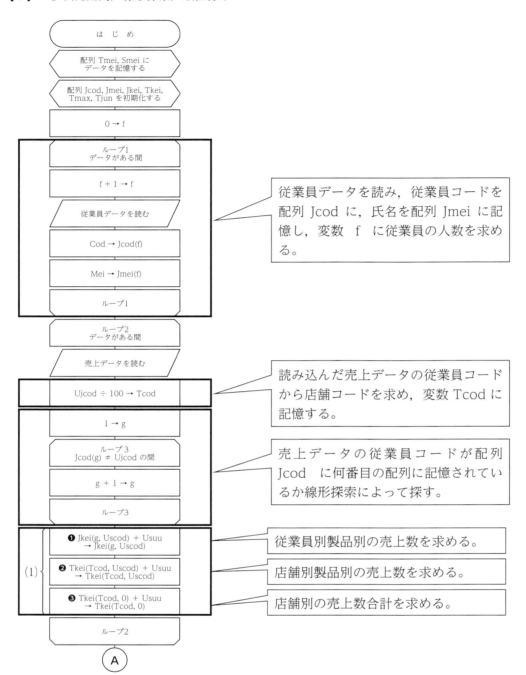

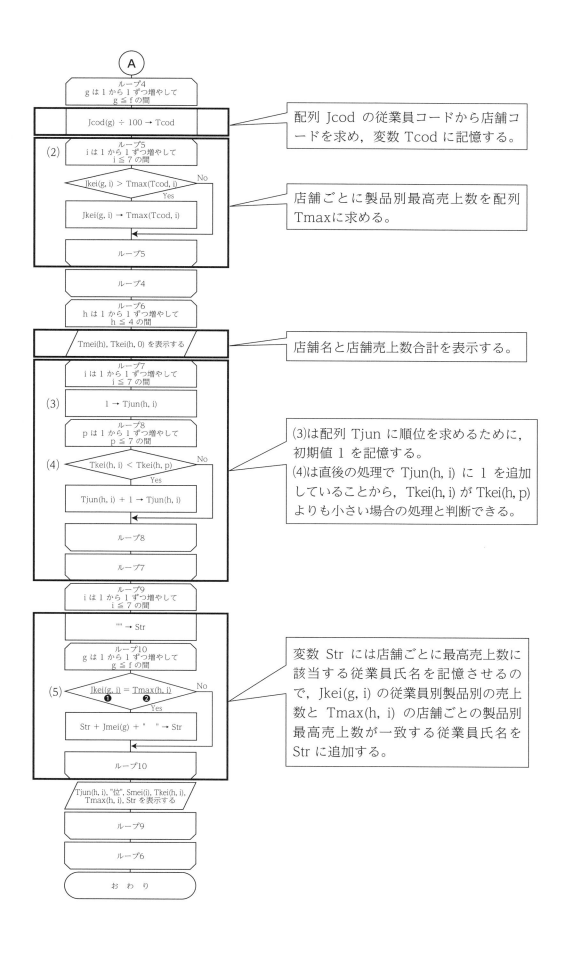

配列 Jcod の従業員コードから店舗コードを求め，変数 Tcod に記憶する。

店舗ごとに製品別最高売上数を配列 Tmax に求める。

店舗名と店舗売上数合計を表示する。

(3)は配列 Tjun に順位を求めるために，初期値 1 を記憶する。
(4)は直後の処理で Tjun(h, i) に 1 を追加していることから，Tkei(h, i) が Tkei(h, p) よりも小さい場合の処理と判断できる。

変数 Str には店舗ごとに最高売上数に該当する従業員氏名を記憶させるので，Jkei(g, i) の従業員別製品別の売上数と Tmax(h, i) の店舗ごとの製品別最高売上数が一致する従業員氏名を Str に追加する。

【1】

	1	2	3	4	5
	ク	エ	サ	ウ	シ

【2】

	1	2	3	4	5
	コ	イ	ク	エ	カ

【3】

	1	2	3	4	5	
	ウ	イ	ア	ウ	14	枚

各2点
15問　小計　30

【4】

	(1)	(2)	(3)	(4)	(5)
	ア	イ	ウ	オ	イ

【5】

	(1)	(2)	(3)	(4)	(5)
	エ	ケ	ク	コ	オ

【6】

	(1)	(2)	(3)	(4)	(5)
	ケ	エ	ア	キ	コ

各3点
15問　小計　45

【7】

	(1)	(2)❶	(2)❷	(3)	(4)	(5)
	タ	ウ	コ	ケ	イ	ス

各5点
5問　小計　25

得点合計
100

※　【7】(2)は，問ごとにすべてができて正答とする。
　　【7】(2)順不同可。

解説

【1】

ア．OSI 参照モデル：異なるコンピュータがネットワークを介してデータの送受信を可能にするために策定された階層構造のモデル。

イ．RAID：複数台のハードディスクを一つのディスクのように使用し，システムの処理速度や耐障害性を高めるしくみ。

オ．機能テスト：ユーザが求めている仕様を満たしているか確認するためのテスト。

カ．リエントラント：複数の呼び出しがあっても並列で処理を実行できること。

キ．スループット：一定の時間内にシステムが処理できる仕事量のこと。

ケ．負荷テスト：大量のデータを処理させるなどして，実際の業務に耐えられる処理能力をもっているかを検証するテスト。

コ．リユーザブル：再度主記憶装置にロードせずとも繰り返し使用できること。

【2】

ア．ストライピング　　ウ．リスクアセスメント　　オ．フォールトアボイダンス　　キ．木構造　　ケ．ルータ

【3】
1. $11010111 - 101011 = 10101100$
   4 ビットずつ区切り，上位 4 ビットの 1010 を 10 進数に変換すると 10，下位 4 ビットの 1100 を 10 進数に変換すると 12 になる。よって，16 進数に変換すると AC。
2. ア．プライベート IP アドレス：LAN などの限られた範囲で構築されたネットワークに接続するコンピュータに割り当てられる IP アドレス。異なる LAN であれば同じ IP アドレスを割り当てることができる。
   ウ．MAC アドレス：コンピュータが製造されたときに割り当てられる固有のアドレス。48 ビットで構成され，上位 24 ビットは製造メーカーコード，下位 24 ビットが固有製造番号を表す。
3. イ．外部設計：利用者の目線に立ち，画面設計や帳票設計などを行う開発工程。
   ウ．プログラム設計：内部設計に基づき，流れ図やテストケースなどを作成し，プログラムの動作や処理の流れなどを詳細に設計する開発工程。
4. ア．2 進化 10 進数：10 進数の値を 2 進数で表現する方式の一つであり，10 進数の 1 つの数字を 4 桁の 2 進数で表現したもの。
   イ．固定小数点形式：コンピュータで小数点を扱うための表現形式の一つで，小数点を特定の位置に固定して数値を表す方式。
5. $35cm \div 2.5cm = 14$ インチ　　$20cm \div 2.5cm = 8$ インチ
   14 インチ× 500 ドット＝ 7,000 ドット　　8 インチ× 500 ドット＝ 4,000 ドット
   写真の容量は 7,000 ドット× 4,000 ドット× 3B ＝ 84,000,000B ＝ 84MB
   圧縮すると，84MB × 0.85 ＝ 71.4MB
   これを 1GB のメモリに保存するため，1GB ＝ 1,000MB　　1,000MB ÷ 71.4MB ＝ 14.0　　よって，14枚

【4】　問1．順位付け　　問2．バブルソート（交換法）
問1．(1) 変数 k は，配列の要素 0 ～ n － 2 の範囲を表し，変数 p の要素と比較しながら，変数 k の要素が何位なのかを計算する。
　　(2) 降順に順位を付ける場合，Ten(k) が Ten(p) より小さければ，Ten(k) の順位を 1 つ下げなければならないので，Jun(k) に 1 を加算する。
問2．(3) 交換法は，外部ループの制御変数を 1 ずつ減らすという特徴がある。また，変数 h は，変数 j が変化する範囲の終わりの位置を表す変数である。変数 j は，最初の繰り返し処理において，配列要素の最後から 1 つ前の位置まで変化することで，Word(n － 1) と Word(n) の要素を比較する。そのため，j は n － 1 まで変化する必要があり，h は n － 1 から始まって 1 ずつ減っていく。
　　(4) Word(j) の値を Word(0) に，Word(j + 1) の値を Word(j) に，Word(0) の値を Word(j + 1) にそれぞれ上書きすることでデータを入れ替える。
　　(5) 制御変数 h を使い，並べ替えたデータを表示する。

【5】　二次元配列，二分探索
(1) 商品に関するデータは n 件であり，配列 Shohin の添字 0 ～ n － 1 の要素まで n 件分のデータが格納されている。よって，二分探索の範囲として変数 Lo には 0 を，変数 Hi には n － 1 を格納する。
(2) Scode より，Shohin(Mi, 1) のほうが小さい場合，探索範囲を配列 Shohin の添字を Mi + 1 ～ Hi にして探索を繰り返す。よって，変数 Lo に Mi + 1 を保存する。
(3) 単価と数量から売上金額を計算する。商品の単価は，二分探索で特定した添字 Mi を使って参照する。よって Shohin(Mi, 1) × Su → Uri となる。
(4) 添字 Hour と添字 Bco をもとに配列 Ukei に売上金額を集計する。
(5) 配列 Ukei の 0 ～ 23 行目までは，時間帯と時間帯ごとの売上金額を表示するが，24 行目は「商品合計」という文字列と分類計を表示するため，h が 24 未満かどうかを判定する必要がある。

【6】　データの集計，二次元配列，二分探索，バブルソート（交換法）
(1) 年代ごとに配列 Kei にアンケート結果を集計するため，年代が変わるごとに配列の値を 0 に初期化する。
(2) 年齢から年代を求めたあと，変数 Hnen に年代を保存し，次の年代に変わるまでループ 4 を繰り返す。
(3) 添字 Qes と添字 Ans をもとにアンケート結果を配列 Kei に集計する。
(4) 配列 Kei の中から最大の回答数を探し出し，その質問番号と回答番号を保存して表示する。Kei(h, j) の値が Max より大きい場合，最大値や最大値が保存されている行番号，列番号を更新する。
(5) 各年代の最大の回答数である質問番号と回答番号を配列 Analysis に記憶する。

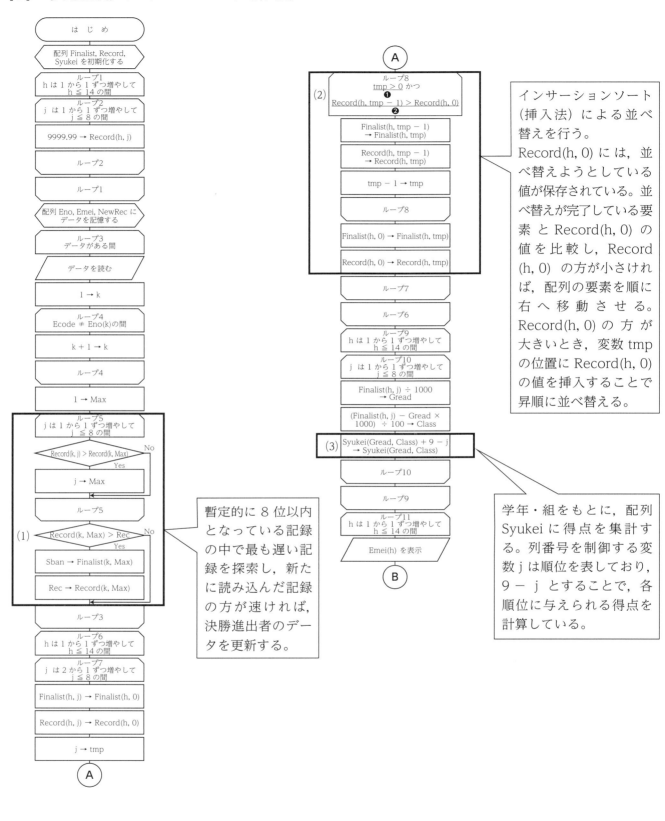

インサーションソート（挿入法）による並べ替えを行う。
Record(h, 0) には，並べ替えようとしている値が保存されている。並べ替えが完了している要素と Record(h, 0) の値を比較し，Record(h, 0) の方が小さければ，配列の要素を順に右へ移動させる。Record(h, 0) の方が大きいとき，変数 tmp の位置に Record(h, 0) の値を挿入することで昇順に並べ替える。

暫定的に 8 位以内となっている記録の中で最も遅い記録を探索し，新たに読み込んだ記録の方が速ければ，決勝進出者のデータを更新する。

学年・組をもとに，配列 Syukei に得点を集計する。列番号を制御する変数 j は順位を表しており，9 − j とすることで，各順位に与えられる得点を計算している。

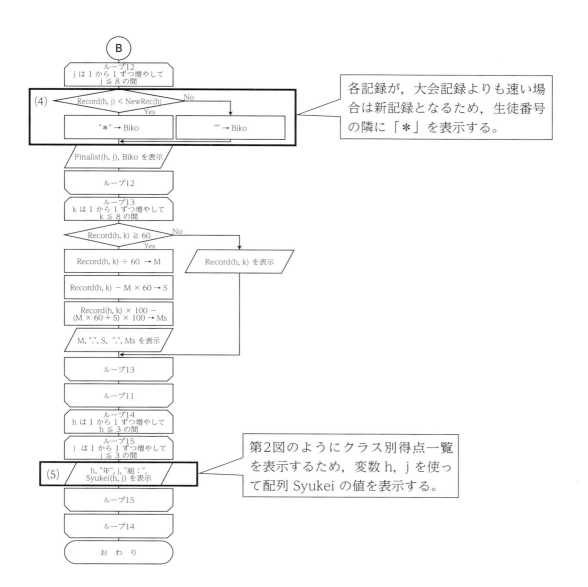

各記録が，大会記録よりも速い場合は新記録となるため，生徒番号の隣に「＊」を表示する。

第2図のようにクラス別得点一覧を表示するため，変数 h，j を使って配列 Syukei の値を表示する。

▷P.172

【1】

	1	2	3	4	5
	ウ	ア	キ	シ	オ

【2】

	1	2	3	4	5
	エ	ク	イ	ケ	ア

【3】

	1	2	3	4	5
	イ	ア	ウ	ア	イ

各2点 15問　小計　30

【4】

	(1)	(2)	(3)	(4)	(5)
	ウ	エ	ア	カ	ウ

【5】

	(1)	(2)	(3)	(4)	(5)
	コ	オ	イ	ク	エ

【6】

	(1)	(2)	(3)	(4)	(5)
	ケ	ウ	ア	オ	キ

各3点 15問　小計　45

【7】

(1)	(2) ❶	(2) ❷	(3)	(4)	(5) ❶	(5) ❷
タ	ク	オ	エ	セ	チ	ケ

各5点 5問　小計　25

得点合計
100

※　【7】(2)・(5)は，問ごとにすべてができて正答とする。

解説

【1】

イ．リロケータブル：主記憶上のどこのアドレスに配置しても，正しく実行することができるプログラムの性質。

エ．リエントラント：複数のプログラムから同時に呼び出されたときに，互いに干渉することなく並行して実行でき，それぞれに正しい結果を返すことができるプログラムの性質。

カ．ミラーリング：RAIDの技法の一つで，それぞれのハードディスクに同一の内容を書き込むやり方。

ク．システムテスト：「総合テスト」とも呼ばれ，システム開発の最終段階で行われることが多いテスト。

ケ．クロスサイトスクリプティング：ウェブサイトの脆弱性をねらって，悪意のある第三者が罠を仕掛けてサイト訪問者の個人情報を盗むなどの被害をもたらす攻撃。

コ．サブネットマスク：IPアドレスのうち，ネットワークアドレスとホストアドレスを識別するための 32 ビットの数値。

サ．回帰テスト：プログラムに変更を加えた際に，それによって新たな不具合が起きていないかを検証するテスト。

【2】

ウ．外部設計　　オ．算術シフト　　カ．POP　　キ．フールプルーフ　　コ．キュー

【3】

1．1F.Bの各桁を 4 ビットの 2 進数に変換すると，1 → 0001，F → 1111，B → 1011 となり，つなげると 00011111.1011。

　　2 進数 00011111 ＝ 10 進数 31

　　2 進数 0.1011 ＝ 10 進数 0.6875

　　（0×1＝0，1×0.5＝0.5，0×0.25＝0，1×0.125＝0.125，1×0.0625＝0.0625　0+0.5+0+0.125+0.0625＝0.6875）

　　よって，31.6875

2．イ．IMAP：電子メールにおいて，ブラウザなどを用いたメールの閲覧や管理を，サーバ上で行う際に用いるプロトコル。

　　ウ．Cookie：Webサイトからユーザのコンピュータに保存される情報。サイトを訪れた日時や，訪問回数などが記録される。

3．ア．XOR 回路：2 個の入力が互いに等しいときに出力は 0 に，互いに等しくないときに出力が 1 になる論理回路。

　　イ．AND 回路：2 個の入力が「1」の時に出力が 1 になる論理回路。

4．イ．キュー：先に格納したデータが先に取り出されるデータ構造。

　　ウ．木構造：ノードと呼ばれる要素からなり，階層構造でデータを格納するデータ構造。

5．2 進数 00001100 は 10 進数で 12。1 ビット左へシフトすると 00011000 となり 10 進数で 24，さらに 1 ビット左へシフトすると 00110000 となり 10 進数で 48。

【4】　　問 1．二分探索　　問 2．インサーションソート（挿入法）

問 1 ．⑴　Ow に上限の初期値を設定する。

　　　　⑵　If ステートメントの Ary(Md) ＜ Su が真だった場合，Md より大きな数値の範囲を探索しなければならない。そのため，Md に 1 を加えて，あらたな下限としている。

問 2 ．⑶　p は p ＜ n の間繰り返す。

　　　　⑷　この If ステートメントでは，Tmp に保存した値より Suji(r) の値が大きい間は，値をとなりにずらしていく。

　　　　⑸　Suji(r) の値をとなりにずらし終えた後，Tmp の値を Suji(r + 1) に格納する。

【5】　　コントロールブレイク

⑴　セール日 Hi を Hhzn に保存する。

⑵　配列 Jsyu に，部門コードごとの売上金額を集計している。

⑶　時間帯がかわるごとに時間帯を表示するが，時間帯は Ji ではなく Jhzn に保存してある。

⑷　配列 Hsyu に，部門コードごとの売上集計を加算する。

⑸　前日比を求めるため，セール日の売上集計配列 Hsyu を配列 Zsyu に保存する。

【6】　　セレクションソート（選択法），コントロールブレイク

⑴　集計用配列 Skei に店番号別，追加番号別に売上数を求めるために，次の処理とともに添字を計算する。

⑵　ループ 3 は，メニューの数だけ処理を繰り返す。そのため，h に初期値 1 を格納しカウンタとしている。

⑶　種類番号ごとに種類名と売上金額を表示するため，Sban(h) を Sw に保存している。

⑷　メニュー名と合計数を表示している。

⑸　ループ 6，ループ 7 では選択法による並べ替えを行っている。Skei(h, s) が Skei(h, m) より大きい場合は，s を m に保存する。

【7】 多次元配列，線形探索，順位付け

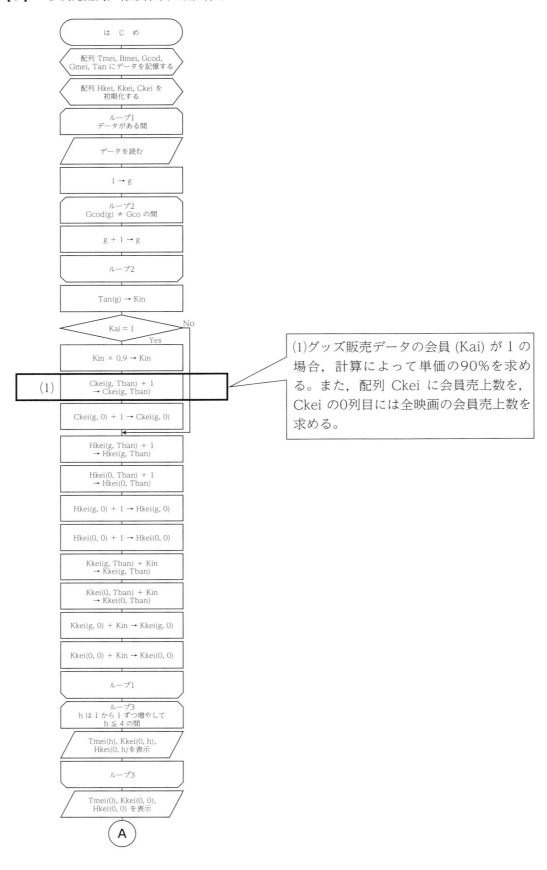

（1）グッズ販売データの会員 (Kai) が 1 の場合，計算によって単価の90％を求める。また，配列 Ckei に会員売上数を，Ckei の0列目には全映画の会員売上数を求める。

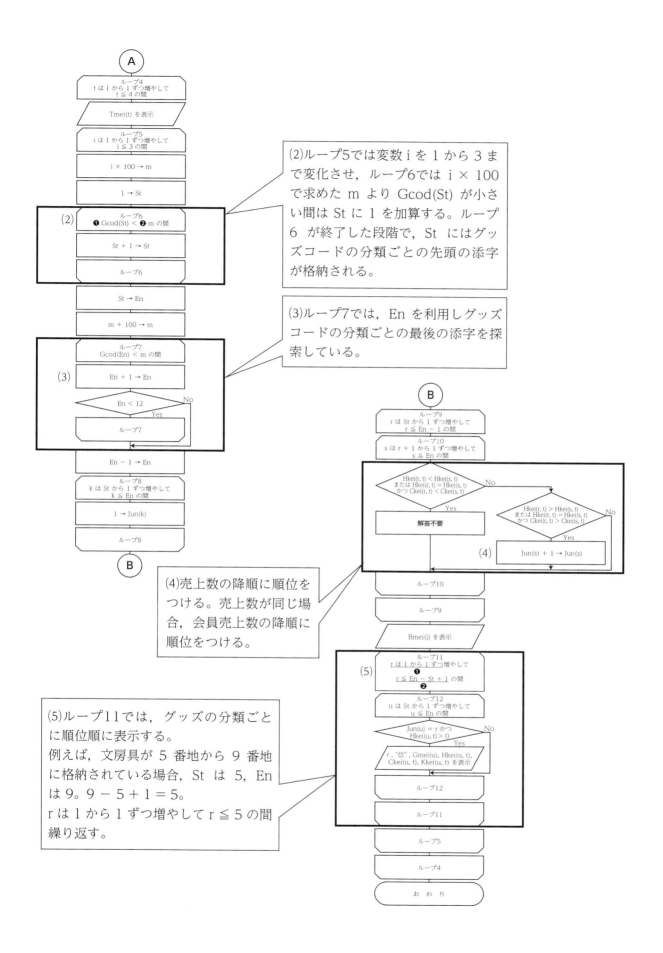

(2) ループ5では変数 i を 1 から 3 まで変化させ，ループ6では i × 100 で求めた m より Gcod(St) が小さい間は St に 1 を加算する。ループ6 が終了した段階で，St にはグッズコードの分類ごとの先頭の添字が格納される。

(3) ループ7では，En を利用しグッズコードの分類ごとの最後の添字を探索している。

(4) 売上数の降順に順位をつける。売上数が同じ場合，会員売上数の降順に順位をつける。

(5) ループ11では，グッズの分類ごとに順位順に表示する。
例えば，文房具が 5 番地から 9 番地に格納されている場合，St は 5，En は 9。9 − 5 + 1 = 5。
r は 1 から 1 ずつ増やして r ≦ 5 の間繰り返す。

令和5年度（第69回）情報処理検定試験プログラミング部門　第1級
審　査　基　準

▷P.184

【1】

1	2	3	4	5
オ	キ	シ	エ	ウ

【2】

1	2	3	4	5
コ	ア	エ	ク	カ

【3】

1	2	3	4	5
ア	ウ	イ	ウ	100　時間

各2点　15問　小計 **30**

【4】

(1)	(2)	(3)	(4)	(5)
ウ	イ	ア	オ	エ

【5】

(1)	(2)	(3)	(4)	(5)
ケ	エ	キ	カ	イ

【6】

(1)	(2)	(3)	(4)	(5)
イ	オ	コ	ア	ク

各3点　15問　小計 **45**

【7】

(1) ❶	(1) ❷	(2)	(3)	(4)	(5) ❶	(5) ❷
サ	オ	カ	ス	イ	ケ	タ

※　複数解答問題は，問ごとにすべてができて正答とする。

各5点　5問　小計 **25**

得点合計 **100**

【1】

ア．MAC アドレス：Media Access Control アドレスの略。ネットワークに接続する機器に，製造段階で割り当てられる 48 ビットのアドレス。機器ごとに重複することはなく，機器の識別に用いられる。

イ．FTP：File Transfer Protocol の略。ネットワークを介してファイルを送信するためのプロトコル。Web ページの更新やファイルのダウンロードの際に用いられる。

カ．リスト：データ要素に，次のデータ要素の参照先情報を持たせることにより，複数のデータを連結させるデータ構造。

ク．性能テスト：情報システムが，要件定義で定めた（顧客が要求する）処理能力を満たしているかどうかを検証するテスト。

ケ．TLS：Transport Layer Security の略。Web ブラウザと Web サーバがデータのやり取りをする際にセキュリティを確保するためのプロトコル。暗号化による「盗聴の防止」や，電子証明書による「なりすましの防止」が可能となる。なお，SSL も同様の役割を果たすプロトコルであり，SSL を改良し標準化したものが TLS である。

コ．TCP/IP：インターネットを介した通信において，標準で用いられるプロトコル群。TCP というプロトコルと IP というプロトコルを中核としている。これらのプロトコルに則ることで，OS などが異なる機器同士でも通信が可能となる。

サ．POP：Post Office Protocol の略。メールサーバから自分宛のメールを取り出すために用いられる。なお，IMAP は，POP とは異なりメールをダウンロードせずに閲覧・操作するプロトコルである。

【2】

イ．DMZ　　ウ．カプセル化　　オ．内部設計　　キ．MIPS　　ケ．クロスサイトスクリプティング

【3】

1．①10100100 を，右に 2 ビット算術シフトさせる。なお，先頭ビットは符号ビットであり，0 なら正，1 なら負である。はみ出したビットは切り捨て，空いたビットには算術シフトなので符号ビットを入れる。→ 11101001

②11101001 は負の数なので，補数算出により絶対値を求める。全ビットを反転し 1 を加えると 00010111 になる。

③00010111 を 10 進数に変換すると，$2^4 + 2^2 + 2^1 + 2^0 = 16 + 4 + 2 + 1 = 23$

なお，これは負の数の絶対値なので，答えは−23 となる。

2．ア．フォールトアボイダンス：システムを構築する装置の信頼性を高めたり，十分なテストを行ったりすることで，障害発生を回避するという考え方。アボイダンス（avoidance）は「回避」を意味する。

イ．フェールセーフ：故障した際に，安全の確保を最優先すること。セーフ（safe）は「安全」を意味する。

3．ア．MIME：電子メールにおいて，画像や音声などを添付できるようにする規格。

ウ．HTTP：Web サーバと Web ブラウザが Web ページのデータをやり取りするためのプロトコル。

4．2 つの入力のうちどちらか一方が「1」のときのみ「1」を出力するのは XOR 回路（排他的論理和回路）である。

AND 回路（論理積回路）はどちらも「1」のときのみ「1」を出力し，OR 回路（論理和回路）はどちらか一方またはどちらも「1」のときに「1」を出力する。

5．稼働率は，MTBF ÷（MTBF ＋ MTTR）で求められ，現在の稼働率は 0.9 である。

また，MTTR は，「760 ÷ 4 = 190」より 190 時間である。よって，

MTBF ÷（MTBF ＋ 190）= 0.9

が成り立つので，これを解き，現在の MTBF は 1,710 時間であると計算できる。改善後は，問題文にある通り MTBF は変えず MTTR を変えることによって稼働率を 0.95 にしたい。改善後の MTTR を MTTR' とすると，

1710 ÷（1710 ＋ MTTR'）= 0.95

が成り立ち，これを解くと MTTR' は 90 となる。元の MTTR は 190 時間だったので，MTTR を 100 時間減少させればよい。

【4】　問1．バブルソート（交換法）　　問2．二分探索

問1．(1) 内側のループの For ステートメントを，「For s = 1 To r − 1」としていることに注目する。r は終了値の設定に用いられており，s は 1（データが格納された要素の先頭）から 1 ずつ増やしていくので，(1)はアではなくウのように初期値を n（添字最大値）にしてループごとに 1 ずつ減らしていくようにする。

(2) この If ステートメントが YES の場合に Cod(s) と Cod(s + 1) を入れ替えている。昇順に並べ替えるので，答えはエではなくイである。

問2. (3) 二分探索の探索範囲の上限を設定する部分である。直前で下限を Lo として設定しているが，Lo は 1 ではなく 0 になっていることに注目する。よって，Hi は n ではなく n + 1 にしなければならない。例えばデータ件数が 3 件で，配列の添字 1 の要素から記憶する場合，最初の中央値 Mid は 2 となる。このとき，下限 Lo を 0 にしたのなら，Hi を 3 （データ件数 n と同じ）にしてしまうと，Int((Lo + Hi) / 2) は 2 ではなく 1 になってしまう。

(4) この If ステートメントが YES の場合，「Lo = Mid」の処理を行っている。この処理を行うということは，探索範囲を半分より添字の大きい側に絞りたいということになる。よって，答えはオである。

(5) Lo + 1 > Hi の状態になっている場合，該当データは存在しないので，If ステートメントを使い，Exit Do で「Do While Nen(Mid) <> Atai ～ Loop」のループを抜けている。この If ステートメントで YES になったことによりループを抜けたのでなければ（Lo + 1 < Hi になっていれば）該当データがあったことになる。

【5】 コントロールブレイク，線形探索，二次元配列

(1) 多重的にグループ集計を行っている。第1図のデータは，調査回 (Kai)，大州番号 (Ban)，小地域コード (Cod) の昇順に並んでおり，これらが変わるごとに大州合計，世界合計を表示し，調査年の表示を変えている。よって，(1)は「Kai → Kaihoz」が入る。読み込まれたデータの Kai が変わった場合，Kai と Kaihoz が一致しなくなる。ループ2の継続条件，ループ3の直前と継続条件，ループ4の直前と継続条件がヒントになっている。

(2) ループ5の処理は，ループ4を抜けた直後に行う。ループ4は小地域コードが変わったら抜けるので，処理条件3の「小地域コードが変わるごとに」という部分に注目する。ここには「小地域コードをもとに配列 Scode を探索し」とあるので，ループ5の「i + 1 → i」と合わせて，線形探索をしているのだと考える。よって，答えはエである。

(3) (2)の探索処理の直後に行う処理なので，同様に処理条件3を見ればよい。探索の後には「小地域名と人口計：千人を第2図のように表示する」とあり，(3)もデータ記号なので，表示処理をしていると判断できる。小地域名は，(2)の線形探索で見つかった i を用いて Smei(i) と表すことができ，人口計：千人はループ4において Jkei に累計されているので，これらを表示しているキが正答となる。

(4) ここまでで，調査回ごとの世界合計を求めていないので，ここで求める必要がある。処理条件3の通り，世界合計は配列 Jsyu の 0 列目に記憶する。選択肢の中で 0 列目にデータを記憶しているのはカのみである。

(5) 直前の分岐処理で，Kaihoz > 1 かどうかを判定している。これが YES ということは，そのときの調査回は 2 か 3 ということになる。処理条件3を見ると，「調査回が 2 と 3 については」とあるので，ここに注目する。調査回が 2 か 3 の場合，1980 年比 (Nhi) を大州ごとに求める。計算式をもとに，イが正解であると判断する。なお，ここでは大州合計の 1980 年比が問われているが，ループ2を抜けたあとには世界合計の 1980 年比を求めており，ここも大きなヒントになっている。Jsyu の列方向の添字が Banhoz なのか 0 なのか，ということ以外は，これらは同じ処理をしている。

【6】 二次元配列，インサーションソート（挿入法）

(1) 第1図のデータを読んだ直後に行う処理なので，処理条件3の冒頭に注目し，配列 Syukei に正答数を集計しているのだと考える。処理条件1より，入力データの解答結果 (Kaito) は正答であれば 1 が記憶されているので，解答結果の合計が正答数の合計となる。Syukei の行方向の添字は入力データの区分番号と，列方向の添字は問題番号と対応しているとあるので，行方向の添字に区分番号 (Kban)，列方向の添字に問題番号 (Mban) を用いているイが正解である。

(2) この判断記号で YES に分岐した場合，Syukei(Kban, 0) と Syukei(0, 0) に 1 を加えている。処理条件3には，Syukei の 0 列目には区分ごとの解答者数の合計を，Syukei(0, 0) には全体の解答者数を求めるとあるので，これに対応した処理を行っているのだと考える。入力データにおける解答者数の数え方について，入力データは区分番号，問題番号の昇順に記憶されているので，例えば問題数が 10 問の場合，問題番号 (Mban) が 10 のデータの次に，問題番号 (Mban) が 1 のデータがある。この部分が解答者の切り替わりを表しており，最後の問題番号は流れ図の最初で設定している問題数 g と一致する。最後の問題番号にあたるデータを読み込んだ数が解答者数と一致するので，(2)の答えはオである。

(3) 「Bban を入力」の後にあるので，処理条件4の「分析したい区分番号（1 ～ 6）を入力し」の後の処理をしているのだと考える。処理条件4の該当箇所に則り，(3)では配列 Wkritu に「分析したい区分の問題番号ごとの正答率」を代入しているのだと判断する。区分ごとに集計するので，列方向の添字を 0 とするカではなく，i とするコが正答となる。

(4) 処理条件4にある通り並べ替えをしている。特にここではインサーションソートによる並べ替えを行っている。並べ替えは正答率 (Wkritu) の昇順に並べ替えるので，(4)の答えはアとなる。

(5) ループ6にて，正しい位置に挿入したい要素である Wkban(r) と Wkritu(r) をそれぞれ添字 0 の要素に退避させている。そして，ループ7を抜けたということは挿入場所が決まったということになる。s については，ループ7始端にて r から 1 を引いた上でループ抜けの判定をしたので，挿入場所は s ではなく s + 1 とする必要がある。

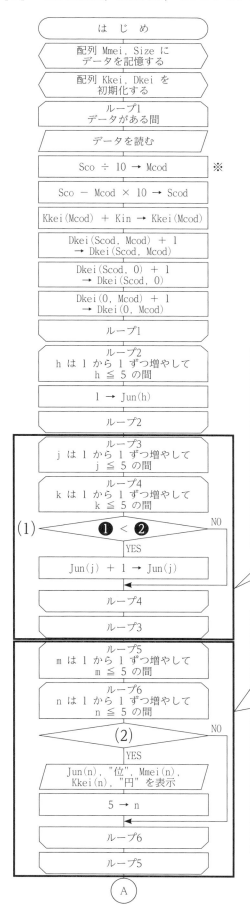

(1)**の答え：❶サ. Kkei(j)　❷オ. Kkei(k)**

処理条件4の，配列 Jun の順位付けを行っている部分である。メーカごとの売上金額計（Kkei に記憶されている）の降順に順位を付ける。ループ3・4でそれぞれ j と k の for ループを設定していることから，Kkei(j) と Kkei(k) を比較して順位を付けるのだと考える。YES であれば j を添字とする方の順位，すなわち Jun(i) に 1 を加えており，Jun に 1 を加えるということは，順位を一つ下げるということになる。順位付けは降順に行うので，Kkei(j) の方が Kkei(k) よりも小さければ，Jun(j) に 1 を加えて順位を下げるようにすればよい。

(2)**の答え：カ. Jun(n) ＝ m**

直後で表示処理をしており，この表示処理は処理条件4の「順位から売上金額計までを第2図のように表示する」に対応する。第2図を見ると，1位，2位……というように順位の昇順に表示されているが，表示したい配列 Jun, Mmei, Kkei は順位の昇順には並んでいない。そこで，m を 1 から 5 まで 1 ずつ増やし，例えば m が 1 のときには Jun の中で値が 1 になっている要素を探すことにより，1 位のメーカを見つけ出しているのである。表示が行われた直後に n に 5 を記憶し，ただちにループ6を抜けるように設定していることもヒントになる。該当順位の要素の位置が確定し，表示をしたら，それ以降の探索を行う必要はないため，n に 5 を記憶している。

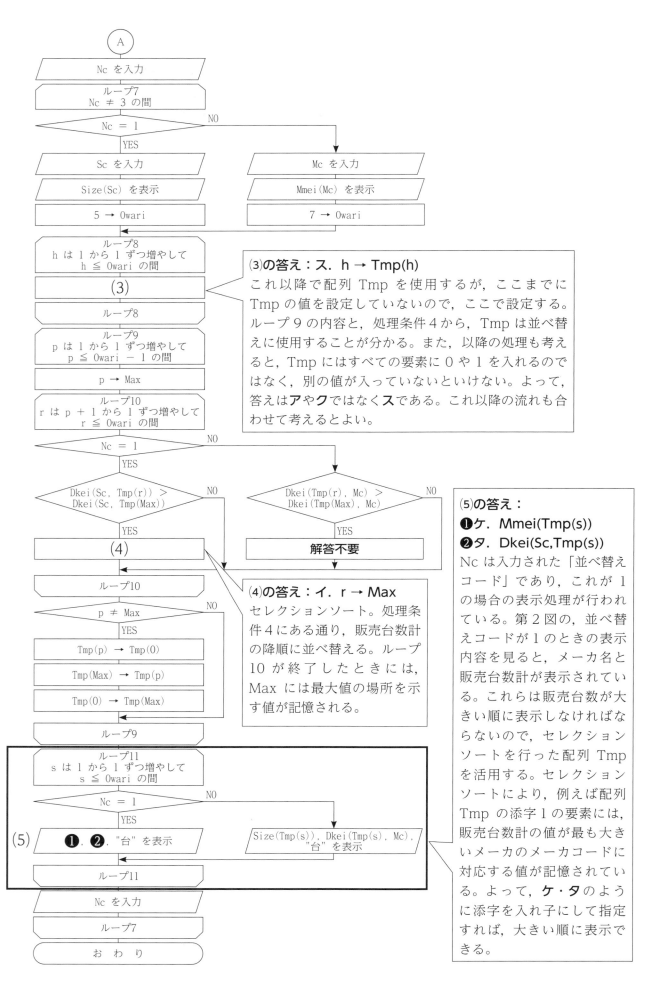

A

Nc を入力

ループ7
Nc ≠ 3 の間

Nc = 1 ──NO──

YES

Sc を入力	Mc を入力
Size(Sc) を表示	Mmei(Mc) を表示
5 → Owari	7 → Owari

ループ8
h は 1 から 1 ずつ増やして
h ≦ Owari の間

(3)

ループ8

(3)の答え：ス. h → Tmp(h)
これ以降で配列 Tmp を使用するが，ここまでに
Tmp の値を設定していないので，ここで設定する。
ループ9の内容と，処理条件4から，Tmp は並べ替
えに使用することが分かる。また，以降の処理も考え
ると，Tmp にはすべての要素に 0 や 1 を入れるので
はなく，別の値が入っていないといけない。よって，
答えは**ア**や**ク**ではなく**ス**である。これ以降の流れも合
わせて考えるとよい。

ループ9
p は 1 から 1 ずつ増やして
p ≦ Owari － 1 の間

p → Max

ループ10
r は p + 1 から 1 ずつ増やして
r ≦ Owari の間

Nc = 1 ──NO──

YES

Dkei(Sc, Tmp(r)) >
Dkei(Sc, Tmp(Max)) ──NO──

YES

Dkei(Tmp(r), Mc) >
Dkei(Tmp(Max), Mc) ──NO──

YES

(4)

解答不要

(5)の答え：
❶ケ. Mmei(Tmp(s))
❷タ. Dkei(Sc,Tmp(s))
Nc は入力された「並べ替え
コード」であり，これが 1
の場合の表示処理が行われ
ている。第2図の，並べ替
えコードが1のときの表示
内容を見ると，メーカ名と
販売台数計が表示されてい
る。これらは販売台数が大
きい順に表示しなければな
らないので，セレクション
ソートを行った配列 Tmp
を活用する。セレクション
ソートにより，例えば配列
Tmp の添字1の要素には，
販売台数計の値が最も大き
いメーカのメーカコードに
対応する値が記憶されてい
る。よって，**ケ・タ**のよう
に添字を入れ子にして指定
すれば，大きい順に表示で
きる。

ループ10

p ≠ Max ──NO──

YES

Tmp(p) → Tmp(0)

Tmp(Max) → Tmp(p)

Tmp(0) → Tmp(Max)

ループ9

(4)の答え：イ. r → Max
セレクションソート。処理条
件4にある通り，販売台数計
の降順に並べ替える。ループ
10 が 終 了 し た と き に は，
Max には最大値の場所を示
す値が記憶される。

ループ11
s は 1 から 1 ずつ増やして
s ≦ Owari の間

Nc = 1 ──NO──

YES

(5) ❶. ❷. "台" を表示

Size(Tmp(s)), Dkei(Tmp(s), Mc),
"台" を表示

ループ11

Nc を入力

ループ7

お わ り

令和5年度（第70回）情報処理検定試験プログラミング部門　第1級
審　査　基　準

P.194

【1】

	1	2	3	4	5
	コ	カ	イ	エ	ク

【2】

	1	2	3	4	5
	イ	キ	コ	オ	ケ

【3】

	1	2	3	4	5
	ウ	イ	ア	イ	15　％

各2点 15問　小計　**30**

【4】

	(1)	(2)	(3)	(4)	(5)
	ア	ウ	カ	ウ	イ

【5】

	(1)	(2)	(3)	(4)	(5)
	オ	コ	エ	キ	ア

【6】

	(1)	(2)	(3)	(4)	(5)
	ケ	ク	ウ	カ	エ

各3点 15問　小計　**45**

【7】

	(1)	(2)	(3)	(4) ❶	(4) ❷	(5) ❶	(5) ❷
	エ	ア	ク	ス	シ	ソ	オ

※　複数解答問題は，問ごとにすべてができて正答とする。順不同。

各5点 5問　小計　**25**

得　点　合　計　**100**

【1】

ア．ブロードキャストアドレス：ネットワークに属する全ホスト（機器）にパケットを送信するための特別な IP アドレス。ホスト部の全ビットを 1 にすることで指定できる。

ウ．ウォータフォールモデル：滝が上から下に落ちるように，開発工程を上から下に後戻りすることなく進める開発手法。

オ．スパイラルモデル：情報システムをサブシステムに分割し，それぞれのシステムごとに，設計・プログラミング・テストの工程を繰り返す開発手法。

キ．ミラーリング：2 台以上のハードディスクに対し，同じデータを書き込むことにより信頼性を高める技術。2 台以上のハードディスクを 1 台のハードディスクのように運用する RAID の一種で，RAID1 ともいう。

> RAID0（ストライピング）→ 1 つのデータを 2 つ以上のハードディスクに分散して書き込む（高速性の向上）。
> RAID1（ミラーリング）→ 2 つ以上のハードディスクに同じデータを書き込む（信頼性の向上）。

ケ．プライベート IP アドレス：LAN 内において，定められた範囲内で設定することができる IP アドレス。ただし，LAN 内で一意でなければならない。インターネットに接続する場合は，NAT によって，グローバル IP アドレスに変換する必要がある。

サ．MTBF：コンピュータや情報システムの障害が修復されてから，次の障害が発生するまでの平均時間。Mean Time Between Failuresの略。平均故障間隔ともいう。

シ．共通鍵暗号方式：暗号化と復号に同じ鍵を用いる暗号方式。送信者・受信者のペアの数だけ鍵が必要になる。

【2】

ア．ターンアラウンドタイム　ウ．リエントラント　エ．スタブ　カ．ホワイトボックステスト　ク．キュー

【3】

1．①絶対値である「10 進数の 102」を，2 進数に変換する。　→　1100110

②設問文にある通り，8 ビットで表す。8 ビット目に値がないので 0 埋めをする。　→　01100110

③ 2 の補数を求める。全ビットを反転させると，10011001。これに 1 を加えると，10011010。

2．ア．情報落ち：絶対値の差が大きい値同士の加算や減算をおこなった際に，絶対値の小さい値が無視されてしまうことにより生じる誤差。

ウ．丸め誤差：小数点以下の値を表現できる範囲に限界があるような場合に，四捨五入などの端数処理をおこなうことにより生じる誤差。

3．イ．Cookie：ブラウザを通じて，Web サイトの利用に関する情報が，利用者側のコンピュータに保存されるしくみ。

ウ．VoIP：IP を利用し，音声データをリアルタイムで届ける技術。Voice over Internet Protocolの略。

4．ア．リスクアセスメント：リスクが顕在化した場合の被害の大きさなどを評価し，許容できるかを検討すること。

ウ．ソーシャルエンジニアリング：ユーザ ID やパスワードなどを，技術的な手段ではなく，人的・社会的手段によって不正に入手すること。上司を装って聞き出す，電車内の会話を盗み聞く，ごみ捨て場のごみを見る，入力画面を覗き見るなどの手法がある。

5．① 1B は 8 ビットなので，300MB は 2,400M ビットである。

② 100Mbps は，1 秒に 100M ビットのデータを転送できるということなので，2,400M ビットの転送には 24 秒かかる。

③しかし，昨日は実際には 32 秒かかった。よって，

　　24 ÷ 32 ＝ 0.75

より，伝送効率は 75%であった。これは，回線混雑などにより，本来の（ベストな状態における）伝送性能のうち 75%しか発揮できていないことを意味する。なお，問題文の 100Mbps は，ベストな状態における伝送性能を表す。

④本日は，実際には 40 秒かかった。よって，

　　24 ÷ 40 ＝ 0.6

より，伝送効率は 60%であった。

⑤以上より，昨日は 75%，本日は 60%の伝送効率だったので，

　　75 － 60 ＝ 15

より，本日の伝送効率は昨日よりも 15%低下した。

【4】　問1．順位付け（逓減比較法）　問2．インサーションソート（挿入法）
問1．(1)　逓減比較法による順位付けでは，全比較法と異なり，同じ添字同士の比較と一度行った組み合わせの比較をしないようにする。外側のループで k を，内側のループで m を設定するが，m の初期値は「k + 1」になっている。k をデータが格納された要素の先頭である 1 から始まるように設定すれば，m も適切に設定される。
　　(2)　処理条件2より，降順に順位を付けることを確認する。Kin(k) よりも Kin(m) の方が小さいので，Jun(m) の値を 1 増やすことにより順位を下げる。
問2．(3)　内側のループで「For j = g − 1 To 0 Step −1」にしていることに注目する。以降の並べ替え処理も含め，適切に g を設定するためには，(3)の答えはエではなくカとなる。
　　(4)　処理条件2より，昇順に並べ替えをおこなうので，Tmp よりも Sec(j) の値が大きかった場合は，Sec(j) の値を一つ右へずらす。
　　(5)　変数 Tmp に退避させた値を挿入する位置（j + 1）が決まったので，その位置に Tmp を挿入する。
【5】　二次元配列，セレクションソート（選択法）
(1)　(1)の直後で Ukin を配列 Skei に集計しているので，(1)では Ukin を求めるのだと考える。処理条件3の計算式の「単価」は配列 Tanka に記憶されており，処理条件2より添字は商品番号（Sban）と対応しているので，答えはウではなくオである。
(2)　ループ3の継続条件は「i ≦ 21 の間」なので商品の切り替わりを指定しており，商品名ごとに店舗の売上金額計の降順に並べ替えをしていく。(2)では，配列 Work の初期値を設定するため，コが入る。
(3)　ループ5で，セレクションソートによる並べ替えをおこなっている。配列 Skei において，現在処理している商品の行（i 行目）の未整列範囲の中で，最大値にあたる列方向の添字が Work(Max) に記憶されている。なお，配列 Skei 自体の並べ替えをしているわけではないことに注意する。配列 Skei において，i 行目・Work(Max) 列目の値を，i 行目・Work(p) 列目と比較し，後者の方が大きければ Max を p の値に更新すればよい。よって，(3)はエである。
(4)　ループ6を抜け，未整列範囲内での Max が確定したら，配列 Work の未整列範囲の先頭（ループ5で設定される m に対応）に格納する。また，Work(0) は入れ替えのための退避に用いる。よって，(4)はキである。
(5)　第2図を見ると，商品名ごとに，店舗名と売上金額計が，売上金額計の降順に表示されている。並べ替えにより，ある商品について，売上金額計が最も大きい店舗の店舗番号に対応した値は Work(1) に，次に大きい店舗の店舗番号は Work(2) に……というように記憶されている。ループ7でこれらを順に表示するので，(5)はアである。
【6】　コントロールブレイク，二次元配列，定義済み処理
(5)　処理の流れとしては定義済み処理「入力処理」が一番上にあるので，先に(5)を検討する。(5)の条件分岐で YES と NO のどちらに分岐したとしても，Soe を求めるようになっている。流れ図で Soe が使われているところを探すと，(2)の直前で Kkei の添字に使われているのが見つかる。Kkei は処理条件2にある通り，種別・区分ごとの人数を求めるために使用し，その添字は第2図の実行結果と照らし合わせると次のようになっている。

Kkei	(0)	(1)	(2)	(3)	(4)	(5)	(6)	(7)	(8)	(9)	(10)	(11)	(12)
	組人数	大学県内	大学県外	短大県内	短大県外	専門県内	専門県外	民間県内	民間県外	公務員	未定	進学合計	就職合計

　　(5)において，NO に分岐した場合は Soe に 10 が記憶されている。Soe は Kkei の添字なので，10 ということは「未定」にあたる。「未定」となるのは，処理条件1を見ると，入力データの進路希望コード Sin が 61（種別 6，区分 1）の場合なので，答えはエとなる。例えば，Sin が 42（種別 4，区分 2。民間，県外）の場合は(5)は YES に分岐する。「42 ÷ 10 = 4」「42 − 4 × 10 = 2」「(4 − 1) × 2 + 2 = 8」より，Soe は 8 となり，正しく「民間・県外」を指定できている。
(1)　ループ2・3で，多重的にグループ集計をおこなっている。ループ2とループ3の継続条件を見比べると，ループ3では「Kumi = Khoz」が増えている。入力データは学年・組・出席番号の昇順に記録されており，組ごとの集計をおこなうので，組（Kumi）が変わると「Kumi = Khoz」が成り立たなくなるようにしたい。よって，答えはケである。
(2)　処理条件2の通り，配列 Kkei(0) に組人数を求める処理をしていると読み取れるので，答えはクになる。
(3)　ループ6内で使用する変数 j を設定している。配列 Gkei にて 0 列目の集計もおこなうため，アではなくウが答えとなる。
(4)　処理条件3の「学校割合」の算出をおこなっている。イとカを比較したとき，異なるのは「種別・区分ごとの学校人数計」部分であり，これは処理条件2より配列 Gkei の 0 行目に記憶されていることが分かる。よって，行を 0 とするカが正答である。

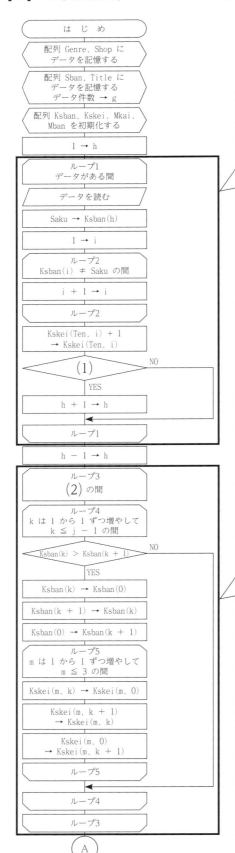

(1)の答え：エ．i＝h

(1)の条件分岐が YES の場合に，h の値が 1 加算されている。流れ図を見ると，h は配列 Ksban の添字として使用されていることに注目する。

処理条件 3 にある通り，配列 Ksban には，読み込んだデータの作品番号（Saku）が順に記憶される。また，配列 Ksban の添字と配列 Kskei の列方向の添字は対応しており，配列 Ksban の作品ごとに，店舗ごとの貸出回数計を求めたい。

しかし，同じ作品番号が配列 Ksban の異なる要素に複数入っていると，適切に作品ごとの貸出回数をカウントできない。そこで，ループ 2 の線形探索と(1)の分岐を使って，このようなことが生じないようにしている。読み込んだデータの作品番号（Saku）と同じ値が配列 Ksban の中に既に存在する場合，i と h が一致しない。存在しない場合，「Saku → Ksban(h)」によって代入された Saku があたかも番兵のように機能し，i と h が一致する。このことに気づけば，答えは**エ**であると分かる。(1)の分岐で NO に分岐した場合，h の値は変わらないので，次に読み込まれたデータの作品番号（Saku）によって Ksban(h) の値は上書きされ，同じ作品番号が配列 Ksban の異なる要素に複数入ることを防げる。トレースをしてみると，処理内容が分かりやすくなるだろう。

(2)の答え：ア．j は h から 1 ずつ減らして j ≧ 2

ループ 1 が入力・集計処理であり，(2)にあたるループ 3 はその直後なので，処理条件 4「入力データが終了したら……」の部分に注目する。配列 Ksban と配列 Kskei をジャンル番号の昇順に並べ替えるとあるので，(2)の部分では並べ替えをしていることが分かる。

流れ図の処理の形より，ここではバブルソートによる並べ替えをしている。ループ 4 で k を設定しており，この設定に j を用いているので，ループ 3 では j を設定すると考えられる。

ここで，配列の要素がある範囲の添字上限にあたる値は，h に記憶されていることに注目する。よって，(2)の答えは選択肢**ア**か**サ**のどちらかに絞られるが，配列 Ksban は添字 1 の要素から値を記憶しており，ループ 4 のループ条件が「k ≦ j−1 の間」になっているので，(3) のループ条件は「j ≧ 2 の間」としなければならない。仮に「j ≧ 1 の間」としてしまうと，k は 0 になってしまうことがあり，値の存在しない Ksban(0) を参照・並べ替えることになってしまうので妥当ではない。

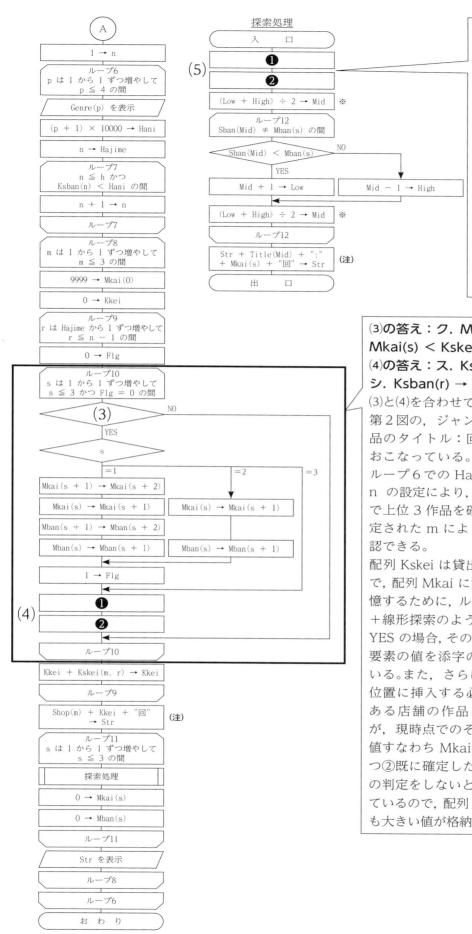

(5)の答え：
ソ. 1 → Low, オ. g → High
※順不同

処理条件4の通り、配列 Mban に記憶された作品番号をもとに配列 Sban を探索する。そのうえで、配列 Sban と添字が対応している配列 Title を参照し、作品名を表示したい。ここでは二分探索をおこなっており、配列 Sban の添字の下限は 1, 上限はデータ件数 g である。上限については、流れ図「はじめ」の 2 つ下の準備記号を参照する。

(3)の答え：ク. Mkai(s − 1) ≧ Kskei(m, r)かつ Mkai(s) < Kskei(m, r)
(4)の答え：ス. Kskei(m, r) → Mkai(s),
シ. Ksban(r) → Mban(s)※順不同

(3)と(4)を合わせて考えると分かりやすい。
第2図の、ジャンルごと・店舗ごとの「上位 3 作品のタイトル：回数」を表示するための処理をおこなっている。
ループ6での Hani（範囲）の設定、ループ7の n の設定により、ループ9で同ジャンルの範囲内で上位 3 作品を確認できる。また、ループ8で設定された m により、店舗ごとに上位 3 作品を確認できる。
配列 Kskei は貸出回数の降順に並んでいないので、配列 Mkai に貸出回数の多い 3 作品を順に記憶するために、ループ10でインサーションソート＋線形探索のような処理をおこなっている。(3)が YES の場合、そのときの s の値に応じて Mkai の要素の値を添字の大きい方に一つずつずらしている。また、さらに後の処理を見ると(4)で正しい位置に挿入する必要がある。挿入をするのは、①ある店舗の作品ごとの貸出回数計 Kskei(m, r)が、現時点でのその順位（s の値に対応）の最大値すなわち Mkai(s) よりも大きいときであり、かつ②既に確定した順位の値以下のときである。②の判定をしないと、配列 Kskei の全部の列を調べているので、配列 Mkai(1)～ Mkai(3)のすべてに最も大きい値が格納されてしまう。